radiko（ラジコ）でのラジオ
配信は2024年3月31日
をもって終了です

JN090514

大学院文化科学研究科

現実と向き合う政治理論

山岡龍一

大澤　津

社会経営科学プログラム

現実と向き合う政治理論（'22）

©2022　山岡龍一・大澤　津

装丁・ブックデザイン：畑中　猛

s-78

まえがき

　本書は，放送大学大学院科目の一つ，「現実と向き合う政治理論（'22）」
の印刷教材として書かれたものである。政治理論には一般に，経験的な
ものと規範的もの，つまり，政治の現実を記述・分析するという目的を
持つものと，政治のあるべき姿を描き，その妥当性を論証することを目
指すものがある。本書は後者に属するものであり，いわゆる規範的政治
理論を扱うものであるが，その扱い方に特徴がある。

　規範的政治理論が経験的政治理論と区別できるとして，それが現実と
どのような関係を持つべきか，という問いが根本的なものとして存在す
る。一方において，規範が現実と近すぎるならば，それは批判や代替案
を提起するという，規範の機能を果たせないであろう。他方において，
両者の距離が遠すぎるならば，規範の持つ有意性が失われてしまうかも
しれない。これは古典的な問題だと言えるが，近年，現代政治理論をめ
ぐる方法論の論争において，活発に論じられてきたものである。本書は，
この問いに解答する一つの試みである。

　本書は同時に，放送大学の大学院において，政治や社会科学に関連す
る講義を受ける学生について，ある種のモデルを仮定して準備されてい
る。大学院の講義である限り，そうした学生はアカデミックな知識を求
めているはずであるが，彼（女）らはまた，自分達が直面する現実の問
題にとって，意味のある知識も求めていると想定できる。端的に言えば，
実践的な要素が含まれる学問が必要とされている，という仮定が，本書
の基底に置かれている。

　以上のような目論見を果たすのは，決して容易なことではない。では，
本書はどのようなやり方を採用したのだろうか。ここでまず，各章の内
容を要約してみよう。

　第1章は，政治理論とは何か，という基本的な考え方に関する，暫定
的な見取り図が描かれている。実践哲学としての政治理論という観点か
ら，現代の規範的政治理論が置かれている状況を，分析的政治理論の立

4

場を中心に検討する。規範的な議論の代表例として，功利主義とジョン・ロールズの政治理論の要点をまとめた上で，ロールズの「理想理論」の検討を，以下の諸論への導入として行う。

第2章では，福祉国家とその再編に関する規範的政治理論の議論を取り上げる。資本主義経済を前提とする福祉国家は，正義の「分配的パラダイム」と親和的な制度として捉えられてきた。しかし，既存の福祉国家の問い直しが進展するのと並行し，規範的政治理論においても正義にかなう制度構造として福祉資本主義に代わる制度構想に関する議論が進展している。この章では，ロールズの制度論に注目しながら，社会正義の観点から福祉資本主義のオルタナティヴについて検討する。

第3章では，人口高齢化の圧力を受け，世代間契約の規範的根拠として注目されている世代間正義の議論を検討する。これまで異なる年齢層の人々の間の正義は，正義の対象を個人の人生全体とすべきか，あるいはある時点における人々の平等を優先すべきかが争点であった。この章では，世代間正義を検討する際，資源の平等だけでなく，社会関係の平等も考慮すべきであるとする社会関係説に注目する。その上で，高齢社会において重要性を増すケアを取り上げ，世代間の関係の平等を実現する制度のあり方について考察する。

第4章では，政治理論の代表的な主題の一つである自由が，監視社会の観点から検討される。現代のテクノロジーの発展の所産である，監視社会の政治理論的意味について，その両義性を意識しながら，「カテゴリー化」という論点に基づいた解釈が提示される。その上で，自由をめぐる政治理論の現代的展開が持ちうる意義が考察される。

第5章では，社会的格差をはじめ，諸問題が指摘される資本主義を検討し，新しい政治経済体制を模索する議論を紹介する。これはすでに社会主義の諸思潮によってなされてきた作業だが，ここでは共和主義や資本主義の本来的理想といった違う観点を活用する議論に注目する。また，テクノロジーの問題についても，ベーシック・インカムにとどまらない観点を提供する。

第6章では，我々の日常生活を経済的に支え，またときに政治的に揺

るがしている貿易の実践について，貿易の公平性の観点から規範的検討を加える。公平性はそれ自体多義的な概念であり，貿易規範を論じる際にも様々な文脈で異なった意味で用いられている。ここではそれを，自由貿易体制を支持する勝負の公平性，公正貿易論や保護貿易論と結びつきやすい競争の公平性，フェアトレード論に見られる対価の公平性として整理する。

第7章では，日本の防衛政策における「武力の行使の三要件」に照らしながら，戦争の正義の内容とその妥当性について論じる。今日の国際社会の規定的ルールは武力不行使原則であるが，その例外として幾つかの武力行使の条件が示されてきた。この章では特に，正当原因，最終手段（必要性），比例性を取り上げ，各条件をどのように理解すればよいかを政治理論的に考察する。

第8章では，気候変動の原因となっている温室効果ガスの排出規制や配分をめぐる気候正義論を検討し，気候変動への規範的視角の重要性に迫る。気候変動の正義には，排出量の配分をいまいる人々（地域，国）同士でどう割り当てるべきか，という排出の共時的問題と，過去の排出によって地球温暖化を引き起こしたことに対する責任の問題や，これからの排出による将来世代への影響を踏まえて，排出量の配分の割り当てにどのように重みづけすべきか，という排出の通時的問題がある。前者への応答としては，平等排出原理，尊厳排出原理，そして負担の公正分割原理があり，後者への代表的な応答としては，ロールズの契約論（正義にかなった貯蓄原理）と運平等主義の世代間正義論がある。この章では，どの気候正義論も有力な議論であることは間違いないが，（急激な）気候変動に対応しうる排出の配分原理の十全なる構成には至ってないことが明らかにされる。

分析的政治理論は，「自由」「平等」「正義」といったキータームを用いて，様々な政治的課題に向き合う学問である。そのキータームの意味内容が共有されていないと，議論がかみ合わなかったり，かみ合っているように見える場合にも内容的にすれ違っているといったことが起こる。第9章では，意味共有の基礎を作る概念分析とはどういうものかについて明

らかにした上で，分析的政治理論において概念分析が意味するところを確認する。その上で，今日の分析的政治理論を形作ったと評されるロールズによる「概念」と「構想」の区別について，概念分析の観点から検討する。さらに，（分析的）政治理論にて提起されている概念分析の価値中立性への疑義に応答し，その疑義が誤解に基づくものであることを明らかにする。

　第10章では，ロールズが『正義論』で提案し，今日の規範的政治理論においてもっとも幅広く用いられる方法の一つとなっている「反照的均衡」の方法を取り上げる。具体的には，その特徴を判断と原理の反射的な推論過程として定式化し，それが規範研究を進める上でどのように役立つかを，向けられる批判とともに紹介する。さらにこの章では，方法を用いる主体の観点から，「現実と向き合う政治理論」にとっての含意を考察する。

　第11章では，規範的政治理論における制度的転回とも言える現象について検討する。これまで英米の規範的政治理論は，理想的な正義原理を正当化することを中心に展開されてきた。これに対し，この章では人々の対立を調整し，合意形成を図る政治制度自体を規範的考察の対象とすることを提唱する近年の議論に注目し，政治が目指す目的だけでなく，その背景にある意思決定過程や社会関係を視野に入れた多層的な規範的政治理論の可能性について考察する。

　第12章では，政治理論はどれほど政治実践に役立ちうるのか，また科学的専門知をどう政治的権威の中に位置づけるべきなのかといった諸問題を考察する。前半ではデモクラシーに懐疑的な議論を通じて，政治理論を活かす政治のあり方を探る，という観点が示される。また後半では，現実的なデモクラシーの政治的文脈で，科学に与えられている権威を理解する観点を示す。

　第13章は，「現実」そのものの政治理論的意味が反省される。「リアリティ」という概念に着目しながら，規範と現実をめぐる対抗的な理論的試みとして，マキアヴェッリとカントの理論を解釈した上で，現代政治理論におけるリアリズムという立場の主張が，この問題において持ち

うる意義を検討する。

第14章では，いわゆる「現実的な」もしくは「現実に感応的な」政治理論への志向性という主張に対する，方法論的な疑義が検討される。「実践的転換」として捉えられた，近年の理論的傾向性への分析的アプローチからの批判を提示した上で，それに対して想定できる，リアリズムからの応答を検討し，現実的な志向性を持つ政治理論の展望を探求する。

第15章では，英米で主流であるロールズ系の政治理論への批判を検討し，今後の政治理論の方向性を占う。一つには，主流の政治理論が忘れ去った政治を論じるための視点を，思想史的検討を通じて再び拾い上げる作業の重要さを指摘する。二つには，リベラリズムそれ自体を可能にする，外在的な道徳を考える作業の必要性を指摘する。三つには，人種問題に関連してロールズを批判する動きから，政治理論が持つ内在的ダイナミズムを指摘する。

こうして，本書は二部構成となっている。第2章から第8章までは，現代の政治理論が現実の問題を扱っている事例が対象となっている。取り上げられている事例は，規範的な政治理論に興味を持つ者で，現代に生きる人なら，その意義を認めてもらえるだろうと思えるものである。ただしその選択は限定的で，ある意味恣意的であるとさえ言える。というのも，本書の第一義的な主題はあくまでも政治理論の在り方であり，政治理論の対象である現代社会ではないからである（ちなみにそうするのは，その方が結果としてより実践的になるからであるが，この理由については，読者自身でよく考えてみてほしい）。したがって，興味深い主題は他にたくさんあるが，本書はそうした主題を包括的に扱うことを目指していない。選択の規準は，いわば，それぞれの著者が取り上げるのに相応しいもの，という，学問的見地からすれば偶有的なものだと言える。

第9章から第15章は，現実との関係性という主題から，政治理論という営みを反省する際に重要な主題を扱っている。そこには，第8章までの議論で使用されている方法論の検討という側面もあるが，それ以上にメタ的な反省も含まれている。こうした考察がなされる主たる理由は，

8

政治理論という学問が，常に論争性を含むものであり，何らかの方法論を獲得すれば，それに基づいて機械的に遂行できるという性質のものではない，という理解に求められる。つまり，政治理論という営みでは，その規範の実質だけでなく，その方法や前提に関しても，常に論争が提起される可能性があるのであり，そのような批判的な性質こそ，政治理論を真摯に学ぶ者が理解すべきことだというのが，本書のメッセージなのである。それゆえ，すべての著作に当てはまることではあるが，本書においては特に，読者はくり返し読むことをお勧めする。そして，そのような労苦を求めるという点では，本書は現代的な教科書の典型ではないのかもしれない。

　放送大学大学院で新たな講義を用意することになったとき，主任講師の山岡は，規範的な政治理論を改めて取り上げるよい方法はないかと考えた。その時重要なヒントとなったのが，ジョナサン・ウルフ『「正しい政策」がないならどうすべきか』大澤津，原田健二朗訳（勁草書房，2016年）であった。この著作は，一般的原理や理論からではなく，具体的な政策課題を出発点として，政治理論を展開するという方法を採っており，大変魅力的に思えたのである。かくして山岡は，この著作の訳者であり，こうした議論に通暁している大澤に協力を依頼し，二人でこの講義の設計をすることになった。内容の決定とほぼ同時に，分担執筆者も決まり，今ここにある著作の形が現れてきたのである。

　本書を実際に作成する上で，多くの方々のお世話になった。すべてのお名前を記すことはできないが，ここに感謝の気持ちを述べておきたい。この印刷教材へのフレンドリー・アドバイスを作成していただいた匿名の査読者には，貴重な示唆をいただいた。残念ながらそのすべてを反映させることは叶わなかったが，御礼を申し上げたい。編集を担当していただいた，放送大学教育振興会の加藤栄政さんには，ご迷惑とご苦労をおかけしたことをお詫びしたい。そしてその尽力によってこうして出版にまでこぎつけられたことに，深く感謝したい。

2021年10月

執筆者を代表して　　山岡龍一

目 次

1 | 政治理論とはいかなる営みなのか

山岡龍一

政治理論という営みに関する，暫定的な理解を得る。古典的な政治理論観も考慮しながら，実践哲学としての政治理論という考え方を基底に置く。規範の根拠という政治理論における重要な主題に関して，20世紀に生じた危機を考察したうえで，現代の政治理論における主流的潮流の一つとして，分析的政治理論を検討する。現代の議論に影響力を与えている規範理論として功利主義とロールズの理論を概観し，実践哲学としての政治理論の現代的展開について考察する。
《キーワード》 実践哲学，学際性，政治理論の死滅，分析的政治理論，功利主義，ロールズ，理想／非理想理論

----

1. 政治理論とは何か

本書は政治理論を扱う著作であり，それ自体が政治理論という営みである。そこでまず，暫定的にでも，政治理論についてその意味をあきらかにしておきたい。その際，ある程度包括的な理解を示しながら，本書における試みがそこに位置づけられるようにするつもりである。まずは，任意に選んだ政治理論の定義を検討してみよう。

政治理論によってわたしが意味するのは，政府がどのように機能しているかについての説明ではない。それは，政府（統治）の諸目的をめぐる体系的な思考を意味する。おそらく，政治理論よりは政治哲学について語り，前者をあくまでも事実の説明とする方がよいのかもしれない。わたしがそうしないのは，哲学という言葉が現在，特に英語圏において，かつてよりも狭い意味で使用されているからである。わた

しが語りたい政治理論は言語分析では断じてない。それは実践哲学の
一形態である。（Plamenatz 1960: pp.37-38）

これは，後にオックスフォード大学で政治理論の教授を務めるプラ
ムナッツが，1960年に発表したものである。政治理論は，政治（統治）
の制度をめぐる事実よりも，その目的のような価値規範と深く関わる。
この意味で，それは哲学と強く結びつくとされるが，この引用が書かれ
た当時の英語圏の哲学潮流を考えて，プラムナッツは，それをあえて実
践哲学と結びつけている。
　およそあらゆる定義は，特に政治や学問のような人間的営みに関わる
定義は，時代の刻印を受ける。比較の意味を込めて，もっと現代に近い
もう一つの定義を見てみよう。

　政治理論は，幸運にもいまだに学問的制度化が進んでいない政治学
（political science）という学問分野において，最も人文学的な領域を
その営為の中心に置いている，学際的な企てである。その伝統，探究
方法，様式にはさまざまなものがあるが，この領域を統一しているも
のが存在している。つまり，過去や現在の，そして自分達の場所やそ
れ以外の場所の，政治的行為に関する規範・実践・組織を，理論化し，
批判し，診断することへのコミットメントである。しばしば，差異に
基づく亀裂が見られるが，それを越えて政治理論には共有された関心
が存在する。そうした関心として多くの主題がほかにもあるが，なか
でも代表的なのが正義の諸要求とその実現方法，デモクラシーにおい
て前提とされているものと期待されているもの，生の様式における世
俗と宗教の区別，そして公共善（財）（public goods）の性質と同定，
といった主題が共有されている。（Dryzek, Honig and Phillips 2006:
p.4）

　これは，英語圏で活躍する政治理論研究家が編集する政治理論の教科
書（手引き書）の序論にある定義である。規範の研究はやはり中心的で

あるが，実践や制度への関心も表明され，それゆえに学際性が強調されている。そして，実質的な主題に関する，ある程度の収斂が認められているが，その内容には明らかに西欧的な偏りも見受けられる。

　二つのサンプルだけで何かを語るのは危険であるが，ここには20世紀の後半から21世紀の初頭にかけて，政治理論という営みに一定の発展の方向があった事実が反映されている、と言えるだろう。第一に，哲学という，どちらかと言えば単独の思想家（研究者）の営みが中心であったものが，研究者の協働的な営みという性格を強く持つようになった。これはのちに触れるように，政治理論研究が一つの学問的産業となったことを意味する。第二に，これと関連するが，主題の共有や収斂という現象がみられるのであり，それと伴った，緩やかではあるが方法論の共有化も進んだ。第三に，方法論の共有化は必ずしも画一化を意味せず，学際性という表現にあるように，多様化と複雑化も生み出した[1]。これは，政治学という学問分野の特徴とも言える。つまり伝統的に政治学は，「政治」という主題をめぐって，さまざまな学問分野の方法や理論を導入するという，方法論的な寄生性という特徴を持っていた。例えば，精神分析，システム分析，ゲーム理論，構造主義といった，さまざまな学問的道具立てを積極的に取り入れることで，政治学は発展してきたと言えるのである[2]。

　このような変化があったとしても，現在でも哲学的探究が政治理論の中核的な要素であることは確かである。したがって，一般に（特に英国では）政治理論（political theory）と政治哲学（political philosophy）はほぼ同じものを指すと言える[3]。ただし，これらを意図的に区別する場合もある。一つの傾向性としては，当事者が属する大学の学部の違いによって，区別を表すことがある。つまり，哲学部に属する（つまり，哲学の学術訓練を受けた）人々が，政治哲学として，価値規範の分析に傾倒する研究をする一方で，政治学部に属する人々は，政治理論として，政治の制度や実践の規範的な分析と，そうした制度や実践に対する規範的原理の適用を研究する，と言える。もちろん，これはあくまでも便宜上の区別であり，哲学者を自認する研究者が，デモクラシーの制度を論

じることは極めて自然なことである[4]。

2. 政治理論の伝統

　そもそも，（少なくとも西洋における）哲学という営みを振り返るならば，19世紀頃からの学問の専門分化が進む以前，哲学はありとあらゆる学問領域を包含するものであったという事実と，プラトンやアリストテレスから始まって，やはり19世紀頃にまで至る西洋の哲学者達は，デカルトという顕著な例外はいるが，そのほとんどが政治を主題にした議論をしていたという事実が，政治理論を政治哲学と同一視させる根拠となる。この二番目の事実は，現代においても，政治理論を研究する者にとって検討を要するものである。哲学という営みには，少なくとも古典的なものにおいて，世界の全体性を捉えようとする衝動が伴うことが多く，そうした衝動は西洋においては，政治の世界の理解へと向かわせていたと言える。これは，一つの文明観であり，自然科学的な普遍性はないものかもしれないが，政治理論という営みを反省する際には，考慮してしかるべき論点である。

　こうして政治理論という営みは，少なくとも紀元前4世紀頃にまでさかのぼれる伝統を伴っている。この事実は，他の理論研究と比べたとき，古代や中世，初期近代の理論や語彙が，現代の議論においても援用される頻度が高いという特徴として，政治理論の固有性を形成している。これ自体，学問的に興味深い現象であるが，本書での探究対象ではない。ここでは，そのような伝統による規定性を認めつつも，現代的な営みに認めることができる固有性に着目したい。古代から現代に至る政治理論＝政治哲学の営みには，一貫して規範，特に倫理的な規範の探究が伴っている。もちろんその内容には，時代や文化の差異に応じた相違がある。最も顕著な差異が，政治の単位，政治という行為がなされる場としての「国家」の内実である。ポリスと呼ばれる都市や，ローマのような帝国とそれに対応するようなカソリック教会の広域的権威，近代主権国家や，連邦国家，商業的統治に依拠する近代的帝国，行政組織によって統合された福祉国家等，さまざまな統治単位のモデルが歴史のなかに登場し，

それらがさまざまな政治理論を生み出した。その他，文化・宗教・産業・技術（特に戦争のテクノロジー）といった諸々の要素が，時代ごとに新たな政治理論を生み出していったことは言うまでもない。

　プラムナッツの定義にあるように，政治理論は実践哲学でもあったのであり，時代の問題や危機に対応する試みであった。現代でいうところの政策（これは，現代の国家における統治機構を前提とした概念であることを忘れてはいけない）と，どれほど強く結びついていたかは，個々の政治理論によって異なるが，概して，政治理論は時代への応答という実践性をその性質として持っていた。そのような応答のなかに，倫理的規範を反映させるというのも，政治理論の特徴であり，そうした規範は，宗教や自然観といった，人間や社会をそのなかに位置づけるような形而上学的世界観やコスモロジーに依拠することが多かった。この最後の要素こそ，哲学という営みの本領が発揮できるものであったのは，言うまでもない。例えば，その典型的な論法は「自然法」のような概念を援用するものであり，自然の理法もしくは自然の創造主たる神の意志として自然法を同定し，その内容を展開することで，現実の国家の法や制度の規準となる規範を提示し，それによって政治に関する哲学的評価を論証するというのが，政治理論の古典的な様式の一つであった。

　20 世紀の政治理論の特徴として，このような伝統との断絶があったという認識が存在することが指摘できる。20 世紀の中葉において，特に英語圏を中心に，いわゆる「政治哲学の死滅」が取りざたされたことは，よく知られたエピソードとなっている。これには一種の誇張やレトリックがあると思われるが，本章の冒頭で引用した論文を含め，当時少なからぬ数の著作がこの主題を取り上げていた事実があるように，これは少なくとも政治理論的営みに携わっている者達や，興味を持っていた者達にとっては深刻な現象であった。この死滅によって意味されていたのは，この分野に属するとされる包括的で本格的な著作が，20 世紀において登場していないという事実と，政治の規範を，現実の問題に対応する仕方で伝統的な哲学の方法によって論証するという行為そのものの妥当性が疑われているという主張であった。

　政治理論の中心的な要素を，現代の危機に対応する規範の探究として捉えるならば，このような懐疑が正当なものだとすると，深刻な問題として映ることになる。こうした死滅の原因としては，いくつかのことが指摘できる。最も包括的な説明は，20世紀の西洋圏における世界観的な転換である。19世紀までは，その内容に違いがあるとしても，ほとんどの政治理論的営みにおいて，合理的な探究による人間や社会の改善可能性が信じられてきた。ところが，20世紀になると，そうした理性的な営みへの信頼が急速に減退していく。とりわけ，全体主義政権の（正規の政治過程を通じた）登場とその成功は，政治思想における進歩的発展に関する信仰を著しく損ねることになった。社会や環境への理性的統制という理想も，経済恐慌や（戦争技術の発展がもたらした）生命や秩序の全般的危機がもたらす根源的な不安によって，不信にさらされることになったと言えよう。こうした世界史的な背景を，思想的な次元で表現したのがレオ・シュトラウスであり，彼は20世紀において古典的な政治哲学は衰退し，代わりに実証主義と歴史主義が跋扈することになったと主張していた（Strauss 1953）。

　哲学という営みに，特に英語圏を中心に目を向けるならば，伝統的な仕方での規範の探究の衰退がみてとれる。20世紀においては，いわゆる分析哲学とよばれる潮流が主流化する。その特徴は，ヘーゲル流の形而上学的探究を排し，自然科学的な方法，とりわけ明晰な分析方法を導入するという傾向性であった。その初期の一形態である論理実証主義は，数学や論理学のような，演繹的整合性を探究できる分析命題と，経験科学のような検証可能な事実を扱うことのできる総合命題のみが，真偽を問うことのできるものであり，道徳的規範をめぐる命題は，単なる哲学的な混乱であるか，もしくは科学的な命題に解消されるべきものである，という主張を展開していた。こうした考え方に伴ったのが，情動主義（emotivism）という立場で，道徳的な是認は，論証可能なものではなく，その是認の主体の感情表現に過ぎないという主張が，自然科学的な人間や社会の探究にふさわしいものとして提起されることがあった。こうした動向をさらに強化したのが，知識社会学的な思想分析の発展である。

哲学のような知的営みは，それ独自の自律性を持った理性的なものではなく，その行為者が属する社会的環境の関数であるという相対主義的主張が，これも科学主義の装いをもって支配的になった。認識論のような伝統的な哲学も，経験的心理学へと還元するのが適切であるとされるようになったように，伝統的な哲学が深刻な仕方で掘り崩されたのである。

　もちろん，価値規範の探究が，完全に意味を失ったわけではない。知識社会学的な起源の暴露は，必ずしも探究された知識そのものの妥当性を無効にはしない。分析哲学においても，過度に科学主義的な立場による命題の意味の検証から，日常言語の分析を通じた概念の用法の探究へと関心が移るなかで，規範命題を合理的に論じる方法が確立されていった。しかしながら，形而上学的な基盤を提示するという方法は，概してその妥当性を失っており，政治哲学と政治イデオロギーとの区別は，はっきりとしない傾向が残った。これは，20 世紀の中葉に至るまで，大学における政治理論の教育・研究が，政治思想史というジャンルを中心になされてきたことにも表れている。過去の政治理論の解明・解釈に従事するのみで，現実の問題に対して，直接的に理論的対応をするという試みが，少なくとも学問としての政治理論というスタイルをとってなされることが，極めてまれであったのである。

　このような死滅状態を終わらせたのが，1971 年のロールズ『正義論』の登場だというのが，いわば通説となっている。つまり，「正義」という価値規範を主題にしながら，社会・政治制度の改善を目指す長大な議論を，イデオロギーではなく学術的論考として行うという，伝統的な政治理論に比肩する著作が現れたのである。もちろん，このような著作が突然現れるわけはない。死滅が言われた時代から徐々に，かつて政治理論に突きつけられていた問題を解決する仕方で，実質的な規範の提示をする知的営みの復権がなされたのであり，その主要なプレーヤーのなかにロールズがいたのである[5]。これは新しいタイプの政治理論の登場でもあったのであり，その特徴を，ロールズを例としていくつかあげることができる。第一に，分析哲学（論理実証主義からウィトゲンシュタイン，プラグマティズムまでにおよぶ）の知見に加えて，20 世紀に発展した

経験科学や社会科学，特に合理的選択理論の知見を活用して，伝統的な形而上学的基盤なしに規範を論じる方法を探究していた。第二に，福祉国家政策の諸矛盾の噴出に加えて，公民権運動，ベトナム戦争（特に市民的不服従）といった，時代の（ロールズにとってはアメリカの）危機に，一貫した理論によって対処しようとする志向性がある。第三に，規範の提示と正当化の議論が，政策への反映のような実効性への考慮も含む形で追求されていた。第四に，自由民主主義の規範，とりわけアメリカのリベラル派の立場を，批判的な仕方で洗練するという内容を持っていた。

　この四つの特徴は，程度の差はあれ，ロールズ以降の主流派政治理論（それをリベラルな分析的政治理論と呼ぶことができる）に見いだされるものである。ただし，ここで特に問題になるのが第四の特徴であろう。いわゆる分析的政治理論と呼ばれる立場が，すべて，ロールズ（やドゥオーキン）のようなリベラル派だと言うわけではない。アメリカにおける保守派（リバタリアン）や，社会民主主義，マルクス主義の立場を取るものもある。とは言え，学問的論争の主要なアクターとみなされる立場は，だいたいにおいて，最も広範な意味でのリベラリズムとデモクラシーを基盤にしていると言える。これは，第三の実効性という特徴と強く関連する点であり，その意味でも，「主流派」と呼べるものである。本書は，こうした主流派の外部にある政治理論を無視や排除するものではないが，いわゆるロールズ派と呼ばれる政治理論の潮流を主たる理論的な対象と源泉とする。このような限定は，イデオロギーと政治理論の区別を危うくするという点で，実は深刻な問題となりうる。この問題を本格的に探究するには，政治理論における規範の根本的な根拠という，本書の探究の範囲を大幅に超えた主題の探究を必要とする。したがって本書では，この区別の問題性があることを自覚しつつも，イデオロギーから区別可能な営みで，とりわけ第一の特徴に基づいて探究する試みを，分析的政治理論として，議論の基盤にすえる。

3. 規範理論

　イデオロギーとは截然と区別できる哲学的営みとして政治理論を分析するというのは，メタ的な試みである。本書は，そのような分析の知見も利用するが，むしろ応用的な分析を中心に置く。そのような応用の基礎に，広義の分析的政治理論の規範的議論が利用される。ここでは，そうした議論のうちで最も代表的なものとして，功利主義とロールズの理論について簡単に触れておく。

　功利主義は，いわゆる政治理論の死滅が言われた時期に，その影響力を最も強く保持した伝統的規範理論であった[6]。その思想の系譜は，古代ギリシアのエピクロス主義にまでさかのぼることができるが，功利主義は，その最も強力で有名な推進者であるベンサムの思想の特徴にみられるように，啓蒙思想の後継者であり，近代自然科学的な合理主義を奉じ，形而上学的な規範の基盤を排する傾向がある。それに加えてベンサムの功利主義には，個人主義的な前提があり，自由市場を擁護する議論があるため，ベンサム的伝統にある功利主義は，リベラルな分析的政治理論としての資格を充分に備えていたのである。その性質を，再びプラムナッツからの引用で見てみよう。彼によれば，その主たる特徴は四つある。

　（1）快楽はそれだけで善であるか，それだけで望ましい。あるいは，快適なもの，もしくは快適なものへの手段だけが善と呼ばれる。
　（2）二人またはそれ以上の人々がそれぞれに持っている同等の快楽は同等に善である。
　（3）どんな行為であれ，それがその状況下で最大幸福を一番生み出しそうな行為であると行為者に思われないならば，その行為は正しくない。あるいは，どんな行為であれ，それがその状況下で可能な最大幸福を生み出す型のものでないならば，その行為は正しいとは呼ばれない。
　（4）自国の政府に対する各人の義務と各人に対する政府の義務とは，

政府がはじめて権力を獲得するのに用いたり，現に権力を維持するの
に用いている方法とは何の関係もない。ただし，政府の起源と統治方
法とがこれらの義務を遂行する能力に影響をおよぼしている範囲では
別である。（Plamenatz 1958: p.2 ＝邦訳 9 頁）

　かくして功利主義は，快苦をそれ自体として（つまり，何かの手段と
してではなく）規準単位にして道徳的善悪を考える快楽主義（hedonism）
の立場をとる。もちろん，快苦の内容は，理論的設定によって相違が生
じるが，それが人間の，特に個人の経験的なデータと強く結びつけられ
ていることは確かである。そして，そうしたデータを「功利性（utility）」
という単位（もちろん，この単位の内容も，理論によって相違する可能
性がある）で表し，かかる単位に基づく合理的な計算の可能性を主張し
ている。そして，この功利性の最大化が目指される。つまり，道徳的判
断（選択肢の決定）においては，予想される結果が最も重視されるとい
う，帰結主義（consequentialism）の立場をとる。こうした帰結主義は，
政治的義務論においては，社会契約論的正当化を否定し，かわりに現実
の効果による正当化が主張される。そして，プラムナッツによれば，こ
うした特徴があるゆえに功利主義は，極めて実践性の高い政治理論であ
ると一般に理解されている。なぜなら，快楽を求め苦痛を避けるという
性質は，人間本性にとって非常に根本的なものなので，功利主義の前提
は，現実の人間の行動によく対応すると言えるからである（Plamenatz
1958: p.1 ＝邦訳 7 頁）。
　功利主義の実践性という点に関しては，ベンサムの批判的な継承者で
ある J.S. ミルによる指摘もある。例えば，正義を論じる際にミルは，分
析哲学的手法で正義概念の構想を列挙している。つまり，①財産権の保
護，②道徳的権利の保護，③各人に相応しいものを分配すること，④信
頼を保持すること，⑤公平であること，である。功利主義者としてミル
は，自然法のような形而上学的規範に訴えることはしない。すると，こ
うした複数存在する理に適った規範の構想のあいだで，現実の適用にお
いてどれを選択すべきか，という問題が生じる。ミルによれば，功利主

義の強みは，こうした5種類の正義構想のような一階の原理に対して，その解釈と適用を可能にする二階の原理を，功利性の原理として提供できる点にある。つまり，現実の判断における，しっかりとした規準を提供できると言うのである。そうした規準がなければ，我々の実践的判断は，結局のところ「まったく恣意的なものにならざるをえない」。ミルによれば「社会的功利性だけが優劣を決めることができる」（Mill 1998, p.102＝邦訳336頁）。こうして，現実の規範的判断において合理的な正当化可能性を持つ理由を提示できる点で，功利主義は実践的な政治理論だとされたのである[7]。

　ロールズが自らの規範的政治理論[8]を提示する際に，そのライバル理論としたのが，このような功利主義であった。ロールズは規範理論を，義務論（deontology），つまり，規範の内容そのものの拘束力に訴える体系と，目的論（teleology），つまり，規範の目的によって正当化される体系に種別する。前者の典型が直観主義（intuitionism）であり，後者には帰結主義と卓越主義（perfectionism）がある。直観主義に関してロールズは，ミルと同様の批判を加える。つまり，直観として与えられる規範が複数同時に存在するとき，そのあいだでの選択を合理化する原理を欠くなら，その規範理論は実践的適用において恣意性を避けられない，とする。他方，特定の規範を優れた徳性として称揚する卓越主義は，民主的社会において広範に受容される規範理論としては相応しくない。したがって，帰結主義としての功利主義は，極めて有望な選択肢に見えるが，ロールズは功利主義を彼の主題に鑑みて不適切なものとして退ける。

　ロールズの主題とは正義，とりわけ社会正義の理論である。彼は複数の価値が同時に併存し，個人の自律性が尊重されているような社会（つまり，リベラルで民主的な社会）において，その全般的な組織構造，つまり，基礎的な社会・経済・政治構造（ロールズは，これを「社会の基礎構造」と呼ぶ）を支配する規範を，正義の原理として同定しようとした。そのような意味での正義は，「社会の第一の徳」であり，効率性や福利といった他の規範原理は，正義の原理の下位に置かれることにな

る。ロールズによれば，功利主義はこのような正義の原理には相応し
くない。なぜなら功利性（善）の最大化を計算するという，総計主義
（aggregationism）の立場をとる功利主義は，理念上で共感と想像力を
持った単独の「公平な観察者」のような存在を想定し，その合理的な計
算結果を最善のものとして支持することになるからである。このような
想定は，社会の中に実際に存在する別個独立の諸個人の複数性を考慮す
ることができない。つまり「功利主義は諸人格の差異（the distinction
between persons）を真剣に受け止めていない」（Rawls 1999: pp.23-24
＝邦訳38-39頁）。こうして，功利主義は諸個人の自律性や尊厳を充分
に理論に反映させることができないという欠点があるとされた。

　以上のような諸々の規範理論の欠陥を補うものとしてロールズが依拠
するのが，社会契約論の伝統であった。つまり彼は，自律した諸個人が
国家のような社会的協働関係を形成する，という仮説的状況を設定し，
そのような協働関係を統べる規範として正義の原理を構想したのであ
る。社会契約論なら自然状態に相当する，前社会的状態として「原初状態」
を設定したロールズは，そのなかで諸個人が，自分達の協働関係を規制
する規範原理を理性的に選択し，合意に至るとするならば，どのような
原理が選択されるかを思考実験した。その際に彼が特に工夫を凝らした
のは原初状態内にいる人々の情報を統制することであった。現実の選択
において人々は，何よりも自分に関する種々の情報を他者と比較衡量し
て，自分にとって有利な原理を選ぼうとするであろう。さまざまに異な
る諸個人が実際に存在することが，協働関係を結ぶことの理由なのだか
ら，こうした選択が行われることは当然である。しかしそのような差異
は，個人間に種々の有利・不利関係を生むものであり，何よりも問題な
のは，そうした有利・不利関係を生む原因の中には当該の個人の責任に
帰さないもの，例えば，生まれながらの能力や才能，性格，資産等の違
いが含まれている。かかる差異に基づく社会的な有利・不利関係が，社
会的協働のルールに影響を与えるとしたら，人格としての自由・平等と
いう道徳的理想に照らしてみるならば，そのルールは公正な（fair）も
のとは言えない。ロールズは，そうした差異を「道徳的見地から言って

恣意的（arbitrary from a moral point of view）」と呼び，それを統制する工夫をしたのである。

原初状態にいる人々は，ロールズが「無知のヴェール」と呼ぶものを被される。これによって個人の偶然的な属性を知らないという仮定のもとで，選択がなされることになる。無知のヴェールによって隠されるもののなかにロールズは，宗教のような個人の生の意味を形成する善の教説も含めていたが，それは，このような教説が直接的に規範原理に反映してしまうならば，偶々多数派となる教説を奉じる人々に有利な原理が支配することになり，少数派の人々にとって公正でない関係が生まれると考えたからである。こうした懸念のない情報，つまり，社会・経済・政治・歴史・人間本性等に関する一般的知識は無知のヴェールで隠されていない。つまり，完全に抽象的な空間で，原初状態における選択がなされるわけではない。ここからわかるようにロールズの意図は，原初状態の情報を統制することで，そこでなされた集合的選択が，公正なものとなるような手続きを理論的に同定することであった。したがってロールズは，かかる思考実験から導出された正義の原理を，「公正としての正義（justice as fairness）」と呼ぶ。すでにあきらかなように，これは「公正であることが正しい」という意味ではない。協働関係の正しさは，公正な仕方で正当化できるものでなければならない，という意味であり，その際に，個々の人格の自由と尊厳が配慮されねばならないとされているのである。

公正としての正義の内容としてロールズが提示したものは，正義の二原理と呼ばれ，現代の政治理論において最も有名な規範原理となっている。二原理とされているが，それは実質上三つの原理を含んでいる。つまり，①自由社会において「基本的な自由権」と呼ばれるものを一般的に表象している「平等な自由原理（the principle of equal liberty）」と，②自由社会における不平等を正当化するものとしてしばしば利用される「公正な機会均等原理（the principle of the fair equality of opportunity）」（職務や地位が公正な機会の均等の下で全員に開かれているべきとする原理），③「格差原理（difference principle）」（最も不

遇な人々の便益が最大化されるべきとする原理）である。そしてロール
ズは，これらの原理が衝突するような場合，①，②，③の順番で，優先
されるべきことが，この正義の構想において同意されている，と考えて
いる。このような優先順位が，実践的判断の規準になることが，規範理
論としての〈公正としての正義〉の特徴だとされた。

　無知のヴェールで隠されるべき情報の内容がこれで妥当なのか，そも
そもヴェールが必要なのか，原初状態から導出される正義の原理がこれ
でよいのか，等など，無数の論争が，ロールズの『正義論』の登場以降，
現代に至るまでなされている。生涯にわたって自らの理論を修正し続け
たロールズにとって，こうした論争が活発になされること，つまり，実
践的な規範原理の内容や正当化をめぐって，公共的な議論が交わされる
ことは本望であったと想像できる。実際，ロールズの政治理論への大き
な貢献は，学問産業とも言える状況を政治理論研究において生み出す
きっかけとなったことであり，*Philosophy & Public Affairs*（1972 年に
創刊）や *Political Theory*（1973 年に創刊）といった政治理論を専門に
取り扱う学術雑誌が次々と発行されるようになり，政治理論をめぐる学
問的論争が活況を呈するようになる過程において，ロールズが果たした
役割は計り知れない程大きい。ロールズの理論を批判的に継承し，洗練
させる人々もいれば，その基本的な想定をめぐって批判がなされること
もあった（例えば，コミュニタリアン[9]，大陸的アプローチ[10]，フェ
ミニズム[11]，リアリズム[12]等の立場からの批判があった）。この意味で，
ロールズの理論はすでに最先端のものとは言えないが，いまだに現代政
治理論の重要な基盤となっていると言えるのである。

4. 政治理論と現実

　政治理論は，実践哲学の要素を持っている。つまり，それには現実の
危機への対応という性格がある。ロールズの場合にもこの点は当てはま
るが，既に見てきたように，彼は独自のアプローチを採用している。つ
まり，理論構築の過程において現実の情報を統制的に制限し，理想＝理
念的状況を設定することで，規範的な原理を同定していたのである。こ

れは，実践的に有意な規範原理を導出するために有効な方法として，ロールズが構想した理論的方法であり，かかる方法論は，彼の「理想理論（ideal theory）」というモデルにも反映されている。理想理論とは，現実を無視した理想の理論という意味ではない。それは非理想理論（non-ideal theory）とセットで構想されており，そして，この非理想理論も現実を記述する理論という意味でもない。理想／非理想理論という考え方は，規範と現実との関係性を考慮した，理論化のモデルであり，ロールズにおいては，彼が唱える「現実的なユートピア（realistic utopia）」という理念と強く結びついている。ロールズの正義論は，理論的にデザインされた仕方で現実の情報を統制する方法論を採用しているが，そのような方法論は実践的な意図にも基づいていた。彼によれば「公正としての正義は，現実主義的にユートピア的である。それは，現実的に実行可能なものの限界を見定める」（Rawls 2001: p.13 ＝邦訳 24 頁）。つまり，規範理論が実現不可能なユートピアに耽ることなく，同時に，現状維持にあまんずる保守主義にもならないようにするための工夫が，ロールズによってなされていた。

　確かに理想理論は，一つの理想を提示することで，現実を指導する方向性を示したり，現実の政策や判断を評価する試金石として機能したりすることを目指している。そのためにそれは，現実の複雑性を削減して，抽象化やモデル化を施す。しかしながら，そのような作業をする際に，現実の問題をあらかじめ同定し，そうした問題に対処しやすいような理論化を構想することが試みられている。したがって理想理論は，現実の諸問題，特に規範の実現を妨げる可能性のある要素のいくつかを理念的に排除することで，理想的な状況を設定し，そのような状況に最適な仕方で対応する規範を一つの理想として記述する。一旦そうした理想的規範が設定されれば，次に，理念的に排除されていた要素が理論のなかに操作的に導入されることで，非理想理論が構想される。非理想理論が扱うより現実的な問題は，理想理論に照らされることで，規範的な対応が考察されることになる。さらに言えば，非理想理論は，仮説的に設定された理想理論と連続的なものとして設定されており，理想理論を出発点

とした現実化の順序づけが配列されるように構想されている。つまり，より純粋に理想的な規範から，段階的に現実的な規範へとその内容を調節し，最終的には現実的な政策に（少なくとも理念的には）至るような全般的理論構想となる。このような見通しが得られるならば，現実の諸問題に対処することが「より扱いやすくなる（more tractable）」（Rawls 1999: p.7 ＝邦訳 12 頁）ことが期待されている。つまり，理想理論は，実践的適用における有用性を考慮して構想されているのであり，非理想理論と一体となることで，正義論の根本的部分を構成するものと考えられているのである。

　理想／非理想理論という用語と，それに付随する理論化の方法論は，膨大な数の論争を惹起した[13]。このような活況が生じた理由は，単にそれが学問産業内の方法論争であることにとどまらず，政治理論の本性に，つまり，現実への対応を指向する実践哲学という性質に関わる問題であったことに求められるであろう。そして，そのような関心が，本章の冒頭で確認したように，政治理論の学際性が高まるにつれて発展すると，他の経験的な社会科学との関係性をいかにして確立し，いわば分業体制をどのように構築すべきか，という方法論的関心を生むことになった[14]。もっとも，「分業」という概念は，市場社会の「疎外」を表象することもあれば（マルクス），「統合」を表象することもある（デュルケーム）ように，異なった複数の行為者間の，専門化を促進する意味を持つこともあれば，協力を促進する意味を持つこともありうる。前者の意味であれば，政治理論家は，現実から離れたモデルの構築に専心すべきであるし，後者であれば，現実に応答的なモデルの構築に協働的に励むべきであるとなる。そして，分業のアクターには，社会科学者だけでなく，他の学問分野の学者も含まれるし，現実の問題に直接携わる人々，つまり政治家や活動的な市民も含まれえる。こうして，政治理論と現実の関係は，極めて複雑なものとなり，政治理論の方法論も，さまざまな立場を生むことになった。

　本書は，以上のような政治理論と現実の関係を特に考慮にいれて構想された，政治理論の教科書である。こうした考慮は，その構成に表れて

いる。本書は大きく二部に分けられる。第2章から第8章までは，現代
の政治理論が取り組むべき現実の問題が取り上げられ，政治理論がどの
ようにして活用されているのかの実例を示すことが目指されている。第
9章から第15章では，現実と政治理論の関係性ということを特に考慮
に入れて，現代政治理論における方法的問題が論じられることになる。
読者は，前半部を通じて，現実の問題から出発して，政治理論の営みを
理解するという試みをしていただきたい。その上で，後半部における，
現実と向き合おうとする政治理論の試みを学ぶことで，政治理論に限ら
ず，学問が，いかにすれば実践的な課題を考慮する仕方で反省的なもの
になりうるのかを考えてほしい。学術書は一般にそうであるが，本書は
特に繰り返し読まれるべきである。本性的に一般性や抽象性を持つ政治
理論という営みを，個々の現実的問題から理解するのは，決して容易な
作業ではない。本書がこのような試みをした理由の一つが，すでに政治
理論の教科書と呼べるものがかなり手に入る状況[15]があり，読者が自
ら政治理論の体系的な学習ができるという判断である。しかしながらそ
れ以上に，現実と向き合うという観点からの理解が，政治理論の学習に
とって有効だという判断があることは，言うまでもない。

》》注

(1) 現代政治理論における方法論と，その複数性については，Leopold and Stears
　 (2008) を参照。
(2) これと相対的に言って対象的な特徴を持つのが経済学であり，学問的制度化が
　 進むことで，共通の方法論が経済学のアイデンティティを構成し，その方法を多
　 彩な領域に適用するという営みをしてきた。例えば，経済学者が合理的選択理論
　 を駆使して，投票行動や選挙制度を論じるという，政治への経済学的アプローチ
　 というものが存在する。
(3) この傾向は，自らを政治哲学者と呼ぶ者よりは，政治理論家と呼ぶ者の方によ
　 り強くみられるように思える。
(4) 井上・田村 (2014)，2-5頁を参照。
(5) この過程に関する説明として，松元 (2015) の第2章を参照。
(6) 功利主義については，Lazari-Radek and Singer (2017)，児玉 (2012)，
　 Eggleston and Miller (2014)，Sen and Williams (1982)，若松 (2017) を参照。

(7) 功利主義の実践性については，松元（2015）の第9章を参照。

(8) ロールズについては、参考書が多すぎるほどある。とりあえず以下の文献をあ
  げておく。川本（1997），井上（2018），福間（2007），田中（2017），盛山（2006），
  Freeman（2003），Mandle and Reidy（2014），Young（2009）。ロールズに触発さ
  れた現代正義論を，現実への適用の議論も含めた仕方で概説したものとして，宇
  佐美他（2019）を参照。

(9) Mulhall and Swift（1996）を参照。

(10) 乙部（2017），およびこれが所収されている『ニュクス』第4号の第2特集の
  論考を参照。

(11) 例えば，Pateman（1988），Abbey（2013），Shanley and Pateman（1991）等を参照。

(12) 本書の第13，14章を参照。

(13) 例えば，Simmons（2010），Valentini（2009），Valentini（2012），Stemplowska（2008），
  Schmidtz（2011）等を参照。

(14) 例えば，Leopold and Stears（2008）の第3章を参照。

(15) 例えば，井上・田村（2014），川崎・杉田（2012），齋藤（2014），川崎（2014），
  Kymlicka（2002），Wolff（1996），Miller（2003），Swift（2006）等を参照。本書のよ
  うな現実と政治理論の関係を検討したものとして，宇野他（2012），松元（2015），
  Blau（2017）等を参照。

📓 研究課題

1．政治理論が時代への応答である，と言うことの意味を，政治思想史
  等を学習して考えてみよう。

2．分析的政治理論の特徴について整理し，それが現代社会において影
  響力を持つ理由について考えてみよう。

3．功利主義について解説した書物を読み，その政策的な含意について
  考えてみよう。

4．ロールズの理論について解説した書物を読み，それが21世紀の現
  代社会において持ちうる意義について考えてみよう。

5．現代政治理論に関する教科書を読み，本書の試みと比較してみよう。

参考文献

Abbey, Ruth ed.（2013）*Feminist Interpretations of John Rawls,* Pennsylvania: Pennsylvania State University Press.

Blau, Adrian ed.（2017）*Methods in Analytical Political Theory,* Cambridge: Cambridge University Press.

Dryzek, John S. and Bonnie Honig and Anne Phillips eds.（2006）*The Oxford Handbook of Political Theory,* Oxford: Oxford University Press.

Eggleston, Ben and Dale E. Miller eds.（2014）*The Cambridge Companion to Utilitarianism,* Cambridge: Cambridge University Press.

Freeman, Samuel ed.（2003）*The Cambridge Companion to Rawls,* Cambridge: Cambridge University Press.

Kymlicka, Will（2002）*Contemporary Political Philosophy: An Introduction,* 2nd edn, Oxford: Oxford University Press（1st. 1990）. 千葉眞・岡﨑晴輝他訳『新版 現代政治理論』日本経済評論社，2005 年。

Lazari-Radek, Katarzyna de and Peter Singer（2017）*Utilitarianism: A Very Short Introduction,* Oxford: Oxford University Press. 森村進・森村たまき訳『功利主義とは何か』岩波書店，2018 年。

Leopold, David and Mac Stears eds.（2008）*Political Theory: Methods and Approaches,* Oxford: Oxford University Press. 山岡龍一・松元雅和監訳『政治理論入門方法とアプローチ』慶應義塾大学出版会，2011 年。

Mandle, Jon and David A. Reidy eds.（2014）*A Companion to Rawls,* West Sussex: Wiley Blackwell.

Mill, J. S.（1998）*Utilitarianism,* ed. by Roger Crisp, Oxford: Oxford University Press. 川名雄一郎・山本圭一郎訳『功利主義論集』京都大学学術出版会，2010 年。

Miller, David（2003）*Political Philosophy: A Very Short Introduction,* Oxford: Oxford University Press. 山岡龍一・森達也訳『はじめての政治哲学』岩波現代文庫。

Mulhall, Stephen and Adam Swift（1996）*Liberals and Communitarians,* 2nd. edn. Oxford: Blackwell（1st. 1992）. 谷澤正嗣・飯島昇蔵訳者代表『リベラル・コミュニタリアン論争』勁草書房，2007 年。

Pateman, Carole（1988）*The Sexual Contract,* Cambridge: Polity. 中村敏子訳『社会契約と性契約――近代国家はいかにして成立したのか』岩波書店，2017 年。

Plamenatz, John（1958）*The English Utilitarians,* 2nd edn. Oxford: Basil Blackwell（1st. 1949）. 堀田彰他訳，『イギリスの功利主義者たち』福村出版，1974 年。

Plamenatz, John (1960) 'The Use of Political Theory', *Political Studies*, vol. VIII: pp.37-47.

Rawls, John (1999) *A Theory of Justice*, Revised edn. Oxford: Oxford University Press (1st. 1971). 川本隆史・福間聡・神島裕子訳『正義論 改訂版』紀伊國屋書店, 2010 年。

Rawls, John (2001) *Justice as Fairness: A Restatement*, ed. by Erin Kelly, Cambridge, Mass: The Belknap Press of Harvard University Press. 田中成明・亀本洋・平井亮輔訳『公正としての正義 再説』岩波現代文庫, 2020 年。

Schmidtz, David (2011) 'Nonideal Theory: What Is and What It Needs to Be', *Ethics* 121, no.4: pp.772-796.

Sen, Amartya and Bernard Williams eds. (1982) *Utilitarianism and Beyond*, Cambridge: Cambridge University Press. 後藤玲子監訳『功利主義をのりこえて 経済学と哲学の倫理』ミネルヴァ書房, 2019 年。

Shanley, Mary Lyndon and Carole Pateman eds. (1991) *Feminist Interpretations and Political Theory*, Cambridge: Polity Press.

Simmons, John A. (2010) 'Ideal and Nonideal Theory', *Philosophy & Public Affairs*, vol. 39: pp.5-36.

Stemplowska, Zofia (2008) 'What's Ideal about Ideal Theory?', *Social Theory and Practice* 34, no.3: pp.319-340.

Strauss, Leo (1953) *Natural Right and History*, Chicago: The University of Chicago Press. 塚崎智・石崎嘉彦訳『自然権と歴史』ちくま学芸文庫, 2013 年。

Swift, Adam (2006) *Political Philosophy: A Beginners' Guide for Students and Politicians*, 2nd edn. Cambridge: Polity Press. 有賀誠・武藤功訳『政治哲学への招待』風行社, 2011 年。

Valentini, Laura (2009) 'On the Apparent Paradox of Ideal Theory', *Journal of Political Philosophy* 17, no.3: pp.332-355.

Valentini, Laura (2012) 'Ideal vs. Non-ideal Theory: A Conceptual Map', *Philosophy Compass*.

Wolff, Jonathan (1996) *An Introduction to Political Philosophy*, Oxford: Oxford University Press. 坂本知宏訳『政治哲学入門』晃洋書房, 1959 年。

Young, Shaun P. ed. (2009) *Reflections on Rawls: An Assessment of his Legacy*, Farmham: Ashgate.

井上彰・田村哲樹編 (2014)『政治理論とは何か』風行社。

井上彰編 (2018)『ロールズを読む』ナカニシヤ出版。

宇佐美誠・児玉聡・井上彰・松元雅和 (2019)『正義論──ベーシックスからフロンティアまで』法律文化社。

宇野重規・井上彰・山崎望編（2012）『実践する政治哲学』ナカニシヤ出版。

乙部延剛（2017）「対抗する諸政治哲学——分析的政治哲学と大陸的政治哲学を中心に」（『ニュクス』第 4 号，堀之内出版に所収）。

川崎修・杉田敦編（2012）『新版　現代政治理論』有斐閣アルマ。

川崎修編（2014）『岩波講座　政治哲学 6　政治哲学と現代』岩波書店。

川本隆史（1997）『ロールズ』講談社。

児玉聡（2012）『功利主義入門——はじめての倫理学』ちくま新書。

齋藤純一編（2014）『岩波講座　政治哲学 5　理性の両義性』岩波書店。

盛山和夫（2006）『リベラリズムとは何か——ロールズと正義の論理』勁草書房。

田中将人（2017）『ロールズの政治哲学——差異の神義論＝正義論』風行社。

福間聡（2007）『ロールズのカント的構成主義』勁草書房。

松元雅和（2015）『応用政治哲学——方法論の探究』風行社。

若松良樹編（2017）『功利主義の逆襲』ナカニシヤ出版。

2 福祉資本主義の再検討

遠藤知子

　本章では，ジョン・ロールズの正義論と福祉資本主義の関係をめぐる争点を軸に，社会正義の観点から福祉資本主義とそれに代わる制度構想について検討する。まず，福祉国家および福祉資本主義とは何かについて確認する。次に，長らく規範的政治理論の支配的パラダイムとされてきた分配的正義論と福祉資本主義の関係について取り上げる。続いて，近年の福祉国家再編に関する社会政策上の議論を批判的に考察する。最後に，福祉資本主義に代わってロールズが正義にかなう制度構想として提唱した財産所有制民主主義について，本章の議論と照らし合わせながら検討する。

《キーワード》 福祉国家，資本主義，社会的投資，ジョン・ロールズ，公正としての正義，制度的正義論，財産所有制民主主義

---

1. 福祉国家の争点

　福祉国家とは，政府が一定の平等主義的な原理に基づいて福祉を市民の権利として保障する体制である。福祉国家の誕生と発展は，資本主義経済の発展と切り離すことができない。産業化を背景に，生産手段を所有する資本家に雇用されて働く労働者階級が登場した。生産手段から分離された労働者にとって，自らの労働力を売ることが生活の糧を得る主たる手段となることを労働力の「商品化」と言う。初期の福祉国家は，こうした資本主義経済が生み出す労働者の共通のライフコースのリスクに対応するための制度として発展した。具体的には，失業，疾病，高齢など，雇用からの離脱にともなうリスクに対して，労働者を脱商品化する所得保障制度（社会保険や公的扶助などによる現金給付）が整備された。また，伝統的な所得保障制度は多かれ少なかれ男性稼得者と家庭内

における女性の再生産労働を前提とした。そこで，育児や介護などの社会サービスを公的に整備することで，人々を家族への経済的依存から解放する脱家族化が求められるようになった。所得保障制度に公的社会サービスが加わって構成されるのが，現在の社会保障制度の体系である。

　福祉国家は，資本主義がもたらすリスクへの対策として整備された一方，民主主義の進展もまた福祉国家の発展に欠かすことができない要素である。参政権の拡張が労働者を民主的制度に包摂し，資本主義勢力と社会主義勢力の対立は，議会制民主主義の枠組みの中で調整されるようになった。前者が資本主義を制限する「修正自由主義」を受け入れる一方，後者は資本主義を受け入れた上で民主的手段を通じた社会改良を目指すとする基本的合意枠組みが形成された。比較福祉国家論で有名なイエスタ・エスピン－アンデルセン（Esping-Andersen 1990 ＝邦訳 2001）の著書のタイトル『福祉資本主義の三つの世界』が示す通り，福祉国家は異なるタイプに分かれるものの，どんな福祉国家も資本主義の廃絶ではなく，その維持と発展を目指すことを共通の前提とする。

　さらに，福祉は様々な手段によって供給されうるが，それが権利性をともなうのは，民主的要求に対する政治的決定によって保障される場合である（新川 2014）。また，民主主義は福祉に対する権利を脱階層化し，それを一部の人々だけでなく，社会の構成員すべてに対して保障するための条件でもある。したがって，民主主義の拡張は，一定の福祉を人々の平等な権利として保障するための条件でもある。

　こうした福祉国家に対する評価は分かれている。一方で，福祉国家は自由放任主義的な市場経済を否定し，民主的制度を介した積極的な政治的意志によって経済を社会目的のために制御した政治的成果として評価する立場がある（Berman 2006）。他方で，再分配的福祉国家は，最も効率的に社会全体の富と人々の厚生を最大化する自由市場を歪め，非生産的で非効率であるとの右からの批判がある。反対に左からは，福祉資本主義体制の第一義的な目的は資本主義経済の維持と発展であり，福祉の拡充はそれに付随する効果に過ぎないと批判されてきた。また，福祉国家は，一定の生活の質を人々の権利として保障することで，恣意的で

属人的な権威への依存から人々を解放するとの評価がなされている一方（Goodin 1988），本来非属人的な福祉供給を目的とする官僚的・専門的な行政機関の拡張は，むしろ個人の生活に対する国家管理を強化したとの見方もある[1]。

　では，社会正義を社会制度が最も優先すべき原理とする規範的政治理論において，福祉資本主義はどのように位置づけられ，どのように議論されてきたのだろうか。以下では，20世紀後半の規範的政治理論に決定的な影響を与えたジョン・ロールズの正義論を軸に，福祉資本主義をめぐる規範的な争点を見てみよう。

2.　福祉資本主義と正義の分配的パラダイム

　20世紀後半の規範的政治理論は，概ね福祉資本主義体制に対応して展開されてきたとみなされてきた。とりわけ，ロールズの『正義論』（Rawls 1999 ＝邦訳 2010）は，長らく自由市場経済と再分配政策を両立させる福祉国家を哲学的に擁護する理論として理解されてきた。ロールズの正義論の目的は，誰もが対等にあつかわれる公正な手続きに基づいて，社会の構成員間の権利と義務，社会的便益と負担の分配原理を導出することであった。こうして導き出されるのが，1）各人の平等な基本的諸自由が保障されなければならないとする平等な自由原理，2）職務や地位につく公正な機会が全員に開かれなければならないとする機会の公正な平等原理，3）社会経済的不平等は社会で最も不利な状況に置かれた構成員の状況を最大限改善しなければならないとする格差原理である（Rawls 2001: pp.42-43 ＝邦訳 75 頁）。特に格差原理は，再分配政策によって市場による財の分配を正すための指標として広く受け止められてきた。

　以上の理解に基づくロールズの分配的正義論は，さまざまな角度から批判にさらされてきた。ロバート・ノージック（Nozick 1974 ＝邦訳 1998）は，リバタリアニズムの立場から，ロールズの分配的正義論を静態的な分配パターンを目指す「結果状態的（end-state）」な正義論として否定した。ノージックによれば，ある分配結果が正義にかなっている

か否かは，もっぱらそこに至るまでの歴史的経緯にかかっているのであり，格差原理のような特定の分配結果をもって正義あるいは不正義を判断することはできない。ノージックにとって正義にかなう財の分配に至る歴史的経緯とは，自由な交換または譲渡によるものである。正当な経緯によって得られた所有物に対して各人は権限を持つのであり，結果的にどんな分配パターンが導かれたとしても，正義にかなうものとみなさなければならない。ノージックは，これを正義の権限理論と呼び，徴税による再分配政策は個人の保有物に対する正当な権利を侵害するとして福祉国家を否定した。

　一方，フェミニズムと多文化主義の政治哲学者として知られるアイリス・マリオン・ヤングは，リバタリアニズムとは対極的な政治的立場から福祉資本主義を批判した。ヤングもまたノージックと同様に，分配的正義論は財の最終的な分配パターンに着目するのに対し，そこに至る過程を無視するとして批判する。しかし，ノージックは社会関係から独立した個人の権利を出発点とするのに対し，ヤングは特定の分配結果の背後にある社会制度や構造の影響に注目する。ヤングは，社会正義を分配的正義の問題に限定する支配的な規範的政治理論の流れを正義の「分配的パラダイム」と呼び，その問題点を次の通り指摘する（Young 1990 ＝邦訳 第 1 章）。

　第一に，正義の分配的パラダイムは既存の制度体系を所与の前提としてあつかい，分配的争点の背後にある生産の仕組みやそれを規定する意思決定過程と権力，社会的分業，文化などの構造的問題を哲学的批判の対象から排除する。その結果，公的争点は脱政治化され，既存の制度構造によって生成される権力関係が批判にさらされることなく再生産されることを許容してしまう。

　第二に，権力，機会，自尊心といった非物質的な財にまで分配概念を拡張することで，批判の対象とすべき問題の本質と不正義を是正するための手段が見誤られてしまう。ヤングによれば，権力，機会，自尊心などは分配したり保有したりできるものではなく，意思決定過程や人間社会の作為的な規則によって生じる社会関係の問題である。こうした過程

や規則には，人々が意識的に，あるいは無意識にしたがう思考や行動の
パターンが含まれる。複数の人々のパターン化された行為の積み重ねか
ら成る社会構造によってこそ，個々人が社会に対して影響力を行使する
権力，人生の見込みとそれに対する自己認識が形成される。正義の要請
として対等な社会関係を実現するには，最終的な財の分配パターンを変
えるだけではなく，社会関係を規定する制度構造を改革することが必要
なのだとヤングは主張する。

　さらに，ヤングによれば，以上の問題を抱える分配的正義論は，現
実に支配的な制度体制である福祉資本主義と相互補完的な関係にある
（Young 1990 ＝邦訳 第3章）。福祉資本主義体制では，労使交渉は賃金
や余暇などの分配的争点に限られる。一方，生産過程の仕組みや権限，
投資の方向性をめぐる意思決定構造に関する論点は，労使の合意枠組み
によって公的争点から構造的に排除されている。政治的争点は社会的生
産物の分け前をめぐる利益集団間の紛争に限定され，公的制度のあり方
に関する価値対立は焦点化されない。規範的政治理論における分配的パ
ラダイムは，哲学的問いを財の分配に限定し，その背後にある制度構造
には立ち入らない点で福祉資本主義体制における公的争点を模倣する。
こうして，分配的正義論と福祉資本主義は，相互に既存の制度構造によっ
て生み出される社会関係を正当化することに寄与しているとする。

　以上の通り，ロールズの分配的正義論は，福祉資本主義を哲学的に擁
護する理論として受け止められ，政治的左右から批判にさらされてきた。
いずれも分配的正義論はある分配結果をもたらす過程を考慮しないとし
た上で，一方は，再分配的福祉国家は個人の権利に過度に介入すると批
判するのに対し，他方は，再分配を否定するのではなく，むしろそれだ
けでは社会正義を実現するのに不十分であると批判する。ノージックの
ロールズ批判に対しては，個人の私的所有権は絶対的ではなく，また各
人の平等な自由を守るためにこそ一定の所有権の制限は正当化しうると
の反批判が提出されている（Wolff 1991 ＝邦訳 1994）。一方，ロールズ
の『正義論』が出版されて以来，現実においても福祉資本主義の変容が
進展している。以下では，まず，近年の福祉改革の流れを確認し，そこ

ではどのような理念が目指されているのかを明らかにする。その上で，ロールズの正義論は福祉資本主義を前提とし，社会正義を分配の問題に限定するというヤングの批判に対するロールズの立場を改めて検討してみよう。

3. 新しい社会的リスクと福祉国家の再編

　福祉資本主義体制は，西欧の先進福祉国家において，戦後「栄光の30年間」とも呼ばれる期間，経済成長と人々の生活の安定を両立させてきたとして評価されてきた。しかし，1970年代に2度のオイルショックを経て，経済は低成長期へと移行し，緊縮財政の時代に突入した。また，グローバル化による資本の越境とポスト工業化の圧力は雇用の流動化を促進させ，雇用形態の多様化や長期失業，家族の多様化をもたらした。同時に，女性運動や環境運動などの新しい社会運動によって，経済成長と男女役割分業を基盤とする福祉資本主義に疑問が投げかけられるようになる。これらの圧力は，労働勢力の政治的求心力を減退させると同時に，労働者とその家族の共通のライフコースのリスクを前提として整備された社会保障制度の実践的・規範的限界を顕在化させた。

　伝統的な福祉国家は，失業，疾病，高齢など，労働者の雇用および所得喪失への対策として所得保障制度を整備した。産業化の過程で生まれたこのような労働者の共通のリスクは，古い社会的リスクと呼ばれることがある。これに対し，産業構造が製造業から知識型経済・サービス産業へ移行し，安定雇用と家族によるケアの前提が崩れたことによって生み出されるリスクは，「新しい社会的リスク」と呼ばれている（濱田・金 2018）。具体的には，長期失業，ワーキングプア，不安定雇用，社会サービス不足による仕事と家庭の両立困難などが含まれる。さらにこれらのリスクは，経済格差の拡大と社会的排除，リスクの個人化をもたらした。男性正規労働者の所得保障を中心に整備された社会保障制度は，こうした新しい社会的リスクに対応することができず，福祉国家の更新をめぐる議論が進展した。

　新しい社会的リスクへの対策として，各国の政策オルタナティヴとし

て台頭したのが「社会的投資」である。社会的投資は 1990 年代以降，新自由主義的な福祉縮減路線に対抗する新しい社会政策の指針として登場し，事後的な所得保障だけではなく，リスクを事前に予防するための社会サービスに重点を置くことが主要な特徴である。具体的には，就学前教育，生涯教育，職業訓練，育児・介護サービスなどが含まれる。社会的投資政策が目指すのは，人々の人的資本に投資したり，女性の社会進出を支援したりすることで人々を労働市場につなぎ直し，生涯を通じて個人化したリスクに対処可能な自律的個人を育成すると同時に，経済と福祉の最適化を図ることである（Morel et al., 2012; Hemerijck 2017; 濱田・金 2018）。

　社会的投資論を主導してきた社会政策学者のアントン・ヘメレイク（Hemerijck 2017: p.12）によれば，社会的投資が志向するのは欠乏からの自由ではなく，各人が望む生き方を選択する自由である。この際,ロールズの分配的正義論は，古い社会的リスクに対応する事後的な再分配を擁護する結果の平等論として理解されているのに対し，社会的投資政策の理論的根拠とされるのは，アマルティア・センのケイパビリティ論である。ケイパビリティ論は，資源の保有自体ではなく，各個人がそれぞれ望む生き方を選択し，それを実践するための条件整備を正義の要請とする。従来の福祉資本主義では，社会的パイの取り分が主要な争点となるのに対し，社会的投資国家において重要なのは，人々が自らの人生を切り拓くための条件整備である。国によって社会的投資の形は異なるものの，こうした政策転換は，少なくとも理念上は，新自由主義的な福祉縮減と明確に区別され，最低所得保障を行った上で政府の支出と責任によって支援されなければならないと認識されている。したがって，社会的投資論者の多くは，社会的投資政策は再分配の縮減によって社会権を後退させるのではなく，それを各個人が選択し，行動する自由へと拡充・前進させるのだと主張する（Hemerijck 2017）。

　一方で，社会的投資が目指すのは，知識型経済・サービス産業の主流化によって生み出される新しい社会的リスクに対する既存の社会保障制度の機能不全を修正することである。そしてそのために取られる主要な

戦略は，人々の人的資本を育成する政策によって人々の生産活動を支えることである。つまり，福祉資本主義的な生産と所有，意思決定過程や社会的分業の諸制度自体が問い直されるのではなく，むしろ社会保障制度をそれらの新しい条件に適応させることが課題とされている。

　福祉資本主義の延長としての社会的投資は，次の点で批判されてきた[2]。第一に，社会制度の変革よりも人的資本への投資を通じて個人を現行制度に適応させることに着目する点である。人々の選択の自由のためには雇用の質が保障されなければならない。生産と所有，意思決定の仕組みに介入することなく個人の生産性向上を強調するならば，人々はますます市場の要請に順応することを強いられ，自己責任意識が強化される恐れもある。

　第二に，社会全体の厚生と経済的生産性の最適化を目標とする社会的投資による利益は，必ずしもすべての人に公正に行き渡るとは限らない。教育や子育て支援などの社会サービス給付は，最不遇者ではなく，正規労働者や共働き家庭など，すでに経済的・人的資本が豊富な中産階級の支援を手厚くするのに対し，経済的弱者は技能を蓄積することが難しい劣悪雇用に押し出されてしまう可能性もある（Cantillon 2011）。

　第三に，社会的投資は，育児・介護などのケアサービス拡充を推進するものの，それが経済成長を支えるための道具的な地位に位置づけられているとの批判がある。家庭と仕事の両立支援は，女性を労働市場に解放するための労働政策として，また，経済と社会保障制度の持続可能性を支えるために家族形成を支援する人口政策として打ち出される一方，ジェンダー平等やケア労働の価値と地位の向上に対する視点が抜け落ちてしまっていることが指摘されている（三浦 2018）。

　以上の通り，社会的投資の目的は，既存の福祉資本主義を変革するというよりも，それを現代的な条件に適応させることである。このため，社会的投資が可能にする個人の選択の自由は，既存の制度的条件の中で生産性の向上と結びつく範囲に限定されてしまう可能性があると同時に，すべての人の自由を平等に尊重するとは限らないという問題を抱えている。人々の平等な自由と対等な経済的・社会的参加を可能にするに

は，どのように新しい社会的リスクに対応するのかという機能主義的な視点だけでなく，社会正義の観点からどのような条件整備が必要なのかという規範的な議論が必要である。以下では，正義論の観点から福祉資本主義に代わる制度構想を提示したロールズの制度論を検討したい。

4. ロールズの制度論と福祉国家批判

　これまで見てきた通り，ロールズの正義論は，資本主義経済を前提とした上で，格差原理に基づいて最不遇者の状況を改善する再分配政策を哲学的に擁護する理論として広く受け止められてきた。しかし，2000年代に入ってからロールズの制度論に注目が集まるようになっている。ロールズが，自身の正義原理を実現するために重視したのは，再分配による事後的な救済による結果の平等ではなく，事前の対策によって人々の対等な経済的・社会的参加を可能にするような制度構想である。

　ところで『正義論』の冒頭で，正義は社会制度の「第一の徳」（Rawls 1999: p.3 ＝邦訳6頁）であると述べられている通り，ロールズの正義論の重要な特徴の一つとしてそれが制度的正義論であることが挙げられる。これは，正義の二原理が個人の行為や個別の政策に直接適用されるのではなく，主要な社会制度が互いに影響し合うシステムとして個々人の人生の見込みに与える影響を対象とするということである。したがって，正義原理の実践的目的は，ロールズが社会の基本構造と呼ぶ社会制度の組み合わせを正義原理を満たすように再編することにある。この意味で，ロールズの分配的正義論は，分配の背後にある制度構造に対して無関心であるというヤングの批判は当てはまらない。格差原理は，既存の社会制度を背景とした再分配政策によって満たされるのではなく，生産と所有を含む主要な社会制度を組み合わせることで，最不遇者の状況を最大化するように編成することを要請する（Freeman 2018: pp.112-117）。

　注目の的となっているのは，それまで普及していた解釈に反し，後期ロールズが自身の正義原理と両立しうる経済制度は資本主義ではないと述べている点である。さらに2001年に出版された『公正としての正義

－再説』（以下『再説』）（Rawls 2001 ＝邦訳 2004）では，正義にかなう
制度構想として，資本主義経済と事後的な再分配による福祉資本主義が
明確に否定され，それに代わって正義原理を満たす制度構想について論
じられている。まず，ロールズの制度論を確認してみよう。

　ロールズは『再説』で五つの政体を取り上げ，そのうち二つのみが正
義原理を満たしうるとする。五つの政体とは，(a) 自由放任型資本主義，
(b) 福祉国家型資本主義，(c) 指令経済を伴う国家社会主義，(d) 財
産所有制民主主義，(e) リベラルな（民主的）社会主義である（Rawls
2001: p.136 ＝邦訳 242 頁）。ここでは，これらの政体を図 1 の通り，生
産手段に対する民主的コントロールと所有形態を軸に整理してみよう。

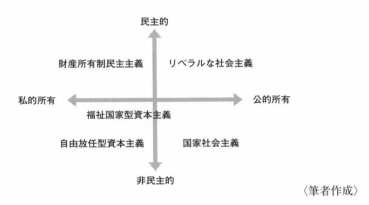

〈筆者作成〉

図 1 生産財に対する民主的コントロールと所有形態による政体比較

　(a) 自由放任型資本主義では，生産手段の私的所有と自由市場によっ
て富と所得が分配され，生産手段の管理に対する権限も市場原理によっ
て規定される。国家の役割は，治安維持や道路など最低限の公共財の提
供と人々の自由権の消極的な保障に限定される。さらに，再分配政策は
「かなり低い社会的ミニマム」を残余的に供給するにすぎない（Rawls
2001: p.137 ＝邦訳 245 頁）。したがって，基本的自由と機会の平等は形
式的に保障されるものの，格差是正や公共サービスの提供を通じた実質
的保障はなされない。

　(b) 福祉国家型資本主義は，本章で見てきた福祉資本主義と重なる

体制である。福祉国家型資本主義も生産手段の私的所有と私的管理による資本主義経済を前提とする。同時に，民主的な政治制度を介し，社会的生産物の分配に関して一定の制限が設けられている。このため自由放任型資本主義とは異なり，政府は人々の福祉供給のために積極的に市場に介入し，公的な教育や医療サービスを通じて一定の機会の平等を保障し，再分配政策による生活保障を行うことが求められる。

　(c) 国家社会主義は，生産手段の国家所有と「一党体制により管理される指令経済」による経済システムである（Rawls 2001: p.138 ＝邦訳246頁）。よって，生産手段は公的に所有されるものの，その管理は非民主的に行われる体制である。

　(d) 財産所有制民主主義とは，生産手段の私的所有と市場経済が認められた上で，「生産用資産と人的資本（つまり，教育と訓練された技能）の広く行き渡った所有を確保する」体制である（Rawls, 2001: p.139 ＝邦訳248頁）。ロールズは，財産所有制民主主義は私的所有と市場経済を認めているため，資本主義を前提とする福祉資本主義と見誤れる可能性があるとした上で，前者は「資本主義に代わる選択肢となるものだ」として区別する（Rawls 2001: pp.135-136 ＝邦訳241頁）。福祉資本主義は，生産用資産が社会の一部に集中するのを許容するのに対し，財産所有制民主主義は，生産用資産を分散させることで経済権力の民主化を図る体制である。

　(e) 最後に，リベラルな社会主義においては「生産手段は社会において所有される」が，国家社会主義のような一党体制による計画経済とは異なり，民主的な政治体制と市場経済を前提とする。また，国家所有の資本を民主的企業が運営するなどして経済権力は民主的に分散される（Rawls 2001: p.138 ＝邦訳246頁）。

　ロールズによれば，(a)，(b)，(c) はいずれも正義原理を満たすことができず，正義にかなう体制は (d) と (e) のみである。自由放任型資本主義は，人々の基本的自由も機会の平等も形式的にしか認めず，最不遇者の状況改善のための市場への介入も行われない。国家社会主義における非民主的一党支配と計画経済は，人々の基本的自由を認めない

ため，正義の原理を満たすことができない。

　より驚きに値するのは，ロールズが福祉国家型資本主義も正義にかなう体制ではないと主張することである[3]。ロールズは福祉国家型資本主義について，次の通り述べている。

　　福祉国家型資本主義もまた，政治的諸自由の公正な価値を拒んでおり，機会の平等には幾らかの配慮を払うものの，その達成に必要な政策が採られていない。福祉国家型資本主義は，不動産（生産用資産と天然の資源）の所有における非常に大きな不平等を許容するため，経済および政治生活の多くの支配は少数の者の手中にある。また，「福祉国家型資本主義」という名称が示唆するように，福祉支給はかなり気前よく，基本的ニーズをカバーするまずまずの社会的ミニマムを保障しうるにしても，経済的・社会的不平等を規制すべき互恵性原理は認められてはいない。（Rawls 2001: pp.137-138 ＝邦訳 245 頁）

　このように，ロールズは，社会の一部の人々が生産財を所有・管理することを許容する経済制度そのものが不正義なのであり，事後的な再分配のみによって正義を満たすことはできないと主張する。その理由は以下の通りである。

　第一に，経済資本の独占は，過大な政治的権力に転じるため，政治的自由の公正な価値が否定される。政治的諸自由の公正な価値を保証するには，単にすべての人の形式的な政治参加の権利を保障するだけでなく，思想，言論，結社などの自由を経済権力の影響から保護する必要がある。経済的エリート層の不均等な政治的影響力——例えば，選挙キャンペーンやメディアへのアクセスを通じて——による政治過程の歪曲を未然に防ぐには，経済権力を分散させる必要がある。

　第二に，経済権力の集中による政治的影響力の偏りは，機会の実質的な平等を否定する。機会の公正な平等を満たすには，富や権威を伴う地位や職位につく機会が人々の出身階層や属性によって左右されてはならない。しかし，経済的・政治的権力の集中は，一部の人々が自らの支配

的地位を維持するのに好ましい法と所有のシステムを制定することを許容する（Rawls 2001: p.131 ＝邦訳230頁）。このため，福祉国家による公的教育や医療制度は，一定の機会の平等に寄与するとしても，機会の不平等を十分に取り除くことはできないとされている。

　第三に，経済権力の集中は，経済的格差だけでなく，社会関係の不平等を生むため，格差原理を否定する。格差原理によって互恵的に分配されるべき基本財のうちには，富と所得だけでなく，「権威と責任のある職務や地位」，「自尊の社会的基盤」などの社会的基本財が含まれる。ところが，資本主義社会においては，生産財をコントロールする一部の人々が投資の方向性や職場における意思決定権を行使するのに対し，大多数の人々は他者の決定に従わざるを得ない。経済領域におけるこのような支配服従関係は，権力や地位の不平等をもたらす上，人々が対等に社会に参加するための条件でもある「自尊の社会的基盤」を蝕んでしまう。したがって，資本主義的な経済制度は，格差原理が要請する互恵的な社会関係を否定する。

5. 正義にかなう制度構想としての財産所有制民主主義

　ロールズが正義の二原理を満たしうると考えたのは，前掲した図1が示す通り，経済制度に生産手段に対する民主的コントロールを組み込む（d）財産所有制民主主義と（e）リベラルな社会主義である。両者は生産手段の私的所有を許容するか，社会的所有を前提とするかの点で異なるが，重要なのは，ともに経済の民主的管理を通じて，政治的支配につながりがちな経済権力を制度的に分散させる点である。ここではまず，ロールズが二つのうちより多く取り上げている財産所有制民主主義の特徴について見てみよう。

　ロールズによれば，財産所有制民主主義の狙いは，「ただ単に不測の事故や不運のために敗北した人々を手助けすることだけではなく（手助けしなければならないのであるが），むしろ，適正な程度の社会的・経済的平等を足場にして，自分自身のことは自分で何とかできる立場にすべての市民を置くということである」（Rawls 2001: p.139 ＝邦訳247-

248頁）。つまり，社会の中で最も不利な立場に置かれた人々に対して，社会的生産物を恩恵として振り向けるのではなく，誰もが社会的協働の利益を「自由で平等な市民たる人々の間の政治的正義の問題として」（Rawls 2001: p.139 ＝邦訳248頁）互恵的に享受しうるような社会が目指される。このために，財産所有制民主主義の背景的諸制度は，「各期のはじめに，生産用資産と人的資本（つまり，教育と訓練された技能）の広く行き渡った所有を確保する」ことで，政治的支配につながる経済権力の集中を未然に防ぐよう設計される（Rawls 2001: p.139 ＝邦訳 248頁）。つまり，経済領域における意思決定権力を分散させることで，誰もが社会の対等な担い手として影響力を行使することができるような制度的条件を整備することが志向されている[4]。

　では，生産財に対する意思決定権力を分散するために，どのような制度が構想されているのだろうか。ロールズ自身は，財産所有制民主主義を構成する具体的な制度の組み合わせについて詳らかにしているわけではない。しかし，ロールズが財産所有制民主主義と両立可能な制度の一つとして労働者管理型企業の可能性について言及していることがロールズ研究者によって議論されている[5]。労働者管理型企業は，労働者自身に企業の利益配当に対する権利，運営に関わる権限や責任を付与することで，生産手段の管理と運営に対する民主的コントロールを拡散させる組織形態である。そうすることが，経済領域における支配服従関係を克服し，公正としての正義の要請として，富と所得だけでなく，権力と地位を含む互恵的な社会関係の実現に寄与すると考えられている（O'Neill 2008, 2014; Freeman 2018）。

　ロールズの制度構想をこれまでの本章の議論と照らし合わせて検討してみよう。本章で見てきた通り，ロールズは再分配政策による結果の平等論者とみなされてきた。しかし，財産所有制民主主義の第一義的目的は事後的な救済ではなく，各人の自己決定を可能にする条件を事前に整備することに他ならない。この点で，財産所有制民主主義は，人々の経済的・社会的参加の条件整備を重点化する社会的投資と重なるようにも見える。しかし，社会的投資は，教育，訓練など，人的資本を育成する

政策介入を通じて，人々を福祉資本主義的な経済制度に適応させること
を目指すのに対し，財産所有制民主主義は，人的資本を開発するだけで
なく，生産と所有の背景的制度自体を事前に組み替えることを対等な社
会参加の条件とする。前者が最優先させる社会的理念は，人々の厚生と
経済の最適化であるのに対し，後者が目指す理念は，社会のすべての構
成員の互恵的な自由を可能にするような公正としての正義である。

　また，ロールズを含む分配的正義論者は，分配結果の背後にある制度
構造を考慮せず，結果的に福祉資本主義体制を無批判的に正当化してい
るとの批判もなされてきた（Young 1990 = 邦訳 2020）。しかし，以上
で見てきた通り，ロールズは，ヤングと同様に社会正義を単に資源の分
配の問題としてではなく，自由な諸個人間の対等な社会関係の問題とし
て捉えていた。その上で，それを実現するには経済権力を分散させる生
産と所有の制度が必要であると主張し，福祉資本主義を否定した。

　同時に，ロールズの財産所有制民主主義が主要な対象とした社会制度
は，ヤングが想定するよりも限定的であると言わざるを得ない。ヤング
によれば，正義に関わる制度的文脈は，「『生産様式』よりも広い意味で
理解すべきである。それは職場だけでなく，国家や家族，市民社会など
の諸制度の中に存在するあらゆる構造や実践，そうした構造や実践を規
定する規則や規範，さらに構造や実践の場で生じる社会的相互作用を媒
介する言語やシンボルなどまでも含んだ概念である」（Young 1990: p.22
= 邦訳 29-30 頁）。こうした構造や実践のうちには，生産活動を支えて
きた再生産労働の領域も含まれるだろう。ロールズ自身の制度的正義論
が示す通り，主要な社会制度は，それぞれ他の領域や制度から独立して
存在するのではなく，互いに影響し合いながら人々の利害を左右するシ
ステムとして作動する。したがって，今後の課題としては，経済領域に
おける権力の分散の具体的な制度構想を描くと同時に，再生産領域を含
む他の領域との関係についても考察する必要があるだろう。

6.　社会正義と制度

　本章では，ロールズの正義論と福祉資本主義の関係に関する考察を通じて，規範的政治理論における福祉資本主義とその問い直しに関する論点を検討した。福祉国家の再編に関する主要な社会政策上の議論は，福祉資本主義の制度自体を問い直すのではなく，社会保障制度を資本主義経済の変化に応じて更新することを目指してきた。これに対し，ロールズは，誰もが対等な市民として社会に参加するための条件として，生産と所有形態を含む経済的諸制度を，人々の政治的影響力を平等にするように「事前に」組み替えることを提唱した。本章の議論から明らかなことは，社会正義を目標とするのであれば，社会制度の構造に関する考察は避けられないということである。

〉〉注

(1) 福祉国家をめぐる政治的左右の対立については，Pierson（2007 ＝邦訳 1996）を参照。

(2) 社会的投資に対する批判は，Morel et al.（2012），Hemerijck（2017），濱田・金（2018）などにまとめられている。

(3) ロールズの福祉資本主義批判については，O'Neill（2014）を参照。

(4) 財産所有制民主主義は，イギリス・サッチャー政権によって公営住宅民営化政策の理念として用いられたこともあるように，個人主義的イデオロギーと共振する場合もあることが指摘されている。

(5) 職場民主主義は，労働者の影響力や自尊心のために重要であると指摘されている一方（O'Neill 2008, 2014; Freeman 2018），労働者管理型企業は「集団的エゴイズム」を生む可能性があること（White 2014）も指摘されている。また，職場民主主義を正義の要請として制度化することの是非も論争の対象となっている（Thomas 2016 など）。

■ 研究課題

1．ヤングの立場から，福祉資本主義と正義の「分配的パラダイム」が
   なぜ問題なのかについて考えてみよう。
2．社会的投資の考え方とロールズの財産所有制民主主義がどのように
   異なるのかについて考えてみよう。
3．どのような状況において人々の間の権力や地位の不平等があるのか
   を考えてみよう。対等な社会関係を築くには，どのような制度が必要
   かについて考察してみよう。

参考文献

Berman, Sheri (2006) *The Primacy of Politics: Social Democracy and the Making of Europe's Twentieth Century,* Cambridge: Cambridge University Press.

Cantillon, Bea (2011) 'The Paradox of the Social Investment State: Growth, Employment and Poverty in the Lisbon Era', *Journal of European Social Policy,* 21(5): pp.432-439.

Esping-Andersen, Gøsta (1990) *The Three Worlds of Welfare Capitalism,* Cambridge: Polity Press. 岡澤憲芙・宮本太郎監訳『福祉資本主義の三つの世界：比較福祉国家の理論と動態』ミネルヴァ書房，2001年。

Freeman, Samuel (2018) *Liberalism and distributive justice,* Oxford: Oxford University Press.

Goodin, Robert E. (1988) *Reasons for Welfare : the Political Theory of the Welfare State,* Princeton: Princeton University Press.

Hemerijck, Anton (2017) 'Social Investment and Its Critics', in Anton Hemerijck (ed.), *The Uses of Social Investment,* Oxford: Oxford University Press: pp.3-42.

Morel, Nathalie, Bruno Palier and Joakim Palme (2012) 'Beyond the welfare state as we knew it?', in Nathalie Morel, Bruno Palier, and Joakim Palme (eds.), *Towards a Social Investment Welfare State? :* Ideas, Policies and Challenges, Bristol: Policy Press: pp.1-30.

Morel, Nathalie and Palme, Joakim (2017) 'A Normative Foundation for the Social Investment Approach?', in Anton Hemerijck (ed.), *The Uses of Social Investment,* Oxford: Oxford University Press: pp.150-157.

Nozick, Robert（1974）*Anarchy, State, and Utopia*, New York: Basic Books. 嶋津格訳『アナーキー・国会・ユートピア』木鐸社，1998 年。

O'Neill, Martin（2008）'Three Rawlsian routes to economic democracy', *Revue de Philosophie Economique*, 8(2): pp.29-55.

O'Neill, Martin（2014）'Free（and Fair）Markets without Capitalism', in Martin O'Neill and Thad Williamson（eds.）, *Property-Owning Democracy : Rawls and Beyond*, Chichester: Wiley-Blackwell: pp.75-100.

Pierson, Christopher（2007）*Beyond the Welfare State?: The New Political Economy of Welfare*, Cambridge: Polity Press. 田中浩・神谷直樹訳『曲がり角にきた福祉国家：福祉の新政治経済学』未来社，1996 年。

Rawls, John（1999）*A Theory of Justice*, Cambridge, MA: Harvard University Press. 川本隆史・福間聡・神島裕子訳『正義論』改訂版，紀伊國屋書店，2010 年。

Rawls, John（2001）*Justice as Fairness : A Restatement*, Cambridge, MA: Harvard University Press. 田中成明・亀本洋・平井亮輔訳『公正としての正義—再説』岩波書店，2004 年。

Thomas, Alan（2016）*Republic of Equals*, Oxford: Oxford University Press.

White, Stuart（2014）'Property owning democracy and republican citizenship', in Martin O'Neill and Thad Williamson（eds.）, *Property-Owning Democracy : Rawls and Beyond*, Chichester: Wiley-Blackwell: pp.129-146.

Wolff, Jonathan（1991）*Robert Nozick : property, justice, and the minimal state*, Cambridge: Polity Press. 森村進・森村たまき訳『ノージック—所有・正義・最小国家』勁草書房，1994 年。

Young, Iris Marion（1990）*Justice and the Politics of Difference*, Princeton: Princeton University Press. 飯田文雄・苅田真司・田村哲樹・河村真実・山田祥子訳『正義と差異の政治』法政大学出版局，2020 年。

新川敏光（2014）『福祉国家変革の理路：労働・福祉・自由』ミネルヴァ書房。

濱田江里子・金成垣（2018）「社会的投資戦略の総合評価」（三浦まり編『社会への投資：〈個人〉を支える〈つながり〉を築く』岩波書店：3-30 頁に所収）。

三浦まり（2018）「変革の鍵としてのジェンダー平等とケア」（三浦まり編『社会への投資：〈個人〉を支える〈つながり〉を築く』岩波書店：218-247 頁に所収）。

3 | 人口高齢化と世代間正義

遠藤知子

　本章では，人口高齢化の圧力を受け，世代間契約の規範的根拠として注目
されている世代間正義に関する議論を検討する。これまで，異なる年齢層の
人々の間の正義は，正義の対象を各個人の人生全体とすべきか，あるいはあ
る時点における人々の平等を優先すべきかが中心的な争点であった。本章で
は，通時的な社会関係の平等を要請する社会関係説の観点から，異なる人口
規模のコホート間の正義を検討する。その上で，高齢社会において重要性を
増すケアを取り上げ，世代間の関係の平等を実現する制度のあり方について
考察する。
《キーワード》　人口高齢化，世代間契約，世代間正義，資源の平等，関係の
平等，ケア

---

1. 人口構造と社会制度

　平均寿命の延伸と出生率の低下を受け，人口高齢化は世界的な現象
になっている。国連の「世界人口予測 2019 年版」によれば，2018 年
には人類史上初めて全世界における 65 歳以上の高齢者人口が 5 歳以下
の人口を上回った。全年齢層のうち最も増加率の大きい高齢者人口は
2050 年までに倍増し，15 歳から 24 歳までの人口を上回る見通しである
（United Nations 2019: p.16）。世界で最も高齢化が進んでいる日本に目
を向けると，2020 年時点で総人口に占める 65 歳以上の割合は 28.7% で
あった。日本の高齢化率は第二次ベビーブーム世代（1971-1974 年生まれ）
が 65 歳以上になる 2040 年にピークを迎え，総人口の 35.3% に達するこ
とが見込まれている（厚生労働省 2020: 4 頁）。
　高齢化や出生率の低下は，医療の進歩や経済的な豊かさ，価値の多様

化の成果でもあり，人口構造の変化はそれ自体として良いとも悪いとも言えない。しかし，国内外の行政文書は前述のような統計を示し，人口高齢化を緊急の課題として取り上げ，警鐘を鳴らしている。その理由は，現行の様々な社会制度が特定の人口構造を前提に設計され，それに基づいて経済や社会が機能してきたからである。具体的には，経済制度や社会保障制度は，稼働年齢層とされる年齢層の人々が人口の主要部分を占めることを想定して成立している。高齢期が長期化し，かつ高齢者が若年世代を上回る状況は人類史上初めての現象であり，労働人口の質と大きさ，投資や消費などの経済活動，人々が背負う社会的リスクなどに影響する。よって，人口高齢化は，労働のあり方，経済活動，社会保障制度に様々な変化を迫る現代社会の主要な社会変動の一つである。

　では，人口構造の変化が，どのように社会保障制度の進展と連動してきたのかを見てみよう[1]。西欧諸国では18世紀以降，産業化と社会の近代化により，人口の自然増加の形態が多産多死から少死亡率・少出生率均衡へと移行していった過程を第一の人口転換と呼ぶ。生活水準や医療の発展は寿命の延伸をもたらし，高齢期の衰弱と依存が初めて社会問題として浮上した。高齢期の依存は，年金をはじめとする社会保障制度の整備を促し，福祉国家発展の推進力となった（Lindh et al. 2005）。

　続いて，出生率の低下が進む一方で乳幼児死亡率も低下し，若年・高齢被扶養年齢層がともに停滞するのに対し，稼働年齢層が人口割合の主要部分を占めるようになる。被扶養年齢層に対して稼働年齢層の多い人口構造は，経済成長や社会保障の拡張にとって好条件であるため「人口学的好条件（demographic gift）」（Lindh et al. 2005: p.474）と呼ばれている。この人口学的好条件と戦後の経済成長期が重なった西欧諸国は，1950年代から1970年代までに社会支出を大幅に拡大させ，福祉国家の黄金期を迎えている。

　1960年代半ば以降，社会の個人化や脱物質主義的価値の浸透によって，結婚や出産はライフスタイルの問題として捉えられるようになった。こうした文化的価値の変化を背景に，人口置換水準以下の出生率が恒常化するようになったことを第二の人口転換と呼ぶ。以前の稼働年齢層が

高齢期に突入し，人口構造は逆ピラミッド型に接近していく。先述の人口学的好条件とは反対に，稼働年齢層が縮小するのに対して高齢被扶養年齢層が著しく増大する[2]。さらに，人口高齢化の圧力は1970年代以降，経済が低成長期へと移行したことによる社会支出縮減の流れと重なり，年金，医療，介護など高齢者に偏る社会保障費の持続可能性が政策課題として議論されるようになった（OECD 2006）。

　以上の流れは，欧米諸国の歴史的経験を前提にしているが，非欧米諸国は異なるタイミング，スピードと歴史的条件下で人口転換を経験している。産業化のタイミングが西欧諸国に対して遅く，急速な経済成長を遂げた日本を含む東アジア諸国は，社会保障制度を西欧諸国と同等レベルに拡充させる以前に第二の人口転換と低成長期に直面した[3]。日本では，欧米諸国に対して比較的稼働年齢層の割合が大きく，人口学的好条件であった1980年代，社会支出縮減圧力の中で家族の福祉供給機能に依存する，いわゆる「日本型福祉社会論」が採用された。しかし，1994年には高齢者人口は14%に達し，本格的な高齢社会に突入した。日本が「人口学的悪条件」へと移行した1990年代は，ポスト工業化による雇用の不安定化や経済の低迷が顕在化した時代であった。それまでの家族主義的政策対応，公的社会サービスや所得保障の不足は，経済が低迷する中で，若者にとって家族形成のリスクを増大させ，少子高齢化を加速させたとの分析もなされている（落合 2013: 540-541 頁）。このように人口構造が社会制度に影響するだけでなく，社会制度が人口構造に影響する場合もある。

　国や地域によって人口高齢化の圧力の強さやタイミングは異なるものの，人口転換は世界各国で社会保障制度の問い直しを迫る主要な社会変動として認識されている。戦後，西欧諸国で発展した福祉国家の諸制度は，いわゆる人口学的好条件であった稼働年齢層の多い人口構造を前提にした世代間契約に基づいて構築された。以下では，まず，伝統的な福祉国家が前提とする世代間契約について確認しておこう。

2.　福祉国家と世代間契約

　近代的な社会保障制度は，人々を生産年齢人口と高齢者人口とに区分し，前者が後者を支える世代間契約を前提として整備された。世代間契約の定義は曖昧であるが，「福祉国家の諸制度が年齢に応じたリスクに対処する方法」（Birnbaum et al. 2017: p.4），または，「福祉国家が異なるライフステージに生じるニーズへの対策として，重複する世代間の協働を規定する方法」（Birnbaum et al. 2017: p.5）などと理解されている。以上の定義に基づいて，世代間契約の特徴を次のように整理することができる。

　第一に，家族内部で親が子に対して，または子が親に対して負う義務を扱うのではなく，社会制度が異なる年齢層の人々の間でどのように権利と義務を振り分けるのかを問題とする。

　第二に，世代間の間隔が広く，現在生存する現在世代と生存期間の重ならない将来世代との関係ではなく，生存期間が部分的に重なる重複世代間の協働関係を対象とする。世代間正義論では，重複する世代間の正義だけでなく，環境問題などを念頭に，現在世代が遠い将来世代に対して負う責任を扱う研究が蓄積されてきた[4]。しかし，社会保障制度は，生存期間が重ならない非重複世代の人々を対象とするのではなく，重複世代の異なる年齢層の人々の間の相互利益と協働関係を前提とする（Birnbaum et al. 2017; Daniels 1988）。

　第三に，ここでの世代とは，「子ども」，「現役世代」，「高齢者」，「後期高齢者」といった特定の年齢層に属する人々を指す。このような年齢層は，同時期に出生した集団としてのコホートと区別される。コホートとは，例えば，1947年から1949年の間に生まれた第一次ベビーブーム世代など，一定の期間内に生まれた人々の集団であり，時間の流れとともに子どもから高齢者へと年齢層を移動する。コホートは常に同じ人々によって構成されるのに対して，ある年齢層の構成員は時間とともに入れ替わる。日本を含む産業社会における年齢区分は，就学前年齢，就学年齢，稼働年齢，退職後の高齢期といった具合に，一般的とされる労働

者のライフコースに基づいて線引きされてきた。年齢区分や年齢に対する社会認識は社会文化的に定義され，当該社会の産業構造や社会経済的条件とともに変化する（Higgs and Gilleard 2015: pp.7-10）。現に，脱工業化による安定雇用からの排除，就学期間の延長，健康寿命の延伸などによって，年齢のカテゴリーやその基準は変化し続けている。

さて，以上を念頭に，戦後，福祉国家はどのような世代間契約を前提としてきたのだろうか。言い換えれば，年齢に伴うリスクに対してどのように対処してきたのだろうか。社会保障制度は，裕福な人々から貧しい人々に財を移転するロビン・フッド機能と，予想されるリスクに備えて事前に貯蓄する貯金箱機能とに分類することができる。戦後の社会保障制度の体系となったベヴァリッジ型福祉国家(5) は，人々が労働によって生計を維持することを前提とした上で，老齢，疾病，短期的な失業などによる所得喪失に備える社会保険制度を中心に整備された。再分配による公的扶助制度は，これらを補完する「最後のセーフティネット」として位置づけられる。こうしてみると，伝統的な福祉国家は，産業社会における労働者の誰もが直面しうるライフコースのリスクに備えて貯蓄する仕組みとして理解することができる（Thompson 1992）。より具体的には，労働所得が安定する壮年期に貯蓄した財を，支出が増える家族形成期や所得を喪失しがちな高齢期に振り向ける。これを，異なるライフステージの人々と協働しながら公的保育サービスや公的年金などを通じて制度的に行うのが福祉国家である。

以上の世代間契約は，二つの連動する現象によって脅かされている。

第一に，産業構造の脱工業化によって雇用が流動化し，従来，稼働年齢層とされてきた人々の労働所得が不安定化しているため，いわゆる生産年齢人口が貯蓄し，被扶養年齢人口に財を移転することが難しくなっている。

第二に，雇用と所得の不安定化は家族形成の妨げになり，人口高齢化を加速させている。出生率の低下は，収入の安定する共働き家庭において抑制される傾向があるのに対し，共働きを支える社会サービスが不足するところでは，少子化がより顕著な傾向にあることが明らかになって

いる（Esping-Andersen 2002: p.65）。

　このように，生産年齢期における労働所得の不安定化と被扶養年齢層の増加は，前者が後者を支えることを前提にして設計された社会保障制度の見直しに関する議論を引き起こしてきた。また，世代間契約の規範的根拠として世代間正義に関する議論にも注目が集まっている。以下では，世代間契約の見直しを検討するために，まず，年齢層間の正義に関する先行研究の議論を整理し，そこから人口規模の異なるコホート間の正義に対する示唆を導出してみたい。

3. 世代間の正義

　現在世代が遠い将来世代に対して負う義務ではなく，重複する世代間の協働関係を扱う世代間の正義に関する主要な理論として，1）賢明なライフスパン説（prudential lifespan account），2）時間特定的優先性説（time-specific priority view），3）社会関係説（relational view）がある。以下では，それぞれの特徴と関係について見てみよう。

（1）賢明なライフスパン説（PLA）

　アメリカの医療倫理学者であるノーマン・ダニエルズ（Daniels 1988）は，異なる年齢層の間の正義（justice between age groups）として「賢明なライフスパン説（prudential lifespan account）」（以下 PLA）を提示した。ダニエルズは，まず，異なるコホート間の正義と年齢層間の正義を区別する。先述した通り，コホートとはある特定の期間内に生まれた同時期出生集団を指す。これに対し，年齢層とは誰もが通過するライフステージである。PLA は，コホートではなく，どの時代にも存在する「若者」と「高齢者」との間の権利と義務，利益と負担の分配を扱う理論である（Daniels 1988: p.15）。ダニエルズは便宜上，高齢者は65歳以上，若者は16歳から65歳までの人々として定義する。要するに，PLA は，一般的な稼働年齢層と退職年齢以上の人々との間の分配的正義を問題とする。

　ダニエルズの考えとは異なり，実際にはある社会の人口構造や経済発

58

展の度合いは，分配可能な資源のパイの大きさや世代間の公正の問題に影響するため，年齢層間の正義を時代的文脈から切り離すのは容易ではない。しかし，世代間の正義をコホートではなく，どの時代にも存在する若者と高齢者との間の問題として扱うことは，PLA が個人のライフスパン（生涯全体）を正義の単位としていることと関連する。誰もが人生の各段階に応じたニーズに直面するのであるから，若者と高齢者を利害の競合する異なる集団としてではなく，各個人の人生における異なる段階として捉えるべきだとダニエルズは考える。資源分配の問題を個体間の問題から個体内の問題に置き換えるなら，資源をめぐる対立は生じない。例えば，社会制度が稼働年齢層よりも高齢者により多くの資源を振り向けたとしても，直ちに個体間の不平等が発生するとは言えない。若い時に年金や医療制度に資源を振り向けることは，現在の消費機会を放棄して将来の自分のために貯蓄することを意味するからである。このように，特定の歴史的時点を断片的に切り取って，人々の間の資源の分配状態を評価するのではなく，個々人の生涯を通じた資源や人生機会の差異を評価の対象とする平等主義的正義論は「人生全体の平等主義（complete lives egalitarianism）」と呼ばれている（McKerlie 2013: ch. 2）。

　では，生涯全体を単位とした個人間の平等が確保される限り，例えば，生産性の高い稼働年齢世代に豊富な資源を振り向けるのに対して，退職した高齢者が生活に困窮するとしても不正義にはならないのだろうか。PLA は年齢層間におけるどんな格差も認めるわけではない。ダニエルズは，ライフスパンを単位とする個人間の平等を正義の枠組み（フレーム）とした上で，各人の人生内部では，各ライフステージごとに熟慮を経た「賢明な（prudent）」仕方で資源が配分されることを要請する二段階の正義を構想する。賢明な資源配分とは，人生全体の効用（ウェルビイング）を最大化するような配分である。どのような資源配分が人生全体の効用を最大化するかを特定するために，ダニエルズはロールズの無知のヴェール[6]を援用する。無知のヴェールを被った人々は，自分の年齢や善の構想（望むライフスタイル）に関する情報が遮断されている。したがって，特定のライフステージを優遇することなく，かつ，例

えば，高齢期は静かに余暇を謳歌したいといった特定のライフスタイル
を推進することもない。結果的に選択される賢明な資源配分は，各年齢
に伴うリスクに応じて，最大限多様な生き方を選択可能にするような配
分になるはずだとダニエルズは考える。したがって，年齢と連動する身
体能力，認知機能や雇用機会などの一般的な事実に基づく一定の資源格
差は認められるものの，ある年齢層を他の年齢層に対して犠牲にするよ
うな選択はなされない。

　再分配の対象を各個体のライフステージとして捉えるダニエルズの
PLA は，他者と協働しながら個人の異なるライフステージの間で財を
分配するという考え方に基づく伝統的福祉国家に理論的根拠を与えると
ともに，各ライフステージの間でどのように財を分配すべきかの指針と
もなりうる。しかし，問題は，人口構造が逆ピラミッド型に接近する現
在の状況下では，年齢層間の再分配がコホート間の格差を生んでしまう
ということである。これは，PLA が前提とする各人の生涯単位の平等
が達成されないということを意味する。では，人生全体を単位として見
た場合には，若年世代が高齢世代に対して不利になったとしても，同時
点的な観点から，いま現在高齢者が若者に対して不利な状況に置かれて
いる場合，高齢者に対して資源を移転することは正義にかなうと言える
のだろうか。デニス・マッカーリー（McKerlie 2013）の「時間特定的
優先性説（time-specific priority view）」（以下 TSP 説）は，ライフス
パンの平等とは無関係に，いま現在苦しんでいる人々を優先的に支援す
ることを正当化する。

（2）時間特定的優先性説（TSP 説）

　マッカーリーは，まず，ダニエルズの PLA が前提とする人生全体の
平等主義は，同時点的な不平等に対処することができないとして批判す
る。純粋な人生全体の平等主義に基づけば，人生の一定期間，不利益や
欠乏を経験したとしても，誰もが順番にその時期を経験するのであれば，
個人単位の不平等は生じないため，道徳的に問題があるとはみなされな
い。極端に言えば，高齢者が隔離された劣悪な老人施設で暮らすのに対

し，壮年期の人々は設備の整ったコンドミニアムで暮らすような状況が正当化されてしまう（McKerlie 2013: pp.6-7）。また，結婚生活の中で妻と夫が 10 年間ずつ，交代に相手を支配するような関係さえも平等の観点からは問題があるとは言えないかもしれない。マッカーリー（2013）は，以上のような仮想的な例を取り上げ，人生全体の平等主義は，このような直感的に受け入れ難い同時点的な不平等がなぜ道徳的に問題なのかを説明することができない点に注目し，それに代わる世代間正義の理論として TSP 説を提示する。

　TSP 説によれば，ある時点で不利な状況にいる人々を優先的に支援することは，たとえそうすることでライフスパン単位の不平等が生まれたとしても正義にかなっている。TSP 説は，個人間の人生全体を比較するのではなく，いま現在苦しんでいる人々の状況を改善すること自体に特別な道徳的価値があるとする。その根拠としてマッカーリーが挙げるのは，同じ支援が現在苦しんでいる人々にとってより大きな価値があることである（McKerlie 2013: p.91）。苦しんでいる時に受ける支援はその分効用が大きく，緊急性が高い。極端な例を挙げれば，いま A が溺れているとするなら，B の一生との比較とは無関係に，いま A を優先的に助けなければならない。同様に A の過去の人生の質が B のそれまでの人生の質よりも高かったとしても，現在 A の状況が B よりも劣っているなら，その時点で A を優先的に支援すべきである。以上の議論から，結果的にコホート間の格差が生じたとしても，身体的な衰えや収入の喪失などによって現時点で生活に困窮しうる高齢者に支援を振り向けることを正当化できるという結論を導くのがマッカーリーの立場である（McKerlie 2013: p.93）。

　TSP 説は，ライフスパンの効用を比較する視点からは捉えきれない同時点的な不平等の問題を焦点化する。しかし，世代間の正義論としてこの立場にも様々な問題がある。

　第一に，同時点的な格差を比較するための時間区分に客観的基準は存在しない。人々の効用は時間の流れとともに変動するため，「同時点」の間隔をどう区切るかによって，誰の状況改善が必要で，どの年齢層を

優先的に支援すべきなのかも変容してしまう（Bidadanure 2016）。

　第二に，人生全体の平等主義者も様々な仕方で同時点的な年齢層間の格差に制限を設けている。ダニエルズの PLA では，ライフスパンの平等を枠組みとした上で，個人の人生内部では，ある年齢が他の年齢を犠牲にするような資源配分は許されない。したがって，マッカーリーが例に挙げるような，極端な同時点的な不平等は否定される。

　第三に，個人の人格の別個性の観点から個人の生涯全体を正義の単位とすることは理に適っている（Bidadanure 2016）。同時点的不平等に一定の制限を設けるべきであったとしても，各人を独立した人格として承認するには個人の通時的な連続性を認める必要がある。それは，翻って社会制度が個人を未来に対して自ら選択可能な責任ある主体として尊重しなければならないことの根拠でもある。

　以上の議論から，社会制度は受け入れ難い同時点的な不平等に対処しつつ，人格の別個性の観点から生涯全体を正義の単位とすることにも配慮しなければならない。

(3) 社会関係説

　ジュリアナ・ビダダヌレ（2016）は，マッカーリーが取り上げるような同時点的な不平等が道徳的に受け入れ難い理由を社会関係の平等の観点から説明し，社会制度は個人間の資源の平等を同時点的な社会関係の平等によって補強しなければならないと主張する。社会関係の平等は，資源の平等との対比で説明されることが多い。後者は，ある資源の分配が平等主義的になされているかを問題とするのに対し，前者は，人々の対等な地位が尊重され，支配や抑圧から自由であるかどうかを問題とする。ビダダヌレは，これら二つの平等の区別を念頭に，マッカーリーが挙げる同時点的な不平等の例が道徳的に受け入れ難い理由は，それが分配の不平等ではなく（あるいは，それだけではなく），社会関係の不平等を表しているからだと主張する（Bidadanure 2016: p.246）。高齢者を劣悪な老人ホームに隔離することは，心地よい住宅に住む若者との生活の質の格差だけではなく，空間的隔離がもたらす社会関係からの排除と

周縁化，社会的地位の不平等につながりやすい。夫婦が順番に互いを支配し合う例では，関係の不平等はより明らかである。資源とは異なり，対等な社会関係は，後々享受するために貯蓄したり先送りできるものではない。支配や抑圧を強いられる経験は，他者の同様な経験や将来の自由によって打ち消すことができず，誰に対しても常に否定されなければならない。ビダダヌレは，以上の議論を異なる年齢層の人々の関係に応用し，個人の人生単位の資源の平等を，各年齢層の間の同時点的な関係性の平等によって補強すべきだと主張する。問うべきなのは，若者と高齢者が対等に尊重され，承認されているかどうか，若者は搾取されたり，高齢者は周縁化されたりしていないかどうか，ある年齢層の人々が政治経済に対するコントロールを独占していないかどうか，などである（Bidadanure 2016: p.246）。

　これまでの議論をまとめよう。ダニエルズの PLA は，個人の人生全体を単位とする平等を正義の枠組みとした上で，各ライフステージに応じた資源配分を各人の人生全体の効用を最大化させるように行う二段階の正義構想である。PLA は，各ライフステージに伴うリスクに備えて財を振り分けるこれまでの社会保障制度の考え方と合致する。しかしながら，人口高齢化は PLA が前提とするコホート間の平等を脅かす。すなわち，人口規模が縮小する現役世代は，現在の貯蓄を将来消費することができないかもしれない可能性がある。マッカーリーの TSP 説は，こうした各個人の人生全体を単位とする不平等とは無関係に，いま現在苦しんでいる人々を支援すること自体に特別な道徳的価値があるとする。その上で，人生全体の平等を確保することに対して，同時点的な不平等を優先的に是正すべきであると考える。マッカーリーの理論は，個人の生涯全体の質とは別に，ある種の同時点的な不平等が絶対的に受け入れ難いことを鮮明にする。同時に，個人の主体性と別個性を尊重する観点から，通時的な個人を単位とする不平等にも配慮しなければならない。ビダダヌレは，同時点的な不平等の受け入れ難さは，資源の平等に還元することのできない社会関係の平等の問題であることを明らかにし，これを年齢層間の正義に適用させる。各人の人生全体の相対的な効

用とは別に，支配と抑圧を伴う社会関係は，絶対的に否定されなければ
ならない。

(4) 人口規模の異なるコホート間の正義への示唆

　以上の議論の直接的な対象はコホートではなく，年齢層の間の正義で
あった。しかし，これらの議論から，人口規模の異なるコホート間の格
差に対処する上で，次のような含意を導き出すことができる。

　第一に，人口構造の変化がコホート間の資源の平等だけでなく，関係
の平等にもたらす影響についても考慮しなければならない。その上で，
コホート間の社会関係の平等を保障する必要がある。直近の世代間の正
義は，年金制度の公平性や医療・介護への社会支出を軸に議論されるこ
とが多い（Gosseries 2009; 森村 2018）。しかし，社会関係の平等の観点
からは，例えば，政治や経済活動における支配的な地位が層の厚い団塊
の世代に偏重し，若者が権威と責任ある地位から排除されていないか，
高齢者の社会参加の機会と条件が整備されているか，意思決定過程に参
加する機会がすべての年齢層に開かれているか，などについても同等に
考慮する必要がある。すべての年齢層は特定のコホートの一員でもある
ため，これは通時的に各年齢層の間の対等な地位を尊重することでもあ
る。このためには，意思決定過程の構造や社会文化的な価値など，資源
の分配に還元することのできない対等な関係性の条件を整備する必要が
ある（Young 1990 ＝邦訳 2020）。

　第二に，同時に重要なのは，対等な社会関係が資源の不平等を帳消し
にするわけではないということである。資源の平等と関係の平等は概念
的に区別されるものの，分配の平等は関係の平等の条件として重要であ
る。例えば，ベーシック・キャピタルやロールズの財産所有制民主主義
などは，人々の対等な政治参加の条件として，所得だけでなく，生産財
の広く行き渡った分散を提唱する[7]。また，資源の平等は，道具的に
必要であるばかりでなく，実質的に対等な関係性を表象する場合もある
（Bidadanure 2016: p.238）。社会関係の平等は，どのコホートの一員にも，
他のコホートの成員との比較とは無関係に，常に保障されなければなら

ない。したがって，コホート間の資源の平等を議論する際には，関係の平等への効果を一つの指標として考えるべきである。

4. 高齢社会におけるケアと関係の平等

　では，どのような社会制度が年齢層間の社会関係の平等に寄与しうるのだろうか。本章の残りでは，高齢社会において重要性を増す高齢者に対するケア——すなわち介護——のあり方について考察してみたい。年金制度は，福祉国家の初期段階で整備されたのに対し，高齢者への介護サービスは長らく公的な問題として認知されてこなかった。しかし，要介護期間の長期化をもたらした超高齢社会の到来により，ようやく介護の負担が可視化されるようになったことで，介護サービスの重要性が，世界的な課題として認識されるようになった。世界一の高齢社会となった日本では，2000 年に介護保険が成立して以来，利用者は増え続け，介護保険財政と介護現場の逼迫が課題となっている。超高齢社会への移行は，介護サービスの需要を拡大させることは必須である。そこで本章の観点から，どのような介護があらゆる年齢層に対する社会関係の平等に寄与しうるのかについて検討してみたい。

　介護には少なくとも二つの力関係が伴う。

　第一は，ケアを受ける側と与える側の権力関係である。ケアの与え手は，ケア関係から退出する選択肢を持つのに対し，ケアに対するニーズを持つ受け手には，その選択肢がない。したがって，前者は後者に対して常に優位な立場にある（Tronto 2015 ＝邦訳 2020; 上野 2011）。ケアへのアクセスは，受け手の生命の維持に限らず，移動の自由や社会参加の機会にも影響する（Brake 2017）。日本では老老介護が問題になっているが，高齢者ケアの場合，受け手は高齢者であり，与える側は少なくとも受け手よりは若い世代であることから，この関係は，世代間関係の平等の問題に直結する。

　第二は，人間の再生産のためのケア労働と経済的利益の最大化を目指す経済活動の社会文化的地位のヒエラルキーによる力関係である。これまで多数のフェミニズム研究者が論じてきた通り，資本主義社会におい

て，ケア労働は多くの場合女性の無償労働によって担われ，経済活動に対して従属的な活動として位置づけられてきた。このため，社会の存続にとって不可欠であるにもかかわらず，ケア労働の社会的価値とその担い手であるケア労働者の社会的地位および賃金は低く抑えられてきた。

　以上のような関係の不平等を含むケア供給を，どのようにして対等な社会関係に基づくものへと転換させることができるだろうか。上野千鶴子（2011）は，第一の介護の受け手と与え手との権力関係を念頭に，当事者主権の立場を主張する。ケアに対する一義的なニーズの帰属先であるケアされる側を当事者と呼び，当事者が自らのニーズを表出する主体となることを当事者主権と言う。上野が当事者主権を訴える理由は，一義的な当事者以外の専門家や介護提供者，家族や政府などがケアに対するニーズを設定するとき，権力の非対称性ゆえにパターナリズムに陥ったり，ニーズを定義する側の都合や利益が優先されてしまうからである。その上で，当事者であるケアの受け手と与え手がともに福祉の生産と供給に参加する当事者主権によるケアの事例として，日本における生活協同組合の福祉事業を取り上げる。

　第二のケアの社会文化的地位によるケア労働者の関係の不平等に対しては，ジョアン・トロント（Tronto 2015 ＝邦訳 2020）が『ケアは誰がするのか（*Who Cares?*）』において，ケア責任を民主的に配分することを提唱する。トロントによれば，生命の維持と再生産を支えるケアの営みは，人間社会に偏在しているにもかかわらず，市場優先主義的社会においてその価値が過小評価され，その負担が人々を平等に尊重する仕方で分配されていない。トロントによれば，アメリカのようにケアの市場化が進む社会では，ケアを市場に外部化する高所得者と低賃金で働くケア労働者との間で労働市場の二重化が進展し，ケアを購入する側と提供する側の地位の格差が拡大している。一方，日本のように家族主義的とされてきた社会に目を向ければ，女性のケアに対する過重責任が，社会経済的な機会の不平等とそれに伴う地位の不平等をもたらしてきた。

　このようなケアを軸とする関係の不平等を背景に，トロント（2015: 15頁）は，人々を対等に扱う社会とは，ケア責任の配分を市場優先主

義の論理によってではなく，民主的に決定するとともに，誰もがケアの供給に参加するための条件が整備された社会であると主張する。そうすることで，人々は経済活動に向けてきたエネルギーをケア活動に向け直すことが可能になると同時に，その負担をより公平に分配することが可能になる。上述した当事者を含む関係者が介護供給に関する意思決定に参加する協同組合型の事業は，ケアの民主化に寄与する一つの制度となるかもしれない。また，エリザベス・ブレイク（Brake 2017）は，人々のケアされる権利を保障するために，アメリカの平和部隊（peace corps）に習って，誰もがケア供給に参与する機会を提供するケア部隊（care corps）の制度化を構想する。こうした制度を普遍化することで，ケア責任に対する男女格差を克服し，ケアの社会的価値を向上させうるとブレイクは考える。協同組合型事業にせよ，ケア部隊にせよ，事業運営に必要な資金を公的に保障することが不可欠である。また，誰もが経済的状況にかかわらず参加することができるよう，経済的支援および仕事とケアを両立できるような働き方の制度化が必要である。

　日本では近年，地域における「医療，介護，介護予防，住まいおよび日常生活の支援が包括的に確保される体制」（「地域における医療および介護の総合的な確保の促進に関する法律」第2条）として定義されている地域包括ケアシステムの構築が進められている。こうした流れの中で，支える側と支えられる側の区別をなくし，高齢者自身が介護を含む地域のニーズの担い手になることも推進されている。しかし，以上の議論から，こうした動きが，単に減退する家族ケアに代わって「生産年齢人口」をケア責任から解放するためのものであるなら，市場優先主義的価値規範の転換とそれに伴う人々の地位の平等は望めない。ケア自体を重要な活動として社会に根づかせるための制度構築のあり方について検討することは，高齢社会における世代間，そして世代内の関係の平等を保障するために欠かせないだろう。

5. 新しい世代間契約

　本章では，人口高齢化に伴う制度転換の規範的指針として，規範的政治理論における世代間正義の議論を検討した。各人の人生全体の平等を枠組みとした上で，生涯単位の効用の最大化を目標に，人生の各ライフステージごとに熟慮を経た賢明な資源配分を提唱する PLA に対し，各人生の比較とは無関係に同時点的な平等の優先性を主張する TSP 説を検討した。その上で，資源の平等の単位として各個人の別個性を尊重しつつ，同時点的な平等の道徳的根拠を社会関係の平等に求めるビダダヌレの議論から，コホート間の人口規模の変化にかかわらず，あらゆる年齢層の間で関係性の平等を通時的に確保しなければならないことが明らかになった。最後に，高齢社会における関係の平等を保障する上で重要性を増すケア供給のあり方について検討した。世代間正義論は，これまで資源の平等の問題を中心に扱ってきた。しかし，社会関係の平等を保障するための制度的条件とそのための資源分配に関する議論も，高齢社会における新しい世代間契約を構築する上で重要である。

》》注

(1) 人口転換と経済成長の関係については，Lindh et al. (2005)，人口転換と家族形態の関係については，落合 (2013) を参照。

(2) Lindh et al. (2005) は，この人口学的条件を demographic hang-over と呼ぶ。

(3) 社会学者の落合恵美子 (2013) は，人口転換の時期と間隔を指標に，西欧諸国に対して急速なペースで進展した日本の近代化を「半圧縮近代」，他の東アジア諸国の近代化を「圧縮近代」と呼ぶ。

(4) さまざまな世代間正義論を収集した論文集としては，Gosseries and Meyer (2009) がある。また，世代間正義を含む人口問題の正義論に関しては，松元・井上編 (2018) を参照。

(5) ベヴァリッジ型福祉国家とは，第二次世界大戦中の 1942 年にイギリスで刊行された『ベヴァリッジ報告』をもとに，完全雇用を前提とした上で，社会保険と公的扶助によって一定の所得をすべての市民の権利として保障する福祉国家を言う。

(6) 無知のヴェールとは，政治哲学者のジョン・ロールズが正義原理を特定するために採用した思考装置である。正義原理に合意する当事者たちは無知のヴェール

を被っており，自分の社会経済的地位，才能や能力，どのような生き方を望むのかに関する情報が遮断されている。ロールズによれば，このような平等な条件下で合意可能な原理こそがすべての人を平等に扱う公正な正義原理である。

(7) 本書第5章参照。

■ 研究課題

1．今日，異なる年齢層の間で，どのような不平等が存在するのかについて考えてみよう。
2．資源の平等と社会関係の平等はどのように異なり，どのように関係し合うのかについて考えてみよう。
3．年齢層間の関係の平等を実現するために，どのような制度が必要かについて考えてみよう。

参考文献

Bidadanure, Juliana (2016) 'Making Sense of Age-Group Justice: A Time for Relational Equality?', *Politics, Philosophy & Economics*, 15(3): pp.234-260.

Birnbaum, Simon., et al. (2017) *The Generational Welfare Contract: Justice, Institutions and Outcomes*, Cheltenham: Edward Elgar Publishing.

Brake, Elizabeth (2017) 'Fair care:Elder care and distributive justice', *Politics, Philosophy & Economics*, 16(2): pp.132-151.

Daniels, Norman (1988) *Am I my Parents' Keeper? : an Essay on Justice between the Young and the Old*, Oxford: Oxford University Press.

Esping-Andersen, Gøsta (2002) 'A Child-Centred Social Investment Strategy', in Gøsta Esping-Andersen (ed.), *Why we need a new welfare state*, Oxford: Oxford University Press: pp.26-67.

Gosseries, Axel (2009) 'Three Models of Intergenerational Reciprocity', in Axel Gosseries and Lukas H. Meyer (eds.), *Intergenerational justice*, Oxford: Oxford University Press: pp.119-146.

Gosseries, Axel and Meyer, Lukas H. (2009) *Intergenerational justice*, Oxford: Oxford University Press.

Higgs, Paul and Gilleard, C. J. (2015) *Rethinking Old Age : Theorising the Fourth Age*, London: Palgrave Macmillan.

Lindh, Thomas, Malmberg, Bo, and Palme, Joakim (2005) 'Generations at War or Sustainable Social Policy in Ageing Societies?', *Journal of Political Philosophy*, 13 (4): pp.470-489.

McKerlie, Dennis (2013) *Justice between the young and the old*, Oxford: Oxford University Press.

OECD (2006) *Live longer, Work longer*, OECD: Paris. 濱口桂一郎訳『世界の高齢化と雇用政策―エイジ・フレンドリーな政策による就業機会の拡大に向けて』明石書店，2006 年。

Thompson, David (1992) 'Generations, Justice, and the Future of Collective Action', in Peter Laslett and James S. Fishkin (eds.), *Justice between age groups and generations*, New Haven and London: Yale University Press: pp.206-235.

Tronto, Joane C. (2015) *Who Cares?: How to Reshape a Democratic Politics*, Ithaca and London: Cornell University Press. 岡野八代訳『ケアは誰がするのか？：新しい民主主義のかたちへ』白澤社，2020 年。

United Nations, Department of Economic and Social Affairs, Population Division (2019) *World Population Prospects 2019: Highlights*.

Young, Iris Marion (1990) *Justice and the Politics of Difference*, Princeton: Princeton University Press. 飯田文雄・苅田真司・田村哲樹・河村真実・山田祥子訳『正義と差異の政治』法政大学出版局，2020 年。

上野千鶴子 (2011)『ケアの社会学：当事者主権の福祉社会へ』太田出版。

落合恵美子 (2013)「近代世界の転換と家族変動の論理―アジアとヨーロッパ」(『社会学評論』64(4)：533-552 頁に所収)。

厚生労働省 (2020)『厚生労働白書―令和時代の社会保障と働き方を考える―』(令和 2 年版)。

松元雅和・井上彰編 (2018)『人口問題の正義論』世界思想社。

森村進 (2018)「互恵性は世代間正義の問題を解決するか？」(松元雅和，井上彰編『人口問題の正義論』世界思想社：211-229 頁に所収)。

4 | 監視社会と自由

山岡龍一

　自由という政治的価値が，時代の制約下にあることを確認したうえで，現代的な自由論の展望を探求する。現代社会における自由の脅威を理解するために，監視社会という考え方が考察される。現代社会における監視のテクノロジーにある両義性を理解し，そのうえで監視社会がもたらすカテゴリー化の問題性を検討する。この問題を把握し，対処するために必要な自由論がどのようなものであるかについて，現代の政治的自由論を使って，その展望を描く。
《キーワード》 自由人，近代人の自由，消極的／積極的自由，パノプティコン，監視社会，功利主義，シミュレーション，カテゴリー化，純粋な消極的自由論，共和主義的自由論

　西洋の政治理論の歴史全体を通じて，繰り返し論じられてきたテーマがある。人間の生や政治社会の在り方に関する理想を表す政治的な価値のなかで，特に中心的な重要性があるものとして，自由が論じられてきた。そして，概念分析が政治理論の営みの主流となったとき，それは最も必須の研究対象となった。概念の明晰化が，実践の理解と遂行において有益なことは言うまでもないが，それ以上に（特に政治理論を研究する者にとって）重要なのが，概念分析の営みを，現実との関係性のなかで遂行すべきことの自覚である。本章では，自由という，すでに厚い蓄積のある政治理論的主題を，現実との関係性から再検討し，そのような反省的行為から，いかなる展望が得られるのかを考察する。

1 自由論の系譜

　政治理論の古層に，古代ギリシアやローマにおける自由人と奴隷の区

別がある。これは，富や知性，身体的拘束といった規準でなされる区別ではない。自由人とは，他人の意志，とりわけ恣意的な意志の下にない人間を意味し，より抽象的に言うならば，他に依存せずに生きられる人を指し，やや具体的に言うならば，自分自身（自分が一体となっている政治体）の法の下で生きる人を意味する。奴隷とは，自らの生殺与奪を支配する主人の下で生きる人間のことであり，その典型的な例は，自国が戦争によって滅ぼされ，自分を市民として規定する法体系を失ってしまい，戦勝国の市民（自由人）の法的な所有物として生きる人である。

　ヘロドトスの『歴史』には，ペルシアの王とスパルタからの亡命者の対話が描かれているが，そこで「自由」が論じられている。スパルタの王であったこの亡命者は，ペルシア人の戦士と比べてスパルタ人の戦士が優れているという主張を，前者が一人の専制君主を恐れて団結するのに対して，後者は自国の法を恐れて団結しているという理由によって正当化していた（ヘロドトス 1980: 255-256 頁）。したがって自由の価値は，個人の利益や道徳の問題である以上に，集団の在り方の問題であったのであり，市民のアイデンティティが勇敢な戦士であることに求められるという，古代社会の生の在り方に則したものであった。

　自由という理想は，生の在り方の時代的変化に応じて，異なった現れをしてきたが，政治理論の観点から特に重要なのが，19 世紀フランスの文人であり政治家であったコンスタンによる「近代人の自由」をめぐる議論である。単純化すると，古代人にとっての自由は政治への参加にあり，近代人にとっての自由は政治から独立した私的領域の享受にある，とされた。古代人の生の意味は戦争によって大きく規定されていたのに対し，近代においては，商業という平和裏な交流こそが，富と生の在り方に影響を与えるようになったことが，この急激な変化の理由として求められた。もちろん，近代人が政治の価値を完全に見失ったわけではない。私的活動が重要になった近代人は，経済の領域と同様に，政治の領域でも分業制を採用し，代議制統治（普通の市民の代表者たる政治家たちによる統治）を発達させ，そうした統治によって法の支配による自由を確保するようになった。

　古代人は政治への積極的な参加を自由と感じるとしながら、コンスタンは、次のように述べる。

　古代人たちはこの集団的自由と矛盾しないものとして、全体の権威に対する個人の完全なる服従を認めていたのです。……個人的な行動はすべて厳格な監視のもとに置かれておりました。意見に関しても職業に関しても個人の自立が許される余地はなく、とりわけ宗教においてはそうでした。自らの信仰を選ぶ権能、我々〔つまり近代人〕が数ある権利のなかでも特に重要視しているこの権能が、古代人の目には罪であり冒涜であると映ったのです。（コンスタン 2020: 19-20 頁）

　彼がこのように論じたのは、フランス革命以降、ルソー流の人民主権論を支持することで統治権力の暴走を許し、恐怖政治をはびこらせる人々がいたからであり、古代人の自由という構想が、それ自体としては理に適ったものではあるが、近代という時代にそぐわないものとなったことを示すためであった。公的領域から独立した私的領域の尊重という自由観は、それ以降、例えば J.S. ミルのような思想家に継承され、リベラリズムという近代のイデオロギーの中枢的要素となっていった。
　コンスタン的な自由論を継承し、20 世紀後半において影響力のある政治的自由論を展開したのが、アイザィア・バーリンである。1958 年の教授就任講演「二つの自由概念」は、積極的自由と消極的自由という二つの概念を分析し、後者を支持するというものであった。彼は前者を自己支配として自由を理解する構想とし、後者を個人の生の選択への非干渉として自由を理解する構想とした。道徳的理想としては問題のない積極的自由という考え方が、特定のイデオロギーや生き方だけを肯定し、それに従わない者を強制することを自由と呼ぶような政治的レトリックを成立させることで、政治的圧政を正当化してしまうという危険性を暴露することが、バーリンの目論見であった。
　当然ながら、バーリンの政治的自由論も時代を反映している。ラトヴィアのリガ生まれのユダヤ人で、幼い時にロシア革命の動乱と暴力を目撃

した後，イギリスに移住し，その文化，つまり生の在り方を自覚的に受け入れた思想家であったバーリンは，第二次世界大戦中の枢軸国陣営と，戦後のソ連体制に全体主義思想が共通してあることを認め，その危険性を思想（史）的に明らかにすることを自らの使命としていた。これは，当時のイギリスではソ連体制を支持していた人の数が少なくなかったこと，そして全体主義の政治が，ドイツのワイマール共和国のような民主的政体から登場していたこと等を考えるなら，現実に対する政治理論家としてのコミットメントを現すものだったと理解できる[1]。実際，近年，バーリンを冷戦リベラリズムという文脈から再解釈する試みが進んでいる。(Müller 2019)

　全体主義への警戒が意義を失ったとは言えないが，バーリンの自由論がリアリティを持った社会とは異なる諸要素が，現代社会にあることも確かである。我々は以下に，そうした要素の探究を試みる。

2　監視と自由

　現代リベラリズムの言説において，ミルやバーリンの自由論はいまだに重要な構成要素となっている。両者とも自由論を展開する際，その主題が意志の自由ではなく，政治的自由であることを確認している（Mill 1989: p.5 ＝邦訳 11 頁；Berlin 2002: pp.168-169 ＝邦訳 302-305 頁）。消極的自由を論じる際にバーリンは「ふつうには，他人によって自分の活動が干渉されない程度に応じて，わたしは自由だといわれる」と述べながら，自由の反対物として強制をあげ，「強制には，わたしが行為しようとする範囲内における他人の故意の干渉という意味が含まれている」としている。つまり，自然法則的因果性によって意志の自由が否定されるかどうかといった形而上学的問いではなく，他の人間からの意図的な干渉によって縮減する行為（の選択肢）に関する問いが，検討の対象となる。

　これは，政治的自由論が，権力を重要な検討対象とすることを意味する。権力の性質，量，そして正統性が考察の対象となり，近代社会においては，国家権力が最も重要な考察対象となる。「権力とは何か」という問いは，それ自体で概念分析を必要とする論争性を持ち，その働きの

　実態について経験的な研究が必要になる。とは言え，「Ａの働きかけがなければＢは行わないであろうことを，ＡがＢに行わせうるかぎりにおいて，ＡはＢに対して権力をもつ」というダールによる有名な定義[2]は，問題を基本的に理解するうえで充分に有用であろう。自らの意志が，他者からの働きかけによって，抑制されたり制御されたりする場合に，我々は自由を失っていると感じるのであり，それは生の意味づけに深刻な影響を与えると理解されているのである。

　したがって，現代社会における権力の考察が我々にとって重要になる。現代的な権力の様態として，ここでは監視（surveillance）を取り上げる。監視下にあることは，直接的・身体的に拘束を受けることではないが，主体の行為に何らかの制約を与えるものと理解できる。その場合，それがどのような「制約」なのかが検討の対象となる。つまり，それが重要な政治的自由の問題として理解できるかどうかが問題となる。

　監視が現代的な問題だとする場合，日常レベルで観察できる種々の監視カメラの存在やその増加が，その端的な証左となるであろう。繁華街に数多く設置されたカメラにとどまらず，商店やエレベーター，公共交通機関，住宅の戸口等にあるカメラは，都市においてもはや当然のものという意味で目立たない存在にまでなっている。ネットでの画像は言うまでもなく，テレビのニュース等で頻繁に利用されることから顕著になったように，ドライブレコーダーの普及は，道路という公共空間に無数のカメラが行き来し，それらが大量のデータを一定期間保存していることを常態としており，この傾向はますます進むであろう。道路は既にかなり前から監視の空間となっている。Ｎシステム（自動車ナンバー自動読取装置）やオービス（速度違反自動取締装置）に加えて，ＥＴＣ（電子料金収受システム）の普及は，自動車を運転する行為の私的要素を著しく減少させている。

　都市と農村という用語を，社会類型を表すカテゴリーとして使うならば，農村とは，人間関係が面と向かったもの（face to face）であり，互いが見知った関係であるがゆえに，「放っておかれる」という意味でのプライバシーが少ない空間であるのに対し，都市とは，見知らぬ者

(strangers) 同士が，自分が何者であるかを常時認知されることを比較的意識せずに生活できる空間である。だが，電子的な監視システムの普及が，このような理解を急速に変容させている。都市において「放っておかれる」という状態は，ある意味では維持され，個々人の孤立はますます深刻化する側面がある一方で，他人に見られていない，という意味ではもはや，個人は自分の私的な空間を享受することが困難になってきている。

　監視の偏在化への傾向を，社会科学や社会理論で語るとき，頻繁に利用されるフレーズがある。「ビッグブラザー」と「パノプティコン」である。前者は，オーウェルのディストピア小説『一九八四年』（オーウェル 2009）に出てくる架空の全体主義国家の支配者の名前であり，この国ではすべての国民は，部屋に設置された監視装置付きテレビやその他のシステムによって支配されており，その事態は「ビッグブラザーは，あなたを見守っている」という標語によって象徴されている。他方，パノプティコンは「一望監視施設」とも訳されるが，功利主義の法学者ベンサムによって考案され，実際にイギリス政府に提案された監獄施設のことである[3]。円環状の建物の中心に監視塔が設置され，この塔から丸見えになる仕方で独房が作られるこの建築物は，監視される者（囚人）が，常時視線を意識させられることで，その内面から行動が規制されるように工夫されている。牢獄からは窓のみが見える塔からの監視は，監視者を不可視にすることで，監視の効率化を図っており，この効率化は，監視人が実際にいなくても監視の効果が期待できる点に表れている。パノプティコンは，近代社会の規律権力を論じるミッシェル・フーコーの『監視と処罰』（1975 年）のなかで論じられ，それ以降，現代思想において頻繁に利用されるメタファーとなった（フーコー 1977）。

　この二つのメタファーは，監視と自由を考えるうえで，現代でも示唆的で有効である。しかしながら，その通俗的なイメージが，国家権力を掌握する管理者と，その権力の下にある国民というものであるならば，現代社会における自由を考えるうえでは限界があり，我々の理解を損なわせるものとなりかねない[4]。社会学者のジークムント・バウマンは「現

代は，たぶん，なによりもまず，ポスト・パノプティコン時代だと言える」（Bauman 2000: p.11 ＝邦訳 15頁）と書いていた。この点を意識しながら，以下に新たな現代的自由の問題として，「監視社会」について検討する。

3 監視社会の両義性

　「監視社会」という言葉は，ここではこの主題の第一人者であるデイヴィッド・ライアンの概念を指す。それは「監視」現象の特殊現代的な意味を捉えようとするものである[5]。この概念の特徴として注目すべきことは，その両義性である。我々はすでに「監視カメラ」という表現を使ったが，より中立的な表現は CCTV カメラ（Closed Circuit Television Camera 閉回路テレビカメラ）であろう。（同種という意味だけでなく，同個体という意味でも）同じ CCTV カメラを，「防犯カメラ」と呼ぶことができる。そして，すでに見てきた監視システムの偏在化という現象も，単なる脅威とみなすだけでなく，「安全」（security）という観点から肯定することもできるのである。自由を侵犯するものが同時に自由を護るものである，という両義性が見て取れる。この性質は，監視の領域の曖昧さにも関係する。伝統的な近代的自由の敵は，国家統治のような公的権力であった。しかしながら，ライアンが監視社会によって理解しようとする現象は，伝統的な公私区別を流動化させている。こうした両義性を端的に表している文章を，彼の著作から引用しよう。

　　私たちは，瞬き一つせぬまま，空港の読み取りスキャナーにパスポートを呈示し，個人識別機能付きのプラスティック・カードを大通りの現金自動支払機に挿入し，諸々の器具の購入時には保証書の諸事項を書き込み，オンライン取引では重要な機密データを記入し，市街地や高速道路の自動課金センサーを通過し，携帯電話で通話し，オフィスや研究所への入室にバーコード付きのキーを使用する。もし，すべてを現金で支払わなければならないとしたら，建物への入館や国境通過の許可を得るのに係官の尋問を受けなければならないとしたら，どれほど非効率で不便だろうか。管理の利点は肯定せざるをえない。それ

でもなお，毎回の遭遇の度に，私たちは個人データの痕跡を後に残し，それは私たちの行動やライフチャンスを左右するような仕方で追跡・処理される。監視はつねにヤヌスの相貌を帯びているのだ。（Lyon 2001: p.142 ＝邦訳 242-243 頁）

　監視のシステムは，我々の日常のなかに既に深く入り込んでいる。むしろ，我々の日常は監視システムのなかに生成するようになったと言える。監視の働きかけは，もはや，カメラの視点が向けられるというような客体からなされるものだけでなく，我々がすすんで，もしくはほとんど無意識に繰り返す日常的行動を通して，主体の側から補完されるものとなった。こうして自ら一体化したシステムの中で，我々は追跡・処理される。フランスの哲学者ジル・ドゥルーズは，現代社会の特徴を「管理社会」が「規律社会」にとってかわる過程として描いたが，その際，この特徴が描かれている。フーコーが見事に表したように，近代社会から現代社会に至る時代に，監獄，学校，病院，工場といった空間において，人間の生を制御するテクノロジーが発達した。しかしながら，現代ではこうしたテクノロジーが新たな次元に達したことが強調される。「ここで重要なのは障壁ではなく，適法の者だろうと不法の者だろうと，とにかく各個人の位置を特定し，普遍的な転調をおこなうコンピューターなのである」。このテクノロジーの下で制御の対象は，身体を持った人間ではなくなる。「いま目の前にあるのは，もはや群れと個人の対ではない。分割不可能だった個人は分割によってその性質を変化させる「可分性」となり，群れのほうもサンプルかデータ，あるいはマーケットか「データバンク」に化けてしまう」（Deleuze 1990: pp.246, 244 ＝邦訳 365, 361 頁）。こうした「脱身体化」と呼ばれる特徴は，ライアンの言う監視社会の中核的構成要素だとされる。

　ここで描かれていることは，我々の日常である。インターネットで取引を行うごとに，わたしの私的選択はデータ化され，それが企業のマーケティングの資料となる。このシステムに基づいて，わたし用にカスタマイズされた広告や「お勧め」がわたしに届き，わたしの選好を誘惑す

る。スマートフォンを携帯するとき，わたしの地理的位置はGPSによって追跡され，それによって便利な情報が常に得られる状態となることが可能になる。「わたし」に関する情報は，さまざまな機会と経路を通じて（例えば，コンビニのPOSシステムや，ポイントカードの使用歴，コンピューター上のクッキー等を通じて）断片的に集められる。これらの断片がデータ化され，集約されるならば，「わたし」の生に関する諸々の事項があきらかとなる。コンピューターによる情報解析技術の発展が決定的に重要である。個々に登録される情報は，単独では取るに足らないものでも，大量に集積・解析されるなら意味あるものに変容する[6]。もちろん，個人情報の目的外使用を禁じるといった，プライバシー保護に関するさまざまな法律が存在することで，こうした監視には一定の制御がなされている。しかしながら，こうした監視が技術的に可能であることは厳然たる事実であり，断片を集積して意味を構成する作業の複雑性を，すべて法的に制御することも不可能だと言える。そして，プライバシーを護る法律の制定は，それに違反しない限りでの監視を正当化するという機能さえ果たす。

このように追跡や特定化の機能として理解できる監視社会の制御テクノロジーが，必要性や必然性を伴っていることの確認は，規範理論的に見た両義性を理解するうえで重要である。現代におけるグローバル化と情報技術の発展は，我々の相互行為の様相を激変させた。ネット上の取引で大量の「見知らぬ人々」と交流をすることになる。既に知っている人々の相互行為においても，例えばリモートワークという形で，直接の対面である必要はなくなっていく。こうした変化は，我々に多大な利便性を与えるものであるが，同時に相互行為の信用性を保証する必要性を生じさせる。監視のテクノロジーは，こうしたリスク回避のための信用創出・維持にとって不可欠になっている。監視社会における普通の協働行為の遂行は，監視システムへの自発的な参加として理解することができる。つまり，情報技術によって生活世界が高速性と流動性に支配されていくにつれて，適格性を保証する信用の証拠を提供する情報インフラが不可欠となり，かかるインフラを支えることが不可避となる[7]。か

くして我々は，形式的には選択の余地があるが，実質的にはそれがない
状態で，個人情報を情報インフラに提供している。

　監視社会の両義性に関してもう一つ確認すべきことは，公私区別の流
動化である。もちろん，この区別自体が，必ずしも安定的なものではな
いのであり，時代によってその意味は変遷する（Geuss 2001）。しかし
ながら，既述のように，近代以降，この区別に依拠する自由論が現れ，
それがリベラリズムの中核的な要素となっていた。その際，国家のよう
な公的セクターの権力を牽制し，私的な自由を護るというのが，その基
本図式となっている。だが，監視社会における監視には，企業のような
国家以外の主体が関与している。否それどころか，非国家的主体こそ
が，情報インフラの管理に長けた，監視社会の強者だとさえ言える。こ
のことは，監視社会の登場の時期が，ネオリベラリズムの時代と重なる
こととも関係する。市場化や民営化を進める社会においては，公的セク
ターが持つ情報が民間に流れることや，公的セクターが担う事業を民間
に委託すること等が，効率性という名の下に進められた。国家的組織が
情報制御の最終的権威を独占できるという状況は変わらない。しかしな
がら，グローバル化をはじめとする種々の理由から，国家の影響力が低
下する時代において，国家はますます私的セクターに依存するようにな
り，企業のような団体が国家を超えた情報網を容易に構築できるように
なった。

4　監視社会の正統性

　監視社会の両義性は，主として事実把握の問題であり，社会科学の重
要なテーマである。このことを踏まえつつ，政治理論研究の課題として，
監視社会の正統性について検討したい。その際，科学技術の全面的な否
定といった，ロマン主義的立場からの議論も可能であるが，監視社会に
は多くの利便性があり，ほとんどの人がそれを受け入れているという事
実を重んじた，より現実的な観点から検討することにする。

　不可避のものとして事実上すべての人が受け入れているという事実を
もって，監視社会をそのまま正当化できるわけではない。もちろん，濫

用の危険性がある。ただし，このリスクは，主として技術的，管理的，法的問題であり，重要ではあるが，ここでの主題でない。我々は，監視社会という在り方の規範的な正しさを問題にする。第一に言えるのが，普遍的な同意があるようにみせる事実が，規範的正当化にはならないということである。この点に関しては，暗黙の同意理論（つまり，任意の国家に住み続けている人々は，その事実によって，その国家への忠誠を暗黙のうちに同意したことになるという理論）に対してなされた，ヒュームの批判がある。本人に責任のない理由で何らかの必然的状態に甘んじている人が，そのことをもって暗黙の同意による正当化をしているとみなすのは，「眠っているあいだに乗せられ，船から離れようとするとたちまち大洋に落ちて死んでしまわねばならないにもかかわらず，船内にとどまっていることをもって，その人が船長の支配権に自らすすんで同意を与えている，と主張する」（Hume 1994: p.193 ＝邦訳 382 頁）くらい道理に適わないことであると言える。

　監視社会の成立は，意図せざる結果によってもたらされたものであり，したがって，行為主体としての人間と人間の関係とはちがって，正・不正の判断に服するものではないとしながら，かかる現象に外的な規範を立てて介入することは，予期できない結果をもたらすリスクがある，という議論も可能かもしれない。これは，自由市場を規制しようとする社会正義論を批判するために，ハイエクが使用した理論（Hayek 1978）を援用したものである。確かに，監視社会の登場はビッグブラザーの創作ではない。それが全体的な構造として何らかの否定的な結果をもたらしたとしても，それに対して責任を負わせるべき主体は存在しない。とは言え，意図せざる仕方で成立した構造がもたらす結果が，何らかの規範的規準から問題あるものとみなせるもので，その改善が実行可能である場合に，その構造を批判することは可能であり，その構造のなかで行為する（もしくは，その構造に大きな影響力を行使しうる）主体に責任を帰すことも可能なのである（Swift 2006: pp.19-21 ＝邦訳 31-34 頁）。

　監視社会の正統性もしくは正当化を考察する際には，その利便性への訴えが顕著だと言える。「コストを上回るはずだ」とか「間違ったこ

とをしていないのだから隠したり恐れたりすべきこともない」（Lyon 2001: p.7 ＝邦訳 22 頁）といった是認は容易に得られそうである。後者については，隠されることそのものの価値を奉じるプライバシー権とかかわるが[(8)]，ここでは取り上げない。ただし，政治理論的に留意すべきことはある。第一に，特定の統治体制の保持にかかわるという意味での「政治的な正しさ」は，本質的に論争的であり，安易な仕方で「間違っている／いない」を同定することが困難である。公正な競争において情報の秘匿が必要な場合がありうるように，政治的な競争において秘匿性も必要になる。第二に，政治的価値に限らず，倫理的価値をはじめとする重要な価値において，その多元性を認めるなら，正しさの規準の多元性も想定されるべきであり，それゆえに秘匿性の理由も正当化可能になる[(9)]。

　コストの計算は，規範理論的には功利主義と結びつく。この点は直観的にあきらかであるし，ライアンも監視社会の基盤に「根本的に功利主義的な道徳計算がある」（Lyon 2001: p.10 ＝邦訳 28 頁）と述べている。管理社会がもたらす便益には安全や諸々の資格の保証等があるが，それらが効率性という利便性を伴いながら全体として便益をもたらしている。しかしながら，こうした功利主義的正当化に対して，我々はそうした全体としての効用だけでなく，その内部でのコストと便益の分配も問題にしなければならない。ライアンによれば，監視社会は「純粋に功利主義的な規範にしたがって作動するので，正義という言語を迂回して進んでしまう」（Lyon 2001: p.68 ＝邦訳 117 頁）。ここで「作動」と表現されているように，功利主義的な原理によって，ある種自動的に監視は進む。監視もしくはモニターされるのは，具体的な個人というよりは，そこから抽出されたデータであり，かかるデータを解析するシステムの作動そのものに，行為の評価に関わる正義という規準はなじまない。問題は，そうした監視のシステムは，現実の個々人と連結しており，現実の人々の関係性に影響を与え，そこに正義の問題を生じさせている，ということである。

　そのような問題のなかでも顕著なのが，カテゴリー化による排除もし

くは不平等というものである。監視社会にある最大のメリットは安全であり，それは現代社会ではリスク管理と強く結びつく。既に見てきたように，個人が監視システムで追跡されるとき，具体的なアイデンティティは剝奪され（脱身体化），データ化される。かかるデータが大量に集積・解析されると，コンピューターによるシミュレーションが活用されることになる。つまり，監視システムが作り上げる個人の行動の予測が可能になり，そのことによってリスク回避の努力がなされる。「パノプティコンは，自分の内的生を改善しようと望む主体を産出する。対照的に，スーパーパノプティコンは，対象を構成する」（Lyon 2001: p.115 ＝邦訳 198 頁）。2001 年の 9.11 テロ事件以降，このリスクに特化した監視テクノロジーは急速に発展し，普及した（Lyon 2003）。国内だけでなく国境を越えて移動する身体は，脱身体化された情報インフラに基づくシミュレーションによって構築されたシステムのなかで追跡され，テロやその他の犯罪行為を，事前の管理下に置こうとする試みが進んでいる。

　こうしたシミュレーションにおいて，人間はカテゴリー化される。つまり，特定の属性をデータ上に持つ人々が類別化され，そうして産出された諸カテゴリーが調整と管理を被る。かかるカテゴリーには，例えば，「指名手配者や失踪者，入国を拒否された人物，国外追放者，難民，移民労働者」（Lyon 2001: p.97 ＝邦訳 166 頁）等があるが，このリストの内容項目は，リスクという現代社会の普遍的な関心によってますます拡大する傾向にある。監視システムがもたらすものは排除のような否定的なものだけではない。シミュレーションは，顧客のカスタマイズにも利用され，利便性のあるサービスの提供や勧誘が，カテゴリー化によってなされる。かかる傾向の一般的帰結は明らかである。現時点における富や境遇の不平等が保持され，より強化されることになる。より恵まれた者は，より善い機会を与えられ，より恵まれない者は，そのような機会の享受から排除される。この排除は，目立たぬ仕方で，いわば潜航した仕方でなされる。社会にとって危険だとカテゴリー化された人々は，あらかじめ特定の選択肢が封じられ，企業にとって利益を生みにくい人とカテゴリー化された人々は，最初から特定の選択肢が存在しないことに

なっている。このような排除は，社会の中にある権力関係を維持する傾向さえある。「新たな監視がマイノリティーを同定・カテゴリー化，規格化・秩序化・管理しようとしている」（Lyon 2001: p.101 ＝邦訳 172 頁）という指摘が存在している[10]。

　これは，明らかに正義の問題である。このことは，ロールズの営みを反省してみればわかる。なぜなら，無知のヴェールに覆われた原初状態における正義原理の選択というロールズの理論的装置は，リスク計算と合理性に基づくものだったからである。監視テクノロジーにおけるリスク計算とロールズのそれとの違いは，適理性（reasonableness）の有無である。前者においてシミュレーションの対象が脱身体化されたデータであるのに対し，後者においては，（一般化されてはいるが）身体を持った人格が考慮の対象であり，そうした人格の道徳的身分が考慮に入る。つまり，選択された正義の原理が，人格を規定するものとして理に適っているかどうかが問題となる。その際，最も端的な論点となるのが，境遇の不平等を生み出す原因が「道徳的見地から言って恣意的」であるか否かである。

5　監視社会における自由論

　監視社会の到来は，自由論にどのような影響を与えるのか。近代的な自由論の原型を作ったホッブズの議論と照らし合わせてみよう。ホッブズは自由を，物理的障害の不在と定義した。そうすることで，実際に拘束下に置かれていないものは，すべて自由だと主張することになった。つまり，国家における市民の自由は，その国家の実定法が規制していないことがらすべてにあることになる（Hobbes 1991: ch.21）。ホッブズの論点は，現実の国家が実際に規制できる範囲には，規範的にはほとんど制限はないが，物理的にはつねに限界があるので，市民には広範な自由が実際に存在する，ということにある。この論点は実は，コンスタンが指摘していた，古代社会では私的領域を含めたすべての生が監視されていた，という主張とも関係する。古代社会では原理上，すべてを規制できたし，かかる規制が正当化されていたが，事実として，すべてを監視・

規制できるテクノロジーは存在していなかった。したがって、古代社会では、個人の私的自由を規範的に正当化する言説は存在しなかったが、例えば、アテナイのような社会では、人々は実際に私的な自由を享受していた[11]。かくして、個人の自由は、権力が届かないところで現実に存在する。監視テクノロジーは、このような領域を消滅させるとまでは言えないまでも、極めて小さなものに局限化してしまう。人間の相互行為は、電子化されることで、そのほとんどが監視可能な対象となっている。

　自由が干渉の不在であるという理解は、極めて直観的に是認できるものであるが、監視社会における新たな統治によって、その意味が問われることになる。すでに見てきたように、リスク管理は、人々の選択をあらかじめ排除してしまう。現存する選択肢を排除されたとき、我々は自由の損失を認知できる。しかしながら、監視社会のなかにいる者は、その損失に気づくことなく、実際は特定の統治に制約されたライフチャンスを享受していくことになる。このような自由（の制約）の不可視化は、自由論にとってのみならず、正義論にとっても重要な問題だと言える。なぜなら、このような自由の分配の正しさこそが、論じられるべき主題だからである。

　当人に現に認知されていない自由の損失を、規範的な政治理論は論じることができるのだろうか。実は、バーリンの自由論は、すでにこの問題の存在をとらえていた。1958 年に『二つの自由概念』が出版されたのち、干渉の不在として理解された消極的自由の考え方は、行為者の選択肢そのものを減らすことが干渉をなくし、そのことで自由が増えたことになるというパラドクスを生むという批判が、バーリンに対してなされた。イソップ物語における「酸っぱい葡萄」の話に喩えられるこの問題に対処するために、1969 年に出された論文集の「序論」において、バーリンは自らの自由論に修正を加えていた（Berlin 2002: pp.30-32 ＝邦訳 56-59 頁)[12]。そこで彼は、自由の範囲は「現になしている選択」だけでなく「潜在的な選択」に障害がないことにかかわると主張した。「可能な選択や活動に障害がない」ことまで射程に入れなければ、政治的自

由論は，政治的専制に対抗する理論としては不完全なものになる。

　修正以前の消極的自由論では，実際に生じる干渉を経験的に測ることで，自由の問題を明晰に論じることができる。ところが，可能な選択肢をも問題にする，修正された自由論は，極めて規範的になり，論争的な要素を含むことになる。特にバーリン自身も認めているように，潜在的な選択肢の重要性に関する測定は，極めて困難になる。

　　こうした自由は，究極には，わたしが少しでも歩もうとするかどうか，どれくらい歩もうとするかに依るのではなく，どれくらい多くのドアが開かれているか，どれくらい広く開かれているか，またそれがわたしの生活にどれくらい相対的な重要性――この重要性を量的に測定することは文字通り不可能かもしれない――をもっているかに依るのである。(Berlin 2002: p.32 ＝邦訳 58 頁)

　こうして，消極的自由の擁護は，政治的自由の内容と価値について，何らかの仕方で規範的な考察をすることを必要とする。このことは，監視社会において，非常に切実なものになる。我々は少なくとも，人間にとって（その尊厳を護るために必要な）最低限度の自由とは何か，そして，そのような自由を護るためには何が必要なのか，といった問いを追究することになるだろう。こうした試みは，人間本性に関する規範的な探究[13]や，そうした人間本性を阻害する可能性のあるテクノロジーの研究を必要とするであろう。

　最後に，こうした探究に沿った自由論の展望を見ておこう[14]。バーリン流の消極的自由の擁護論は，二つのタイプの政治的自由論に発展していったと言える。第一が，純粋な消極的自由論と呼ばれるもので，人間の行為を物理的なものとして理解することで，そうした行為への干渉を自由の否定としながら，自由の測定可能性を探求する試みである(Steiner 1983; Carter 1999)。自由の量は，かかる行為の機会の量として理解され，現実の機会だけでなく，時間を超えた連結する機会の総量が問題とされる。つまり，可能性として認知できる機会も，自由の測定

に組み込まれる。潜在的な機会を行為として記述するために必要な，恣意的ではない規準の同定が，自由論の重要な課題となる。このような自由論が，監視社会において不可視化された自由を可視化するために有効であるのは明らかである。実際，このような自由（＝機会）の再構成において，コンピューター技術が役立つことを考えるならば（Carter 1999: p.185），監視社会における自由論にふさわしいものだと言える。

　純粋な消極的自由論が可視化する自由が，自由を財とみなす正義論を可能にする。その意味で，この自由論は，実質的というよりは道具的な議論である。しかしながら，どのような自由が失われているのか，という問いは，どのような自由が価値あるものなのか，というより実質的な議論と一体である。少なくとも，政治的価値として護られるべき，最低限度の自由の探究は必要であろう。消極的自由論から発展した第二のものに，共和主義的自由論があるが，これこそがそのような探究に貢献すると期待できる。現代の共和主義的自由は，しばしば「支配の不在としての自由（liberty as non-domination）」と呼ばれるが，その主要な論点は，恣意的な支配から自由になるために必要な，共通で公正なルールの構想とその設定であり，そうしたルールは，それに従う人々に自由な行為の可能性（prospect）を保証するものだとされる（Pettit 1997; Pettit 2012）。ここでも，実際の選択だけでなく，選択の可能性が問題となる。共和主義的自由論は，同じ政治体内のメンバーに共通して護られるべき自由を探求する試みであり，そうした自由を同定し，実効化するためには，そうしたメンバーが自由への愛着と，それを護ることへの義務感を持つことが必要だとされる。

　純粋な消極的自由論も共和主義的自由論も，現在と未来をつなぐ政治的な構想のなかで，自由を概念化し，その実現を規範的に考察するものだと言える。監視社会におけるテクノロジーの発展という環境の変化に応じる仕方で，現代社会では，消極的な自由を積極的に構想することが必要になったと言えるのであり，我々には新たな自由論を構築していく必要があるのだ。

〉〉注

(1) 実際，バーリンは，ロシアの言語と文化への造詣が深い知識人で，イギリス社会のエリート層とのつながりを持つ知識人であったので，ソ連の専門家として遇されていた。ソ連とイギリスの外交において，バーリンが実際にイギリスに貢献したという事実もある。細谷（2005: 第 5 章）を参照。

(2) Dahl（1957）の pp.202-203 を参照。権力が現れる多様な形態の基本的理解に関しては，Lukes（1974）を参照。ダールからの引用の訳は，この本の邦訳の 14 頁の引用を使用した。

(3) パノプティコンについては，板井弘明「ベンサムにおける功利主義的統治の成立　パノプティコンと輿論法廷」（深谷・戒能 2015 に所収）を参照。

(4) ただし，ベンサムが構想したパノプティコンは，被支配者だけでなく支配者も管理下に置かれることで，組織もしくは社会を，功利主義的計算に基づく「公開性」と「秘匿性」の原理によって合理的に統治しようとするものであり，ここで提示した通俗的理解とは異なる。この点に関しては，前掲の板井論文に加えて，安藤馨「統治と監視の幸福な関係　ベンタムの立憲主義を巡るひとつの非歴史的随想」（深谷・戒能 2015 に所収）も参照。

(5) 主たるテクストとしては『監視社会』（Lyon 2001）を使う。技術の急激な進歩を考えるなら，このテクストは最新の情報に基づくとは言えないが，本章では，ある程度理論化された「監視社会」という概念を使用することで自由論を検討するので，問題はないと考える。その他，Bauman and Lyon（2013）; Lyon（2003）; Lyon（2007）等も参照。

(6) ネットを使った人物の特定が，私的リンチのような問題を惹き起こしていることは現代ではよく知られた現象である。ここで問題なのは，そうした特定が，別段特殊な調査手段を持たなくとも，誰でも手に入る機器を駆使するなら可能になる社会になったということである。異なった文脈にある無数の情報を，時間と費用のコストをかけることなく，誰でもが検索・集積できる社会のなかに，我々はすでに住んでいる。

(7) ライアンは「監視社会とは，統合された情報インフラのおかげで，社会生活の各部門（sector）に監視が浸透するという意味でもある」と述べている（Lyon 2001: p.34 ＝邦訳 63 頁）。統合において重要なのは，諸々の個人データの照合である。

(8) 例えば，船越（2001）や宮下（2021）等を参照。

(9) 例えば，何らかの正統的宗教が支配的である社会において，宗教的マイノリティーの人々が，政治的ではなく道徳的な迫害を恐れて，隠れて礼拝する権利は，正当に認められるべきであろう。

（10）以上の問題を,「事前の規制」の問題として法哲学的に考察したのが大屋（2007）
　　である。
（11）この点については,　Berlin（2002）に所収の,　Berlin,‘The Birth of Greek
　　Individualism’を参照。
（12）この点に関して,　大屋（2007）の120-123頁を参照。
（13）この探究に関しては,　ペシミスティックな可能性があることを認めなければ
　　ならない。人間本性の可塑性を認めるならば,　監視社会に適用した人間が登場す
　　る場合,　監視を自由への制約と感じないことになるかもしれない。実際,　自分の
　　位置を互いに知らせ合うアプリが販売されており,　それを喜んで自らのスマート
　　フォンにインストールする若者たちが登場している。
（14）現代の政治的自由論の展開については,　山岡（2014）を参照。

研究課題

１．監視社会の利便性とリスクについて考えてみよう。
２．デジタル庁について調べ,　本章の講義の視点から考察してみよう。
３．監視社会における自由について,　どのような問題が正義論の観点か
　　ら浮かび上がるか考えてみよう。

参考文献

Bauman, Zygmunt（2000）*Liquid Modernity,* Cambridge: Polity Press. 森田典正訳
　　『リキッド・モダニティ　液状化する社会』大月書店,　2001 年。
Bauman, Zygmunt and David Lyon（2013）*Liquid Surveillance: A Conversation,*
　　Cambridge: Polity Press. 伊藤茂訳『私たちが,　すすんで監視し,　監視される,
　　この世界について　リキッド・サーベイランスをめぐる７章』青土社,　2013 年。
Berlin, Isaiah（2002）*Liberty,* ed. by Henry Hardy, Oxford: Oxford University
　　Press. 小川晃一・小池銈・福田歓一・生松敬三訳『自由論』みすず書房,　1971 年。
Carter, Ian（1999）*A Measure of Freedom,* Oxford: Oxford University Press.
Dahl, Robert A.（1957）‘The Concept of Power’*Behavioral Science,* vol.2: pp.201-
　　215.
Deleuze, Gilles（1990）*Pourparlers: 1972-1990,* Paris: Les Éditions de Minuit. 宮林
　　寛訳『記号と事件　1972-1990 年の対話』河出文庫,　2007 年。
Geuss, Raymond（2001）*Public Goods, Private Goods,* Princeton, NJ: Princeton

University Press. 山岡龍一訳『公と私の系譜学』岩波書店，2004 年。

Hayek, F. A.（1978）*Law, Legislation and Liberty,* vol.2, *The Mirage of Social Justice,* Chicago: The University of Chicago Press. 篠塚慎吾訳『法と立法と自由 Ⅱ　社会正義の幻想』（『ハイエク全集』9，春秋社，1987 年に所収）。

Hobbes, Thomas（1991）*Leviathan,* ed. by Richard Tuck, Cambridge: Cambridge University Press. 水田洋訳『リヴァイアサン』（1）〜（4）岩波文庫, 1982-1992 年。

Hume（1994）'Of the original contract' in Knud Haakonssen ed. *Political Essays,* Cambridge: Cambridge University Press. 田中敏弘訳「原始契約について」（ヒューム『道徳・政治・文学論集』名古屋大学出版会，2011 年に所収）。

Lukes, Steven（1974）*Power: A Radical View,* London: Macmillan Education Ltd. 中島吉弘訳『現代権力批判』未来社，1995 年。

Lyon, David（2001）*Surveillance Society: Monitoring Everyday Life,* Buckingham: Open University Press. 河村一郎訳『監視社会』青土社，2002 年。

Lyon, David（2003）*Surveillance after September 11,* Cambridge: Polity Press. 清水和子訳『9・11 以後の監視』明石書店，2004 年。

Lyon, David（2007）*Surveillance Studies: An Overview,* Cambridge: Polity Press. 田島康彦・小笠原みどり訳，岩波書店，2011 年。

Mill. J.S.（1989）*On Liberty,* ed. by Stefan Collini, Cambridge: Cambridge University Press. 関口正司訳『自由論』岩波文庫，2020 年。

Müller, Jan-Werner ed.（2019）*Isaiah Berlin's Cold War Liberalism,* London: Palgrave Macmillan.

Pettit, Philip（1997）*Republicanism: A Theory of Freedom and Government,* Oxford: Oxford University Press.

Pettit, Philip（2012）*On the People's Terms: A Republican Theory and Model of Democracy,* Cambridge: Cambridge University Press.

Steiner, Hillel（1983）'How Free: Computing Personal Liberty' in A. Phillips-Griffiths ed. *Of Liberty,* Cambridge: Cambridge University Press.

Swift, Adam（2006）*Political Philosophy: A Beginners' Guide for Students and Politicians,* 2nd edn., Cambridge: Polity Press. 有賀誠・武藤功訳『政治哲学への招待』風行社，2011 年。

オーウェル，ジョージ（2009）『一九八四年』新訳版，高橋和久訳，早川書房。

大屋雄裕（2007）『自由とは何か——監視社会と「個人」の消滅』ちくま新書。

コンスタン（2020）『近代人の自由と古代人の自由　征服の精神と簒奪　他 1 篇』堤林剣・堤林恵訳，岩波文庫。

フーコー，ミシェル（1977）『監獄の誕生—監視と処罰』田村俶訳，新潮社。

深谷保則・戒能道弘編（2015）『ジェレミー・ベンサムの挑戦』ナカニシヤ出版。
船越一幸（2001）『情報とプライバシーの権利』北樹出版。
ヘロドトス（1980）『歴史』松平千秋訳（村上堅太郎編『ヘロドトス　トゥキュディ
　　デス』世界の名著5，中央公論社に所収）。
細谷雄一（2005）『大英帝国の外交官』筑摩書房。
宮下紘（2021）『プライバシーという権利』岩波新書。
山岡龍一（2014）「自由論の展開——リベラルな政治の構想のなかで」（川崎修編『岩
　　波講座 政治哲学6 政治哲学と現代』岩波書店に所収）。

5 | 資本とテクノロジー

大澤　津

　資本主義の諸問題を受け，近年展開する政治経済体制の議論を学ぶ。共和主義に基づく政治経済の議論，理想的な資本主義の議論，そして地域共同体での富の循環を目指す議論である。また，テクノロジーの問題について考察する視点を提供する。不平等や仕事の道徳などに関する問題を，政治経済体制論の大きな文脈で考察できる力を得ることを目指す。
《キーワード》　資本主義，共和主義，企業，地域経済，テクノロジー

1. 資本・格差・テクノロジー

（1）政治経済体制への不満

　今日の世界において，その経済のあり方は，多くの人にとって満足がいくものであるか，と問われれば，おそらく否定的な答えが返ってくるだろう。資産家における富の蓄積，大企業の支配力の増大，労働者の貧困化など，数多くの問題を抱えているからだ。またこれらの問題に対処できていない政治体制にも不満は溜まっている。

　これらの問題は，平等を中心的な理念とする政治理論，いわゆる正義論の研究において扱われてきたテーマに大きく関係する。ロールズの正義の原理などは日本でもよく知られており，これらの研究が，例えば格差問題などに示唆することは大きい。他方で，正義論研究の焦点は，いかなる概念枠組みを用いれば，われわれの道徳的直観をより適切に組織して正義のあり方を定めることができるか，ということにあった。そのため，ここから一歩踏み出して，いかなる政治経済体制が道徳的により望ましいのか，という体制の議論が盛んになってきたのは，英語圏の政治理論の世界では比較的最近である。第2章でも学んだ財産所有デモク

ラシーの研究などが発端になり，近年，新たな研究の進展が続いている。

（2）新たな議論

　本章では，これらの研究を紹介したい。日本でもそうだが，適切な政治経済体制について探求しようという動きの根底には，今日の資本主義には大きな道徳的問題がある，との自覚が見られる。巨大な資本を握る者が，経済的自由という法的保護の下で市場を通じて世界を動かし，労働者が翻弄される。道徳的問題は，このようなイメージに集約されよう。このような道徳的問題に対し，資本主義の下での労働者の状況や，市場のあり方，さらには資本のコントロールに至るまで，多くの論点が提供されている。近年の研究は，従来の資本主義への批判，つまりマルクスや社会主義の諸潮流と共通する問題関心を抱きながらも，それらとは異なった視点や道徳的議論を用いているから，その点でも注目されよう。

　また，最近の資本主義への懸念として，テクノロジーの問題があげられる。すなわち，かつてないほどのスピードで機械や情報技術などが発展した結果，仕事への機会がテクノロジーによって失われるという問題だ。本章の最後に，この問題にも簡単に触れる。

2. 共和主義的政治経済体制論

（1）「私的政府」論

　近年の資本主義の問題点として，多くの人にとって身近に感じられるのは，企業の大きすぎる力だろう。大企業であれ中小企業であれ，従業員にとって，業務は時として窮屈で，場合によっては理不尽と感じられる。また，企業での労働は，自分の生活や人生のあり方にも影響を与えずにはいない。そこで，今日の資本主義がそうであるように，労働者の立場が弱くなればなるほど，また，企業が力を増せば増すほど，企業は多くの人にとって，脅威にも感じられるようになる。

　このような企業の影響力を考える際に重要な概念として注目されているのが，エリザベス・アンダーソン（Elizabeth Anderson）が提示する「私的政府」（private government）である（Anderson 2017: pp.6, 44-45）。

以下に解説するように，アンダーソンによれば，大企業はもはや政府の
ような存在になりつつあり，これへの対処なくして人々の自由を守るこ
とはできないと言う。

　議論の背景として，アンダーソンは企業の性質の変化に注目する。そ
もそも，市場経済の発展期において——それはアダム・スミスなどが活
躍した時代でもある——私企業は人々の脅威ではなかった。それは人々
が，地主などから独立して自らの生活を営むことと直結していたためで
ある（Anderson 2017: ch.1, esp. pp.17-31）。しかし，産業革命によって
状況は変わる。このころになると企業が大規模化し始め，その下で労働
者たちは過酷な生活を強いられるようになった。アダム・スミスの時代
から，カール・マルクスの時代への移り変わりである（Anderson 2017:
ch.1, esp. pp.33-36）。そして，大企業が人々の上に君臨する状況は今日
も続いている。アンダーソンは，近年の例として，企業が私生活につい
てすら労働者をコントロールしようとするアメリカの状況をあげてい
る。例えば，企業主体の健康保険が提供される場合，被用者は私生活
に関する要求（食生活の改善など）に従わなければならなくなるケー
スがある（Anderson 2017: pp.49-50）。このような状況をアンダーソン
は，企業による独裁制（dictatorship）の問題として掲げる（Anderson
2017: pp.37-41）。つまり，私企業が人々の生を支配する状況としての私
的政府が誕生したわけである。社会における支配現象は政治理論の重要
な課題だから，企業の支配力はまさに政治理論的問題でもある。

　政治理論的観点から，アンダーソンは，私的政府の問題は主に，人々
の共和主義的自由の喪失にあると考える（Anderson 2017: pp.63-64）。
簡単に確認しておこう。近年，フィリップ・ペティットによって唱えら
れている共和主義的伝統の解釈に従えば，真っ当な政治体において人々
は自由でなくてはならないが，その自由とは恣意的に支配されないこと
を意味する。つまり，支配される者の利益への配慮に基づかない支配は
恣意的であり，このような支配がないことが自由という考えに内在する
重要な理想だ，というのである（Pettit 1997, esp. ch.2）。アンダーソン
もまた，近年の大企業が行う労働者への影響力の行使を恣意的支配であ

るとみなし，私的政府としての企業が行う労働者への支配を，共和主義と相いれないものとして批判する（Anderson 2017: pp.44-48）。

　このような問題を解決するために，アンダーソンは，企業が自由をより尊重するものになる方策を考える（Anderson 2017: p.65）。これを行うには当然，企業のあり方を変える必要があるが，その際には，脱出（exit），法の支配（rule of law），権利章典（bill of rights），意見表明（voice）の四つの手段があるという（Anderson 2017: pp.65-71）。まず脱出とは，自らの所属企業を変えることにほかならない。これを妨げるものに，例えば同業他社への転職の抑制などがあるが，このようなことは好ましくないとされる（Anderson 2017: p.66）。次に，企業における法の支配とは，規則と手続きに従って運営がなされるべきことを意味する（Anderson 2017: pp.66-68）。また，企業の権利章典は，雇用された人の私生活を含む諸活動を保護する（Anderson 2017: pp.68-69）。最後に，意見表明は，職場民主主義や組合，さらにはドイツの共同決定のような，労働者の意見表明の機会の実質化を進める（Anderson 2017: pp.69-71）。

（2）共和主義的市民経済論

　アンダーソンの議論では，共和主義が今日の資本主義の批判に重要な役割を果たしていた。同じく，共和主義の議論を活用しつつ，今日の市場中心の経済を乗り越え，資本主義を代替する経済のスケッチを描くのがリチャード・ダッガー（Dagger 2006）である。

　ダッガーによれば，現代の共和主義を構成する要素は，「政治的平等，自治としての自由，熟議の政治，そして市民的徳」の四つである（Dagger 2006: p.154）。それぞれの要素を見ていこう。第一に，政治的平等とは，ある政治体に属する人々が，その市民として平等であるとみなされることを意味する。そこで，極端な経済的不平等は排除されるべきこととなる（Dagger 2006: p.154）。第二に，自治としての自由は，人々が互いに独立した存在としてともに政治体を支えることを意味し，そのためには市民の間で恣意的な支配が行われることを防がなくてはならない（Dagger 2006: pp.154-155）。第三に，熟議の政治は，自らの利益を

得るために人々が互いに駆け引きを行っている，という政治観を否定するものである（Dagger 2006: p.155）。第四に，市民的徳とは，自己利益以上のものを目指す熟議の政治を支えるため必要な，忠誠心などを指す（Dagger 2006: p.156）。全体として，共和主義では人々は自らの「統治による自由」を達成し，誰も恣意的な支配下に置かれないことが理想となる（Dagger 2006: p.153）。

　共和主義において，市場は道徳的には良くも悪くもない存在である（Dagger 2006: pp.157-158）。しかし，市場がそのあるべき領分を超えて，他の社会領域まで浸食すれば，それは道徳的に悪いものになる。例えば，市場において発生した経済的不平等が，政治的不平等になってしまうようなケースである（Dagger 2006: p.158）。また，ダッガーは，市民が社会生活において，損得でものを考える消費者のような態度しかとることができなければ，自己利益へのこだわりを捨てるという熟慮の政治の前提が崩れると論じる（Dagger 2006: p.159）。このように，市場と政治は，目指す価値を異にする領域なのである。そのうえで，ダッガーは政治を市場の上に置き，「制限された市場経済」が必要であると言う（Dagger 2006: p.160）。

　適切な制限を受けた市場経済とは，共和主義の理想と一致する市場であり，それは次のような五つの特徴を持つとダッガーは言う。第一に，労働を重視することである。人々は労働を通じて，責任感や規律などの徳を体得するからである。このために，人々の主体性が尊重される職場が望ましく，また強権的な経営のあり方は避けられるべきだと言う（Dagger 2006: pp.161-163）。第二に，共同体を重視することである。公益を考え，自己犠牲もいとわない市民となりえるのは，共同体との一体感を持つ人々であろう。他方で，市場競争による巨大企業の力の進展は，共同体を支える地域企業の脅威である。そこで，共同体を守るために地域企業を守ることが必要となる（Dagger 2006: p.163）。第三に，相続税の重視である。相続財産によって市民の政治的影響力に格差が発生することを防ぐためである（Dagger 2006: p.164）。第四に，累進的な消費税の導入である。消費税はぜいたく品の消費を抑制し，人々の独立に

必要な貯蓄を奨励するために必要である。また，富者と貧者のあいだでの不公平感を防ぐために，生活の基礎的消費には税をかけず，それ以上では消費の大きさに応じた累進的な税率になるとされる（Dagger 2006: pp.164-165）。第五に，市民の最低限の所得保障である。これは人々の自立や平等に必要なものとして，ベーシック・インカムのような形で支給される（Dagger 2006: pp.166-167）。ダッガーの見解では，このような共和主義的経済が甘受しなければならないものは，経済的な効率性の損失である。共和主義の経済においては，社会的な効率性の追求の程度は，公的な議論を通じて決まるべきものとなるとダッガーは結論する（Dagger 2006: pp.168-169）。

　ダッガーの議論は，効率性や富の追求を抑制し，また労働者と企業や資本家の関係の是正を目指す大きなビジョンを，資本主義の代替として提示する。企業に焦点を当てるアンダーソンの議論に比して，経済全体の理想像を描くところに，共和主義のポテンシャルを見ることもできるだろう。

（3）非左派的共和主義経済論

　アンダーソンとダッガーの議論は，巨大な資本やそれを背景とした企業が人々の自由を侵害しないよう，また政治道徳的観点から不適切なものとならないよう，これらを積極的に規制する議論と考えられる。資本の支配者や巨大企業の力をいかに抑えるかという点で，これらの議論は共和主義的な自由を侵害する資本と企業の力を敵視したものとなっている。そのため，彼らの議論は反市場経済的であり，政治的立場では平等を重視する左派の議論に近い。

　彼らの議論と対照的に，むしろ市場経済の利点を活用することによって，企業による支配の問題を回避することを唱えるのが，ロバート・テイラーである（Taylor 2017）。彼の議論は，左派的な反市場経済の考えを避けるものであり，アンダーソンやダッガーとは異なるものとして注目される。

　テイラーの議論は，競争的な市場は企業による恣意的な支配の抑制に

不可欠である，という根本的洞察に支えられている（Taylor 2017: ch.3）。テイラーは，雇用する企業が一社しかない場合に何が起こるかを考察しているが，そこでは労働者の立場は非常に弱くなると言う。例えば，雇用を生み出す企業が他になければ，労働者はその企業が出す労働条件を飲むしかないから，低賃金労働が一般化し，また人々がこれから逃げ出すこともできなくなる（Taylor 2017: pp.49-51）。しかし，企業が複数になり，それらの間で雇用に関する競争が始まれば，当然ながら事態は改善するだろう。つまり，完全に競争的な労働市場が諸問題を解決してくれるということである（Taylor 2017: pp.51-52）。テイラーは，そもそも競争的市場は参加者にとり，勝手な振る舞いができない場所であると言う（Taylor 2017: pp.54-55）。すなわち，完全に競争的な市場では財の価格を一社が決めることはできず，価格は個別の企業の意向とは関係なくあらゆる企業活動を制約する。その結果，各企業の価格を通じた支配力は抑制され，企業の力は分散し，またすべての企業はこの環境に直面するから，法の支配があるかのようになる（Taylor 2017: pp.55-56）。そうなれば当然，労働者との関係における企業の支配力も抑えることができると考えられるだろう。テイラーはこの洞察を敷衍して，人々を企業の恣意的な支配から守るためには，市場競争を促進することこそが重要なのだと考える。それは，次のような提案だ。

　テイラーによれば，恣意的な企業の支配を防ぐためになされるべきは，労働組合の強化ではない。テイラーは企業の力を労働組合の力で抑えようとする方法を採用しない。それは，この方法では新たな力が作られる以上，それが恣意的な支配の源になる可能性を持つからである。組合が恣意的な支配を行う可能性もないとは言えないのだ。（Taylor 2017: pp.59-61）。

　そこでテイラーにとって重要なことは，対抗する力を作ることではなく，企業が恣意的支配を行うことが難しくなる状況を作ることなのである（cf. Taylor 2017: p.60）。テイラーの考えでは，これに必要なものは完全競争市場の利点を活かすことである。先にふれた雇用主が一企業しかない世界では，この企業は独占的な力を駆使して労働者を支配するこ

とができた。しかし，ここに数多くの企業が現れ，互いに競争するようになれば，このような支配力は行使できない。適切な賃金を払わない企業や労働者に過酷な企業には誰も雇われようとは思わない。そこで，テイラーが提案するのは，このような競争状況を作るべく，独占的な傾向を防いで企業の競争を促進すること，また労働者が悪質な企業から離脱できるような政策（例えば，ベーシック・インカム）を実施すること，さらには労働者が就労の地域を移動しやすくなるような補助金制度を設けることなどである（Taylor 2017: pp.48, 51, 53-54）。

　市場競争を盛んにすることで企業の労働者への支配力を弱めようとするテイラーのアイディアは，労働市場を通じた人の流動化を起こす。このことには，地域コミュニティへの悪影響があるかもしれない。先に見たダッガーの議論においても，コミュニティを守ることが必要であると考えられていたことを思い出そう。テイラーはこの問題に十分な応答をしていないが，地域コミュニティもまた，恣意的支配という問題を抱えるという指摘をしていることは注目される（Taylor 2017: pp.61-62）。

　アンダーソンやダッガーと同じ共和主義的な問題意識に立ちつつ，市場経済をより重視するテイラーの議論には，現在の資本主義の問題と資本主義が持ちうる利点を区別することによって，資本主義そのものを否定することなく，それが引き起こす問題を乗り越えようとする努力を見ることができる。このような議論への道筋を開く見取り図を提供するものとして，ダニエル・ハリデー（Daniel Halliday）とジョン・スラシャー（John Thrasher）の議論も解説しておこう。

3.　資本主義の理想化と地域ベースの経済論

（1）資本主義の本来の理想

　ハリデーとスラシャーは，『資本主義の倫理』（*The Ethics of Capitalism*, Halliday and Thrasher 2020）と題するテキストにおいて，資本主義の促進を目指した単純で通俗的な議論，つまり政府の役割を否定し，市場を絶対視する議論を退け（Halliday and Thrasher 2020: p.4），道徳的観点から，資本主義に内在する望ましいあり方を探る重要な視点を提

供している。「『純粋な』資本主義」（Halliday and Thrasher 2020: p.12）
の探究である。彼らの考えによれば，資本主義の道徳的理想は，皆が
利益を得るための，生産と取引の社会的ルールを設けたうえで，「市
場の自由」（market freedoms）を支持することにある（Halliday and
Thrasher 2020: p.6）。ここで，彼らが「自由市場」（free market）では
なく，市場の自由を資本主義の理想の中心にすえたことは重要だ。とい
うのも，このことは——一部の市場原理主義者が主張するような——規
制のない市場というものがありえないことを示すからだ。そもそも，法
も規則もなく成立する市場などというものはありえない（Halliday and
Thrasher 2020: p.4）。

　他方で，ハリデーとスラシャーは，市場をなくしようがないことも主
張している。例えば，社会主義の国家であっても，闇市場は存在してい
る（Halliday and Thrasher 2020: p.5）。資本主義の本質を考えるうえで，
市場を極端に賛美したり徹底して否定したりすることは，粗雑で不正確
な議論を生じるから避けるべきだと言えよう。

　ハリデーとスラシャーの議論では，このような資本主義の道徳的特質
は，資本主義に歴史的に先行し，真逆の理念を持つ体制である「封建主義」
（feudalism）との比較によって明らかになる。彼らによれば，封建主
義の中心的理念は，身分差別の固定化である（Halliday and Thrasher
2020: pp.9-10）。そして，そのために社会は以下のような姿を現すこと
になる（Halliday and Thrasher 2020: pp.10, 40-41）。まず，経済的側面
では，生産財や金融資産は少数の私人以外，所有を許されない。雇用は
社会的身分によって決まる。また，政治的側面については，富がある一
部の人間のみが政治的影響力を持ち，身分制度は強固に維持される。そ
して，確立した身分制度が揺らぐことがないよう，力を持とうとする新
しいグループは暴力的に排除される。さらに，封建主義では，特権を持
たない人々はあたかも自然資源であるかのような，非人間的な扱いを受
ける。ハリデーとスラシャーがあげる，今日でも封建主義的特徴を持
つ社会の例は，北朝鮮などである（Halliday and Thrasher 2020: p.11）。
彼らによれば，「封建主義を擁護するまっとうな議論は，率直に言って、

全くない」(Halliday and Thrasher 2020: p.13)。

　ハリデーとスラシャーによれば，資本主義はまさにこのような封建主義を打破する体制なのである。それは財産が多くの人によって所有され，身分にとらわれずにさまざまな雇用が可能な社会を作るからだ (Halliday and Thrasher 2020: p.12)。そして，商業を通じて，人々は「自由な個人と個人の間で，互いに利益となる取引」を行う (Halliday and Thrasher 2020: p.43)。人々が相互の利益を可能にすべく，市場での自由な活動を積極的に推し進めるダイナミックな理想があるのが，資本主義だというわけである。

　この観点から考えると，今日われわれが資本主義の問題であるとみなしているものの根源は，実は資本主義の欠点にあるのではなく，封建主義への逆戻りにこそあるのだということになる (Halliday and Thrasher 2020: pp.13-14)。つまり，相続財産による社会的不平等の増大や，労働者の処遇の悪化などである (Halliday and Thrasher 2020: pp.45-47)。資本主義は本来，人々の相互的利益を目指し，身分制を打破するものであるから，一部の者だけが豊かになり，身分のように格差が固定化される社会は，もはや資本主義社会ではない——どちらかというと封建主義社会である——ということである。

　ここで，ハリデーとスラシャーは重要な指摘を行っている。それは，資本主義はその内部に弱さを抱えるというものだ。つまり，資本主義自体が生み出す格差の増大が，その利点をダメにしてしまうということだ。そうであれば，資本主義の存続を実現するのは，諸問題を解決する規制に他ならない (Halliday and Thrasher 2020: p.48)。そこで，本節の冒頭でも示した通り，資本主義の道徳的理想は，市場の自由のみならず，規則を作り尊重することも含むことになる。

　このように，ハリデーとスラシャーの議論は，理念としての資本主義が道徳的にどのようにして擁護可能であるかについて，明瞭な見通しをあたえるものである。他方で，資本主義の現実的な問題は，社会の封建主義的傾向によるものとして考えられる。彼らの考えでは，社会は資本主義と封建主義——そしてここでは紹介しなかったが社会主義

――といった諸側面から理解されるべきものなのである（Halliday and Thrasher 2020: pp.12-13）。

（2）コミュニティ・ウェルス・ビルディング

　テイラーやハリデー，スラシャーによる資本主義の議論は，特に市場における自由を重視する議論である。しかし，自由だけがわれわれの社会において重要な価値なのではない。例えば，ダッガーが指摘したように，共同体もまたそのような価値の一つであろう。また，資本主義がもたらすという経済的繁栄，つまり効率的な生産も，絶対の価値であるわけではない。効率的な生産が満たしてくれるのは，われわれの人生の一側面に過ぎないし，効率性の無軌道な追求が，深刻な人権侵害や環境破壊といった問題を引き起こしてきたことは，社会的にも広く認知されている。そうであれば，いかに資本主義が魅力的であったとしても，その問題を乗り越える別の社会や経済のあり方を考える意味は十分にあるだろう。

　先にダッガーの議論を見たが，よりラディカルに別の経済のあり方を考える議論として，「コミュニティ・ウェルス・ビルディング」（Community Wealth Building，地域共同体での富の形成）の議論を紹介しよう。これは，資本をグローバルな大企業の手に集中させるのではなく，むしろ地域コミュニティベースの公的主体が中心となって資本をコントロールすべきだ，という議論である。実践面では，アメリカのマージョリー・ケリー（Marjorie Kelly）とテッド・ホワード（Ted Howard）らによって，近年，積極的に推進された（Kelly and Howard 2019）。政治理論の世界では，財産所有デモクラシーの研究で著名なマーティン・オニール（Martin O'Neill）らが探究を進めている。ここでは，ジョー・ギナン（Joe Guinan）とオニールによる議論（Guinan and O'Neill 2020）を簡単に概説する。

　ギナンとオニールが取り上げるコミュニティ・ウェルス・ビルディングの実例は，アメリカ・オハイオ州のクリーヴランドやイギリスのプレストンなどで展開されたものである。その具体的な像を大まかに再構

成すれば，次のようなものとしてまとめられよう（Guinan and O'Neill 2020）。近年，先進国の諸地域において，産業構造の変化によって企業が地域を去り，衰退が極まるという問題があった。この背景にあるのは，グローバルな資本移動が活発に起きる，いわゆる新自由主義的な流れである。コミュニティ・ウェルス・ビルディングは，これに対して，地域主体の経済を構築し，巨大資本を持つ企業から地域の経済の支配力を取り戻そうとする運動である（Guinan and O'Neill 2020: pp.1-35）。その基礎となるのが，地域に密着した「アンカー機関」（anchor institutions）であり，例えば，地域の大学や大規模病院など，その地域に存在し続け，経済的にも重要な役割を果たしている機関を指す（Guinan and O'Neill 2020: pp.10-11, 25-26）。さらに，労働者が協同組合を設立し，クリーニング・サービスからエネルギーなどまで含め，多様な財やサービスの供給を担う。そこに地域ベースの金融や公的機関の協力などをさらに加え，収益が地域に還元される仕組みを作ろうというものである（Guinan and O'Neill 2020: pp.9-14）。これは，労働者の作り出した付加価値が，まったく違う国の知らない地域への投資に使われてしまう，多国籍大企業が作り出したグローバル経済のシステムの逆をいくものである（Guinan and O'Neill 2020: pp.27-28）。

　以上のように，コミュニティ・ウェルス・ビルディングは，1990年代から2010年代まで世界を席巻した，世界規模での自由市場の形成を目指す経済体制——いわゆる，新自由主義——とはまったく異なるものである。コミュニティ・ウェルス・ビルディングが提唱された背景には，まさに新自由主義が行き詰まってしまったとの問題意識と，それに代わる新しい制度が必要であるとの認識がある（Guinan and O'Neill 2020: pp.36-38）。行き詰まりに関して言えば，新自由主義の問題は，それが人々の生活を支える経済ではなく，ひたすら金銭的価値の増大をめざす経済になってしまったことがある（Guinan and O'Neill 2020: pp.8, 18, 21）。これが問題であることは，非正規雇用者の貧困の問題が，いまや国民の大部分にとって無縁とは言えなくなってしまった日本では非常にわかりやすいであろう。人件費は削られるが，企業の資産や価値は増えていく

のである。

　新自由主義に代わる制度を導くのは，政治的価値である。社会的価値には，効率性やコスト削減などといった経済的価値のほかに，平等や民主主義などの政治的価値があることを，ギナンとオニールは指摘する（Guinan and O'Neill 2020: pp.36-41）。彼らは，新自由主義の下で，公共的な事業までもが，例えば，コスト削減のような経済的価値で語られ，考えられたことを批判する（Guinan and O'Neill 2020: pp.39-40, 43）。また，公的な諸制度は，ケアや尊重といった道徳的諸価値を体現するべきだと言う（Guinan and O'Neill 2020: pp.42-43）。すなわち，民主主義的な社会の政治的価値や道徳的価値を再発見することによって，経済的価値のみが人々の規範的思考を独占する状況を打ち破ろうとするのが，コミュニティ・ウェルス・ビルディングの核にある発想であると言ってよいだろう（cf. Guinan and O'Neill 2020: pp.46-55）。これによって導かれるのが，地域コミュニティを人々の手に取り戻し，市場の力を押し返すという具体的な経済変革運動なのである（Guinan and O'Neill 2020: pp.48-49）。

　コミュニティ・ウェルス・ビルディングは，社会運営の核に政治的諸価値を置くという点で，後期ロールズの思想ともつながる。人々を政治的主体性のある市民として尊重できる社会こそが重要だ，という認識が，財産所有デモクラシーの根本にある考え方である（ロールズ 2004: 247-250 頁）。そのための方策として，富や財産の集中や人々の依存状態からの脱却が提唱されたが（第 2 章を参照），コミュニティ・ウェルス・ビルディングは，まさにその一つの実現形態であると言えるかもしれない。また，コミュニティ・ウェルス・ビルディングが目指す社会は，貧富の格差が身分制に転化しつつある現在の政治経済体制に対して，人々が地域共同体の一員として新たに自由な経済的主体性を発揮する機会を与えるから，ハリデーとスラシャーにならえば，新自由主義が生み出した封建主義を脱却して本来の資本主義を回復しようとする側面を持つ運動である，と言えないこともないだろう。

　ここまで，現在の資本主義が抱える問題への政治理論の応答を概説し

た。共和主義的伝統に基づく考えでは，恣意的支配を排除していくための方策が考えられていた。それらは，企業へのより積極的な規制や，労働者の職場移動の促進や競争力の向上であった。また，封建主義を振り払った本来の資本主義の理想を回復しようという議論や，地域コミュニティをベースとして経済を人々の手に取り戻そうとする議論も始まっていた。歴史的には，貧富の格差の増大が，暴力的な革命の悲劇で終わったケースもある。その意味で，これらの議論は，富裕層と呼ばれる人々も含め，広く社会で検討されるべきものであると思われる。

4. テクノロジーをめぐる問題

（1）テクノロジーへの不安

　近年の経済問題において，テクノロジーの発展ほど耳目を集めるものはないだろう。特にIoTやAIといった話題がニュースに上がることは非常に多い。そして，テクノロジーに対する人々の反応は，期待以上に不安が大きいようにも思われる。その原因は，雇用の喪失にある。つまり，テクノロジーの進展は，多くの仕事を不要にするのではないか，と言うのである。そうなれば，収入源がなくなり，また個人的に得る職業的な満足（いわゆる生きがい）への機会も減るから，不安が増大するのも当然だ。以下では，これまで学んだ観点も活用しながら，テクノロジーの問題に関する議論を紹介しよう。

　テクノロジーによる失業への対処としてよくされる提案に，ベーシック・インカムがある。働かなくても定期的な収入が社会的に提供されるという提案だ。この提案は，本章で紹介した共和主義的議論とも共通点がある。非常にラディカルで論争的だが，真剣な検討に値しよう。他方で，職業的な満足や，さらには仕事が可能にする社会との結びつきの喪失などといった問題は，収入とは別に考えなくてはならない問題である。これに関して，ベーシック・インカム以上にラディカルな提案もなされている。今とは違う政治経済体制を探す，という本章全体を貫く観点とも共通性があり，現実性という問題を脇におけば，重要な問題提起であるから，ここで紹介したい。

（2）テクノロジーと政治経済体制のコンテクスト

　ジョン・ダナハー（John Danaher）によれば，仕事は悪いものであり，仕事をなくしていくテクノロジーの発展は望ましいと言う（Danaher 2020: p.114）。仕事は満足のもとでもありうるから，この議論は疑わしいと思えるかもしれない。しかしダナハーは，次のように主張する。個人にとって仕事が満足をもたらすものでありえたとしても，個々人の選択が蓄積してもたらされるものは，例えば企業の支配のようなものであるから，そうした悪しき社会構造を生むものとして，仕事は悪いものである。また，仕事がある世界を維持することは，それがない世界のよさ——望むように生きることができる——を不可能にするから，これも仕事を悪いと判断する根拠になる。そこで，仕事をなくしてくれるテクノロジーの発展は道徳的に望ましい（Danaher 2020: pp.115-116）。

　だがダナハーは，このようなテクノロジーの発展が，有益さのある仕事もなくしてしまうことを問題として認める。テクノロジーが極限まで発展すれば，必要の充足のための仕事をなくすことが可能かもしれない。だが，より高度な人間的機能の発揮が要求される仕事や，道徳的に有意味な仕事も同時になくなるだろう。そうなれば，仕事の消滅が望ましいとは直ちに言えなくなる（Danaher 2020: pp.116-117）。しかし，ダナハーは，人々は仕事消滅後の世界において，純粋なゲームのような人生を生きることができるので，仕事をなくす技術発展はやはり望ましいと言う。ゲームとは，意図的にタスクを行っていくことを中心とする活動であり，それ以上のことを目指すものではないことが特徴である（Danaher 2020: p.118）。ダナハーは，このような活動の例として，名声や収入以上に作製に熱中する職人の手仕事をあげる（Danaher 2020: pp.120-121）。現在の社会では，金銭やその他の報酬への欲求が人々を駆り立てているが，それがなくなれば，人々は家族生活や友人との交流とともに，よりゲーム的な営みを楽しむことができると言う（Danaher 2020: pp.119-120, 128）。それゆえ，仕事の消滅を招くテクノロジーは望ましい，と言うのだ。

　ダナハーの議論には，現実的含意が不明な部分もある[1]。しかし，テクノロジーによる仕事の消滅という問題に向き合うダナハーの議論から次のような発想を得られるだろう。それは，テクノロジーをよいものにするのも，悪いものにするのも，それを人々がどのような政治経済体制に置くかによる，という考え方だ。これは，ベーシック・インカムの議論とも共通する。人々がテクノロジーの発展に不安を覚えるとすれば，それは資本を握る者に人生を左右されるというより根本的な不安を基礎としている。例えば，大企業に人生を翻弄される者には，大企業がテクノロジーというさらなる力を得ることで，より厳しい結果を自らの人生にもたらすだろう，という不安が起こる。しかし，テクノロジーが人々にどう影響するかは，それが力を発揮する政治経済体制のコンテクストによる。現在の資本主義を前提とすれば，その力は多くの人にとって，悪影響しか及ぼさないかもしれない。しかし，ベーシック・インカムの議論やダナハーの議論に見られるように，仕事の拘束がない政治経済体制があれば，テクノロジーの発展は単なる恐怖の源泉ではなくなるだろう[2]。

　そもそも，人間が持ってしまった知識は消滅しない（ウルフ 2016:258頁）。テクノロジーによって人々の生活が激変することも避けられないだろう。その点で，政治理論は現状の資本主義とは異なる政治経済体制——それはより進歩した資本主義かもしれないし，まったく別の政治経済体制かもしれない——の探究に，より一層の努力を行う時期に来ているのではないか。

》 注

(1) ダナハーの議論の全体像は，Danaher (2019) から知ることができる。また，ダナハーのゲームの考えには，バーナード・スーツの議論（スーツ 2015）が重要な役割を果たしている。

(2) これはマルクス以来の伝統ある論点でもある。本章では英米の政治理論しか扱わないが，近年マルクスに再び注目が集まっていることも自然である。

研究課題

1. 資本の蓄積が生み出す不平等は，どのような政治道徳上の問題を引き起こすのか。特に民主主義との関係において調べ，考察せよ。
2. 大企業が社会にもたらすポジティブな影響とネガティブな影響の双方を調べ，大企業の影響力への政策的対処のあり方について道徳的観点から考察せよ。
3. テクノロジーの進展は経済のあり方をどう変えると予想されているか調べよ。そのうえで，民主主義的社会がとるべき対処方法を考察せよ。

*なお，研究課題に取り組む際には，以下の著作物も参照されたい。

アトキンソン，アンソニー・B.（2015）『21世紀の不平等』山形浩生訳，東洋経済新報社。

アセモグル，ダロン・ロビンソン，ジェイムズ・A.（2020）『自由の命運：国家，社会，そして狭い回廊』上下，櫻井祐子訳，早川書房。

コーエン，タイラー（2020）『BIG BUSINESS：巨大企業はなぜ嫌われるのか』池村千秋訳，NTT出版。

参考文献

Anderson, Elizabeth（2017）*Private Government: How Employers Rule Our Lives (and Why We Don't Talk about It)*, Princeton: Princeton University Press.

Dagger, Richard（2006）"Neo-Republicanism and the Civic Economy," *Politics, Philosophy & Economics*, 5(2): pp.151-173.

Danaher, John（2019）*Automation and Utopia: Human Flourishing in a World without Work*, Cambridge, MA: Harvard University Press.

Danaher, John（2020）"In Defense of the Post-Work Future: Withdrawal and the Lucid Life," In: *The Future of Work, Technology and Basic Income*, Michael Cholbi and Michael Weber, eds., New York: Routledge: pp.113-130.

Guinan, Joe and O'Neill, Martin（2020）*The Case for Community Wealth Building*, Cambridge: Polity Press.

Halliday, Daniel and Thrasher, John（2020）*The Ethics of Capitalism: An Introduction*, New York: Oxford University Press.

Kelly, Marjorie and Howard, Ted (2019) *The Making of a Democratic Economy: Building Prosperity for the Many, not Just the Few,* Oakland, CA: Berrett-Koehler Publishers.

Pettit, Philip (1997) *Republicanism: A Theory of Freedom and Government,* Oxford: Oxford University Press.

Taylor, Robert, S. (2017) *Exit Left: Markets and Mobility in Republican Thought,* Oxford: Oxford University Press.

ウルフ，ジョナサン（2016）『「正しい政策」がないならどうすべきか：政策のための哲学』大澤津・原田健二朗訳，勁草書房。

スーツ，バーナード（2015）『キリギリスの哲学：ゲームプレイと理想の人生』川谷茂樹・山田貴裕訳，ナカニシヤ出版。

ロールズ，ジョン（2004）『公正としての正義─再説』田中成明・亀本洋・平井亮輔訳，岩波書店。

6 | 貿易

松元雅和

　今日の国際社会では，自由貿易体制が基底的なルールになっているが，それに対しては，貿易当事国同士の競争条件の平準化を求める公正貿易論や，（発展）途上国の生産者を支援するフェアトレード論が対抗している。本章では，グローバル化とともに経済的に緊密化する世界で，貿易体制の規範をめぐる複数の考え方を比較検討する。

《キーワード》　公平性，自由貿易，保護貿易，公正貿易，フェアトレード

1. 貿易とその公平性

（1）国際貿易の現在

　貿易は私たちの生活に欠かせない。衣食住にまつわるあらゆるものが国外から輸入され，あるいは国外に輸出されている。「国産品」のラベルがときに希少性として捉えられること自体，私たちの日常生活がいかに貿易によって支えられているかを物語っている。これまで世界は，自由貿易を基底として，GATT（関税及び貿易に関する一般協定）やWTO（世界貿易機関）を中心にその拡大を推進してきた。世界のGDPに対する貿易の比率は，1960年代の20%未満から，概ね右肩上がりの上昇を続けて2000年代には40%を越え，2019年時点では45.2%に達している（経済産業省 2020: 272頁）。

　その一方で，貿易は重大な政治問題ともなっている。近年でも，米中が貿易収支の不均衡を発端として相互に関税引き上げや制裁を伴う国際対立を引き起こした。また，日本が韓国向けの半導体素材の輸出管理を強化し，両国の対立が国際機関の場に持ち込まれた。このように，昨今の情勢は，貿易が経済の論理のみならず政治的判断にも大きく左右され

うることを示している。感染症の拡大により，世界経済が大きく変容している現在，貿易にも長期的にどのような影響が現れるかは今後次第である。

　それでは，通商政策として貿易はそもそもどうある︀べ︀き︀だろうか。貿易とは国家間で商品やサービスなどの商業取引を行うことである。こうした関係が深化するにつれて，国際社会を舞台とする貿易は，雇用面や物価面で国内社会の人々の生活を一変させるほどの重要性を持つようになる。近年，正義論の枠組みを国際社会に拡張するグローバル正義論の研究が進むなかで，貿易を規範的に問うことが国内外で増えている（上原 2017: 第 6 章; 2020）。本章では，こうした蓄積を踏まえながら，貿易の実践について規範的に考え直してみたい。

（2）貿易の公平性

　本章で中心的に取り上げる問いは，貿易の公平性〔フェアネス〕である。貿易が公平あるいは公正であるべきだというのは，各国が相手国の貿易慣行を糾す際の常套句である。例えば，2016 年にアメリカ大統領に当選したドナルド・トランプは，さっそく自動車産業における対日貿易赤字を「不公平」だと批判し，それに対して日本側は「自由で公正な貿易」の重要性を認識していると応じる（朝日新聞 2017 年 1 月 25 日付）。一面では両国は同じ理念を共有しているように見えるが，他面では両国の立場と利害は鋭く対立している。

　このように，公平性は厄介なことにそれ自体多義的な概念であり，貿易規範を論じる際にも様々な文脈で異なった意味で用いられている（Miller 2017）。こうした事態を解きほぐさないかぎり，あるべき貿易実践をめぐる生産的な議論は望めず，結局は言葉を通じた実力の応酬に終始してしまうだろう。そこで本章では，公平性を以下の三つに分節化し，それぞれに応じた貿易規範論を，自由貿易論，公正貿易論，フェアトレード論として順次取り上げる。

・勝負の公平性〔プレイ〕：貿易が公平であると言えるのは，貿易当事者が共通の

ルールに従っている場合である
・競争の公平性：貿易が公平であると言えるのは，貿易当事者が公平
　な競争を戦っている場合である
・対価の公平性：貿易が公平であると言えるのは，貿易当事者が公平な
　対価を受け取っている場合である

　本論に入る前に，公平性の観念について確認しておきたい（Broome
1990: p.95）。第一に，それは関係的な概念である。主体 a の処遇が公平
かどうかは，それだけを取り上げても判断することができず，他の主体
b，c，d，……がどう処遇されるかに依存する。第二に，それは比例的
な概念である。a の処遇が公平かどうかは，主体の性質とその処遇のあ
いだに釣り合いが保たれるかによって決まる。もし主体間を区別する理
由が見いだせないならば，等しい処遇が適切であり，区別する理由が見
いだせるならば，その理由に応じた処遇が適切である。
　この意味で，公平性は便益と負担の分配をめぐる総体的評価のうち，
部分的な評価基準に留まる。例えば，a と b が同じ病状にあり，a への
施薬が b への施薬に比べて少ないならば，b との関係において，a への
施薬は a の病状に対して釣り合いを逸しており，不公平である。その一
方で，a と b が同じ病状にあり，双方への施薬が等しく少ないならば，
それは双方にとって公平な処遇であるが，依然として不正な処遇である
とは言いうる。こうした公平性の是非を超える幅広い論点については，
本章の最後にあらためて言及したい。

2. 勝負の公平性

（1）分業の利益
　貿易の公平性をめぐる第一の考え方は，勝負の公平性である。例えば
スポーツやゲームにおいて，競技者全体にとって公平な処遇とは同一の
ルールに服することである。そこで称揚される「フェアプレーの精神」は，
敵味方隔てなく振る舞い，勝敗に固執せずにルールを遵守する姿勢とし
て描かれる。同様の見方を貿易実践にも向ければ，同じ精神が貿易当事

者に等しく求められよう。日本政府が『不公正貿易報告書』などで繰り返し提唱する「自由で公正な貿易」の基礎になっているのも，結果志向とは区別されるルール志向の貿易原則である。

　それでは，貿易当事者が従うべき共通のルールとは何だろうか。前述のとおり，貿易とは，国家間で商品やサービスなどの商業取引を行うことである。なぜ取引が生じるかと言えば，一方にあるものが他方にはないからだ。互いの不足物を互いの余剰物によって補い合うことから，社会的分業が成立する。例えば，国内社会では，都市部で生産された自動車が農村部で消費され，逆に農村部で生産された農作物が都市部で消費される。各自が必要物を各自で生産・消費する自給自足経済（アウタルキー）では，分業が存在しないのと同時に交換も存在しない。

　分業が進むことは幾重にも経済的利益をもたらす（スミス 2000a: 第1編 第1章）。それは第一に，交換の利益という静態的利益をもたらす。人々は互いの不足物を互いの余剰物によって補い合うことで，自ら生産の労を負うことなく，必要物を手に入れることができると同時に，生産要素を自分の得意分野に集中させることができる。それは第二に，特化の利益という動態的利益をもたらす。人々が生産要素を自分の得意分野に集中させることで，作業の単純化と技能の熟練化が進み，同一時間により良い商品をより多く生産できるようになる。

　重要なことは，これら一連のメカニズムが，各人の私的利益の追求という駆動力によって自動的に進むことである（スミス 2000a: 第1編 第2章）。そのための最適な場所が，労働も含めた需要と供給が出会う市場である。市場において人々が取引をするのは，余剰品を売り，不足物を買うことで，交換の利益を得るためである。こうした市場が存在するからこそ，人々は安心して自分の得意分野に注力し，特化の利益を得ることができる。市場は，人々の私的利益の追求が互いに合致するための不可欠の役割を担っているのだ。

　市場の拡大は分業を促進する（スミス 2000a: 第1編 第3章）。なぜなら，拡大した市場では余剰物の買い手や不足物の売り手を一層容易に見つけることができるからだ。こうして，市場の拡大→分業の深化→分業の利

益の拡大が総体的な国富の増進に寄与する。市場経済論を体系化し，経済学の父とも呼ばれるアダム・スミスが言うように，「よく統治された社会では，分業の結果生じるさまざまな手仕事全体の生産物の大幅な増加が，最低階層の民衆にまで広がる普遍的な富裕をつくりだす」のだ（スミス 2000a: 33 頁）。

（2）自由貿易論

　市場経済論を国内社会から国際社会に拡張して考えると，自由貿易論が導かれる（スミス 2000b: 第 4 編 第 3 章）。当時のヨーロッパで主流であった重商主義のもとでは，貿易黒字が国富と捉えられ，そのためには輸出を増やし，輸入を減らすための国内産業保護が必要であると考えられていた（貿易差額説）。それに対して，スミスは生産と消費の差額を重視する。そこで，分業の論理を敷衍すれば，自由貿易体制のもと，生産性において他国より優位（絶対優位）にある商品に特化して生産量を増やすことで，各国は国富を増進させることができる。

　ここには，分業に参加する誰もが何らかの得意分野を持ちうるという前提がある（スミス 2000a: 40–41 頁）。しかしながら，人口・領土・発展段階などで格差のある国際社会では，あらゆる面において優れた優位国と，あらゆる面において劣った劣位国が生じうる。けれども心配するには及ばない。優位国が絶対優位にある商品をすべて自前で生産しようとしたところで，必要となる生産要素は無限ではないからである。こうした観点から，デイヴィッド・リカードは貿易を通じた相互利益としての比較優位論を唱えた（リカードウ 1987: 第 7 章）。

　一方で絶対優位論は，商品・サービスごとに，生産性を各国間で比較し，各国が何の生産に特化すべきかを判定する。他方で比較優位論は，一国ごとに，生産性を商品・サービス間で比較し，各国が何の生産に特化すべきかを判定する。何であれ一国の生産活動には上限があるため，ある生産に従事することは必ず機会費用を伴う。それゆえ，一国が比較劣位にある商品を外国から輸入することは，比較優位にある商品を間接的に生産しているに等しいのである。こうして，各国が自国の比較優位分野

に特化することは，自国と同時に国際社会全体の生産性を高める。

　19世紀以降の経済学では，比較優位論を軸として，自由貿易こそが経済合理的であるとの理解が普及した。それは，国際市場を通じた国際分業の進展が，貿易当事者に対して相互利益をもたらすというモデルである。それゆえ，国内市場を開放し，産業集約性を高めることが，結局は自国の利益を最大化する誘因となる。確かにその過程で，特定産業が衰退し，一時的・摩擦的失業も生じるかもしれない。しかし，経済学的に見れば，それらは結局，生産転換を通じた経済最適化に至るための一過程である。

　ここから，勝負の公平性が念頭に置く貿易のルールが明らかになる。すなわち，自国民・他国民を問わず，市場取引の形式的機会をすべての当事者に等しく保証することである。分業が進むなかで，ある国が政治的その他の理由で一方的に市場取引を中断すれば，当事国のみならず国際社会全体の共通利益が損なわれる。市場取引を阻害しないというルールが，国際分業の前提になければならない。こうして「自然的かつ規則的に営まれる貿易は，双方にとって，かならずしもつねに等しく有利ではないにしても，つねに有利なのである」（スミス 2000b: 365頁）。

（3）一方的自由主義と相互的自由主義

　スミスやリカードの自由主義は，18世紀後半から19世紀前半に産業革命期を迎えるイギリスの時代状況を反映していた。ナポレオン戦争後の大陸封鎖令解除に備えて，イギリス議会は穀物の輸入を規制する穀物法（1815年）を制定し，その是非が国論を二分していた。すなわち，農業を基盤とする地主貴族階級が保護貿易を要求したのに対して，製造業を基盤とする資本家階級が自由貿易を要求したのである。反穀物法同盟が議会で勢力を拡大し，1846年に同法が廃止されてからは，自由貿易体制がイギリスの基本的立場となった。

　その後，保護貿易論の台頭を経験しながらも，二つの世界大戦を経て，戦後の国際社会では二重の無差別性を核とする自由貿易体制が推進された。第一は最恵国待遇であり，ある国に対する処遇はほかのあらゆ

る国にも適用されなければならない。第二は内国民待遇であり，輸入品を国産品よりも理由なく不利に扱ってはならない。こうした精神は，「関税その他の貿易障害を実質的に軽減し及び国際貿易関係における差別待遇を廃止するための相互的かつ互恵的な取極を締結すること」を掲げるGATT，WTO協定に示されている（岩沢・植木・中谷 2020: 477, 505頁）。

　問題は，相手国が共通のルールを遵守しない場合にどう対処するかである。19世紀の自由主義者は，そうした場合にも一方的にルールを遵守すべきだと考えた。それに対して，戦後の自由貿易体制は，上記のGATT，WTO協定にも言及があるように，相手国のルール遵守を自国のルール遵守の条件にするという相互的自由主義を織り込んでいる。この場合，2国間であれ多国間であれ，遵守国と不遵守国のあいだでは差別的な処遇が許される。自由貿易体制が世界大化すれば，これらの自由主義は収斂することになるが，そうでない場合，両者の違いが顕在化することになる（平見 2014）。

　注意すべきだが，自由貿易が国際的に相互利益をもたらすからといって，国内的に相互利益をもたらすわけでは必ずしもない。生産者と消費者の利害は異なるし，雇用者と労働者の利害は異なるし，比較優位産業と比較劣位産業の利害は異なる。完全雇用などの非現実的仮定を置かないかぎり，生産転換時には一時的・摩擦的失業も生じる。それゆえ戦後の国際社会では，国際的な自由貿易の推進と国内的安定のための緩衝措置が同時並行的に進んできた。こうした体制は「埋め込まれた自由主義」と呼ばれる（ラギー 2020）。

3. 競争の公平性

（1）競争条件平準化

　次に，自由貿易論から派生して，真逆の結論を導きうる競争の公平性を取り上げる。競争の公平性が求めるのは競争条件平準化，すなわちスポーツやゲームなどで勝敗があらかじめ決定されないよう，実力を均衡させることである。同一のルールに服していても，資質の違いによって

つねに一方が勝ち続け，もう一方が負け続けるなら，やはり対等な条件とは言えないだろう。そこで，階級を区別したりハンデを設けたりして条件の平準化がはかられる。トランプが貿易赤字を不公平だと言うとき，念頭にあるのはこの種の公平性である。

　競争の公平性は，幼稚産業保護論のような，自由主義に逆行するような保護主義とセットで語られることが多い。貿易によって促される国際分業により，劣位国は生産性の低い産業分野に特化することを強いられ，経済発展を阻害されている。はじめから対等な条件で貿易を始めたわけではないのだから，条件是正のために劣位国には一定期間自国産業を保護育成する必要が認められる。例えば，GATT が途上国に幼稚産業を保護することを例外的に許す規定を設けていたこと（18条C）は，こうした競争の公平性の観点から理解できる。

　幼稚産業保護論の原型は，18世紀後半にイギリスから独立を果たしたアメリカに見られる。一方でトマス・ジェファーソンは，農業を基盤として自由貿易を採用することを主張した。他方でアレクサンダー・ハミルトンは，イギリスに倣って工業化を進めるためには保護貿易が必要だと主張した。ここでは，自由主義と保護主義の支持層が，両国の比較優位分野に応じて，すでに産業革命に成功していたイギリスと対照的になっていることが興味深い。両者の対立は，その後の南北戦争の構図を形作り，戦争後は，保護貿易志向がアメリカの通商政策の基本路線となった。

　保護貿易論は，ドイツのフリードリッヒ・リストによって体系化された。当時のドイツでも製造業が立ち遅れていたが，製造業がもたらす利益は，経済的利益のみならず安全保障などの非経済的利益にも及ぶ。そこでリストは，たとえ短期的に不利益を負ってでも，長期的にイギリスと同様の工業化を達成するため，一時的な保護主義が正当化されると考えた——「自由貿易が自然に即した作用を持ちうるためには，まず後進諸国民が人為的な装置を用いて，イギリス国民が人為的に高められているのとおなじ発展の段階に高められなければならないであろう」（リスト 1970: 195頁）。

　このように，競争の公平性は，形式的次元のみならず，実質的次元での参入機会の平等を求める。共通のルールに服するといっても，実際には出発点としての諸条件が異なるため，その結果を一律に公平なものと見なすわけにはいかない。例えば，貿易収支で輸出が超過した黒字国と輸入が超過した赤字国が恒常的に生じるならば，それは両国のあいだに公平な競争を阻害する何らかの条件の不備があるからに違いない。結果の不平等は，それ自体不公平であるというよりも，機会の不平等の証拠として捉えられるのだ。

（2）公正貿易論

　競争の公平性は，貿易収支が有利から不利に転ずるや，相手国に対するさらなる競争条件平準化の要求を招きやすい。その代表例が，19世紀後半にイギリス国内で始まった公正貿易運動である。相手国が保護貿易を続けているのに，イギリスが一方的に自由主義的姿勢を貫くのは不公平であるとの主張が広まった。これは，産業革命と世界大の植民地経営により「パクスブリタニカ」の時代を謳歌した19世紀のイギリスが，その後アメリカ，ドイツといった新興工業国の挑戦を受け，徐々に覇権を失いつつある時期と符合している。

　こうして広がった保護主義的姿勢は，20世紀前半に国際社会を大きく攪乱した。とりわけ世界恐慌前後には，各国が植民地の囲い込みや関税引き上げなどの近隣窮乏化政策を伴うブロック経済化を進め，緊張や対立が高まった。こうした反省から，戦後の国際社会は自由主義をあらためて基本原則として掲げることになる。自由貿易体制を推進したのが，東西冷戦下で西側陣営を主導していたアメリカである。アメリカは，陣営拡大の一環として戦後復興も兼ねた巨額の経済・開発援助を実施し，国内市場を外国産品に開放してきた。

　しかしながら，ベトナム戦争や石油危機を経てアメリカの主導的地位が揺らぐと，1970年代以降はこうした立場にも変化が生じた。「米国が片手を背中にしばりつけられて競争する必要は，もはや存在しない」（読売新聞 1971年8月17日付）――ニクソン・ショックと呼ばれた大統領

演説中のこの言葉のごとく，国際競争力の低下は相手国の不公正な貿易慣行にあるとされたのだ。その結果，制裁・報復措置として1974年通商法301条，その強化版である1988年包括通商法スーパー301条が導入され，自動車や半導体をめぐる日米貿易摩擦では，日本側の輸出自主規制や市場開放を求めるための手段となった。

　矛先は相手国の国内事情にも及んだ。労働者の生活を守るためには，職場の安全，最低賃金，社会保障，労働時間，児童労働，医療保険，環境汚染，賠償責任などの面で，相応の費用を伴う諸々の労働規制が必要となる。しかしながら，各国の労働条件は法律や文化によってまちまちであり，ある国はこれらの費用を免れることにより，他国に比べてより安価に商品を生産することができる。一般に，商品を国内よりも安価に海外で販売することはダンピング（不当廉売）と呼ばれ，低い労働条件で生産費用を引き下げ，自国産品を海外で安く売ることはソーシャルダンピングと呼ばれる。

　こうした事態を看過すれば，各国内でも「底辺への競争」が生じかねない。そこで，他国からの安価な商品に対して様々な方法で対抗措置をとることがはかられる。ダンピングについては，正常価格よりも安価に輸出された商品に対して関税を割り増すダンピング防止税が現在のWTO体制下でも認められている。その一方で，ソーシャルダンピングについては，経済水準，生活習慣などを考慮に入れて実質賃金を算出する必要があり，正常価格からの乖離の実証が困難であることから，一方的な非難や応酬になりやすい。

　このように，同じ「公平性」の名のもとに，通商政策は一国内でさえ自由主義に振れたり保護主義に振れたりする。こうして見ると，自由主義者が「貿易は双方にとってつねに有利である」と言って済ませた問題が，依然として問題であり続けていることが分かるだろう。貿易は経済的のみならず，政治的・軍事的にも競合する諸国家による国益の追求の的となり，その過程で利益の調和どころか対立の主戦場となる。ある国にとっての利益は別の国にとっての不利益と映り，それを是正するための行動は相互にさらなる対抗行動を引き起こしかねないのである。

4. 対価の公平性

（1）フェアトレード

　第三の議論は対価の公平性である。戦後の国際社会では，先進国を中心に自由貿易体制が推進されてきた一方で，途上国側からは「南北問題」をめぐる持続的な異議申し立てがなされてきた。途上国は植民地時代の単一栽培経済（モノカルチャー）の歴史を独立後も引きずっており，加工物の原材料となる一次産品に特化することを余儀なくされている。こうした産業構造のゆえに，国際分業が進めば進むほど，交易条件は先進国にとってより有利に，途上国にとってより不利に変化する傾向がある。その結果，途上国は貿易による分業の利益を得にくい状況に置かれている（一次産品問題と呼ばれる）。

　なぜこうした問題が生じるのか。第一に，交換の利益を得ようにも，一次産品は工業製品に比べて需要の所得弾力性が低く，生産・在庫調整が難しく，生産地域も世界各地にあって国際価格の変動幅が大きい。第二に，特化の利益を得ようにも，機械化が未発達であり，収穫逓減の法則が生じやすく，付加価値も乗せづらい。その結果，1970 年から 2000年の 30 年間に，途上国のほとんどの主要輸出農産品の価格は 30% から60% 下落したという（FLO 他 2008: 58 頁）。貿易は世界の格差・貧困問題を是正するどころか，悪化させているとすら言えるかもしれない。

　こうした事態を改善するための貿易実践は，今日フェアトレードと呼ばれている。それはまずもって，「持続可能な生産と生活に必要とされるフェアな対価を払うこと」を意味している（FLO 他 2008: 20 頁）。具体的には，コーヒー，紅茶，砂糖，カカオなどの一次産品を対象として，生産者に対して適正な賃金が支払われること，労働基本権が認められていること，衛生・安全規則が満たされていることなどを条件に，商品の認証を行い，フェアトレード商品として消費者に適正価格で提供する。自由貿易に委ねるだけでは悪化しがちな途上国の交易条件を人為的に改善することが公平性の要請だというわけだ。

　対価の公平性は，途上国の生産者に対して正当な利益を保証すること

によって，貿易の参入機会のみならず，その結果に焦点を当てている。貿易の結果，とりわけ生産者の立場が改善するかどうかが決定的である。標準的な経済学的想定では，市場は需要と供給が均衡する中立的な場として捉えられる。その観点では，生産者の立場を有利にすることを目指す方策は歪んでいるように見られるかもしれない。しかしそもそも，市場価格が商品価格として唯一の価格決定方法ではない。

（２）市場価格の是正

　それでは，市場価格とは別に，何が「フェア」な対価を決めるのだろうか。第一に，市場の失敗を是正するという意味がある（ニコルズ／オパル 2009: 第2章）。途上国の生産者にとって，言語や技術の壁から世界市場へのアクセスや価格情報の取得は容易ではなく，中間業者に買い叩かれる買い手独占の状況が生まれている。完全競争市場は，価格が需要と供給の均衡によってのみ決定されるという価格受容者（プライステイカー）の仮定を置いているが，独占状態はこの仮定に反しており，市場価格を生産者にとって不利な方向に歪める要因となる。

　第二に，市場の失敗よりも，市場経済に内在する構造的問題を是正するという意味がある（ブラウン 1998: 第3章）。前述のとおり，先進国と途上国の交易条件が途上国にとって長期的に悪化する傾向にあることを経済学的に説明したプレビッシュ＝シンガー命題は，のちの従属理論や不等価交換理論のような広義のマルクス主義的国際経済論に受け継がれた。こうした問題意識は，「援助よりも貿易を」と掲げた UNCTAD（国連貿易開発会議）の活動，とくに一次産品価格の安定や改善を目指す一次産品総合計画の下地となっている。

　第三に，基本的人権を保障するという意味がある（ザックス／ザンタリウス 2013: 第4章）。最低限度の生活すら送れないような支払価格は，それ自体人々を苦境に追いやる不正と見なされる。私たちは市場取引を通じて，かれらの生活を改善することができるし，そうすべきである。もちろん，同じ人道目的であっても，途上国に対して直接的に援助する方が有用だという考え方もある。しかしながら，単なる援助は施す側と

施される側の非対称性を前提にしており，かつ後者の依存性を強める。フェアトレードには，支援を受ける側の自立性を重視する観点が織り込まれているのだ。

　もちろん，フェアトレード論に対しては異論がないわけではない。そもそも消費者の支払う価格が，末端の生産者に対して十分に行き渡っていないという実際上の問題はしばしば槍玉に上げられる。また構造的に見ても，それは非生産部門への補助金と同様に，長期的には途上国の生産転換を阻害し，一次産品に依存した産業構造を固定化する結果をもたらすかもしれない。現在の途上国における経済的困窮の背景には何があるのか，それを是正するような通商関係はどのようなものかを，あらためて分析する必要がある。

（3）貿易の規範理論へ

　以上本章では，貿易の公平性をめぐる三つの解釈を概観してきた。貿易実践において関係国が公平な立場にあるかどうかは，これらの解釈のうちどの側面に注目するかによって変わってくる。他の規範的議論でも生じうるように，貿易の公平性それ自体の解釈をめぐって，場合によっては真逆の政策的含意を導くような，言葉をめぐる論争が繰り広げられているということだ。そこで，貿易規範論を進めるにあたっては，問題解決の第一歩として，まずはそのありうる意味を明確化しておくことが肝要である。

　最後に，本章で扱わなかった論点に言及しておこう。第一に，貿易と分配的正義の問題がある（de Bres 2016）。貿易は個々の商業取引として見れば当事者間の経済活動であるが，同時に制度的に見れば，世界中の人々が生産者あるいは消費者の立場で関与する巨大な社会的協働の実践である。そうである以上，この実践から生じる便益と負担を世界的にどのように分配するかが問題となる。正義の主体は個人なのか，企業なのか，国家なのか。貿易は国内外の長期的な格差拡大傾向と無関係なのか。貿易は正義によって規制される場なのか，それとも正義を実現する場なのか——等々，論点は尽きない。

　第二に，貿易と主権国家体制の問題がある（ロドリック 2014）。貿易と金融を合わせた経済のグローバル化は，世界をますます一体化させている一方で，自国のことは自国で決めるという伝統的な主権概念をますます無効にしている。通商政策の理念として，貿易から得られる経済的利益はさておき，自国労働者の待遇を改善したい，食糧主権を維持したい，伝統文化を重視したいといった考えは，人々に訴えかける相応の説得力を持っている。本章冒頭で述べたように，貿易は経済的であると同時に優れて政治的な問題であり，双方の視点の関係や乖離にも目を向ける必要があるだろう。

🔋 研究課題

1．資本や労働といった生産要素が国境を越えて移動するグローバル化の時代にあって，比較優位論がどの程度妥当であるかを検討してみよう。
2．1980 年代の日米貿易摩擦について調べつつ，両国の主張を規範的に分析してみよう。
3．自由貿易論・公正貿易論・フェアトレード論のうち，どの「公平性」が妥当であると考えるか，理由とともに論じてみよう。

参考文献

Broome, John（1990）"Fairness." *Proceedings of the Aristotelian Society* 91: pp.87–101.

de Bres, Helena（2016）"Justice and International Trade." *Philosophy Compass* 11/10: pp.570–579.

Miller, David（2017）"Fair Trade: What Does It Mean and Why Does It Matter?" *Journal of Moral Philosophy* 14/3: pp.249–269.

岩沢雄司・植木俊哉・中谷和弘編集代表（2020）『国際条約集　2020 年版』有斐閣。

上原賢司（2017）『グローバルな正義——国境を越えた分配的正義』風行社。

上原賢司（2020）「グローバル正義論と『公正な』貿易」（『思想』1155 号：24–43 頁に所収）。

FLO 他編（2008）『これでわかるフェアトレードハンドブック――世界を幸せにするしくみ』フェアトレード・リソースセンター訳，合同出版。

経済産業省編（2020）『通商白書　2020』昭和情報プロセス。

ザックス，ヴォルフガング／ティルマン・ザンタリウス編（2013）『フェアな未来へ――誰もが予想しながら誰も自分に責任があるとは考えない問題に私たちはどう向きあっていくべきか』川村久美子訳，新評論。

スミス，アダム（2000a）『国富論　1』水田洋監訳，杉山忠平訳，岩波文庫。

スミス，アダム（2000b）『国富論　2』水田洋監訳，杉山忠平訳，岩波文庫。

ニコルズ，アレックス／シャーロット・オパル編（2009）『フェアトレード――倫理的な消費が経済を変える』北澤肯訳，岩波書店。

平見健太（2014）「国際通商法における無差別原則と相互主義――分離から結合へ」（『日本国際経済法学会年報』23 号：165–183 頁に所収）。

ブラウン，マイケル・バラット（1998）『フェア・トレード――公正なる貿易を求めて』青山薫・市橋秀夫訳，新評論。

ラギー，ジョン・ジェラルド（2020）「国際レジーム，取引，そして変化――戦後経済秩序に埋め込まれた自由主義」（スティーヴン・D・クラズナー編『国際レジーム』河野勝監訳，勁草書房：238–280 頁に所収）。

リカードウ（1987）『経済学および課税の原理　上』羽鳥卓也・吉沢芳樹訳，岩波文庫。

リスト，フリードリッヒ（1970）『経済学の国民的体系』小林昇訳，岩波書店。

ロドリック，ダニ（2014）『グローバリゼーション・パラドクス――世界経済の未来を決める三つの道』柴山桂太・大川良文訳，白水社。

7 | 平和・安全保障

松元雅和

　安全保障政策を規律するルールはあるか。国連体制を基軸とする今日の国際社会では，武力不行使原則の例外として，集団安全保障ならびに個別的・集団的自衛権が認められている。本章では，正戦論の伝統と理論を紐解きながら，「武力の行使の三要件」にも見られる，戦争の正義の内容とその妥当性について論じる。
《キーワード》　正戦論，武力の行使の三要件，正当原因，最終手段，比例性

---

1. 国際社会の原則と例外

（1）原則としての武力不行使

　2015年，自公安倍政権は自衛隊法，国連PKO（平和維持活動）協力法などを一括改正する平和安全法制を成立させた。国外の安全保障環境が厳しさを増すなかで，国民の暮らしと国の存立を守るという大義名分のもとであったが，これが国会内外で強烈な批判を呼び起こしたことを覚えている人も多いだろう。積極的平和主義のために実力行使の範囲と内容を拡充することを，矛盾と捉える向きもあるかもしれない。平和と安全保障の問題をめぐってかくも激しい論争が巻き起こったことは，そこに解かれるべき規範的論点が控えていることを示唆している。
　安全保障（セキュリティ）は人間にとって基本的ニーズである。このことは立場を問わず当然のこととして認められているだろう。例えば，戦争の放棄や戦力の不保持を規定し，世界的にも稀な平和主義思想に基づく戦後の日本国憲法もまた，「平和を愛する諸国民の公正と信義に信頼して，われらの安全と生存を保持しようと決意した」と謳っている（前文）。「われらの

安全と生存」が国家の存在意義に関わる重要目標であることは，戦後憲法が否定するところではなく，前提とするところである。問題は目標そのものではなく，そこに至るまでの手段や道筋である。

　戦後の国際社会は，武力不行使を原則として掲げている——「すべての加盟国は，その国際関係において，武力による威嚇又は武力の行使を，いかなる国の領土保全又は政治的独立に対するものも，また，国際連合の目的と両立しない他のいかなる方法によるものも慎まなければならない」（国連憲章第 2 条第 4 項; 岩沢・植木・中谷 2020: 16 頁）。国際紛争が生じた場合，ともかくそれは武力以外の手段で解決せよというのが国際社会の建前である。とは言え，こうした法的建前とは裏腹に，戦後も「○○戦争」と呼ばれる行為ないし状態は続発してきた。そこで本章でも，諸勢力間の武力衝突を差す用語として「戦争」の呼称を用いる。

（2）武力の行使の三要件

　国際社会の武力不行使原則に加えて，戦後日本は憲法 9 条により戦争の放棄，戦力の不保持を掲げている。実際には自衛隊という実力組織があり，国家安全保障のための自衛行動は想定されているが，他国にはない憲法規範のもと，非核三原則，武器輸出三原則，防衛費 1% 枠などの縛りを独自に設け，それとともに自衛隊の活動範囲も，とりわけ集団的自衛権の行使や PKO への参加などの局面では制約されてきた。このように憲法上の制約と日米同盟を軸とする安全保障体制が共存してきた状況は「九条＝安保体制」とも呼ばれる（酒井 1991）。

　ともあれ，今日の政府解釈によれば，憲法 9 条により自衛権そのものは放棄されていないとされる。しかし，たとえ他国から一方的に平和が破られ，侵略が生じたとしても，ただちに自衛権を行使してよいわけではない。侵略行動の質と程度には違いがあるし，自衛行動の質と程度にも違いがある。それでは，いついかなる場合に武力行使が許されるのか。これまで日本は「武力の行使の三要件」を掲げてきたが，平和安全法制時に内容が若干改められ，現在は以下のような文言になっている（防衛省 2020: 200 頁; Ministry of Defense 2020: p.200）。

- 第一要件：わが国に対する武力攻撃が発生したこと，又はわが国と密接な関係にある他国に対する武力攻撃が発生し，これによりわが国の存立が脅かされ，国民の生命，自由及び幸福追求の権利が根底から覆される明白な危険があること
- 第二要件：これを排除し，わが国の存立を全うし，国民を守るために他に適当な手段がない（no appropriate means available）こと
- 第三要件：必要最小限度（minimum extent necessary）の実力行使にとどまるべきこと

　強調したい点は，これらの条件が突然現れたわけではないということである。それらは国連憲章をはじめ，幾多の国際法規範のなかで形作られてきた戦争法規と類似ないし重複している。さらにこうした法的基盤も，その淵源を「正戦論」と呼ばれるさらに古くからの知的伝統に負っている。そこで本章では，平和・安全保障をめぐる規範的議論として，いついかなる場合に武力行使が許されるのかを，以上の三要件と照らし合わせながら考察してみたい（なお，本章では個別的自衛権のみ取り上げ，平和安全法制時に焦点となった集団的自衛権は取り上げない）。

2. 正当原因

（1）正戦論の伝統

　戦争の正義という主題は，正戦論と呼ばれる知的伝統を形作ってきた。正戦論とは，戦争においても正・不正の道徳判断を行うことができるという前提のもと，現実の戦争をより正しいものとより不正なものとに選り分ける一連の基準を示すことで，戦争そのものの強度と範囲に制約を設けようとする理論である。もちろん，どのような戦争であっても，自国や他国において深刻な人的・物的被害を引き起こすものである以上，忌むべきものであることは当然である。にもかかわらず，正戦論者は，忌むべき戦争のあいだにも，許されるものと許されないものがあると主張する。

　正戦論の歴史的出自は，古代ローマ帝国末期のキリスト教にある。異

民族（ゲルマン民族）の侵入による帝国存亡の危機に直面して，はたしてキリスト教徒が従軍することは許されるのかどうかが，大きな問題となったのだ。さらに時代が下ると，国際法の父と呼ばれるフーゴー・グロティウスが，世俗的自然法の観念に基づいて正戦の一連の基準を提示する。グロティウスの登場と前後して，正戦論は，神学的教義から法学的教義へと次第に転換していった。現在，正戦論の教義は，その多くが国連憲章や国際人道法といった各種の国際法規範のなかに反映されている。

　戦争の正義は大きく二つの問いに分類される。すなわち，戦争それ自体の正しさを判断するための開戦の正義（ユスアドベルム）と，戦争が開始されてから生じる個々の戦闘行為の正しさを判断するための交戦の正義（ユスインベロ）である。戦争は二重の基準で評価される。たとえ大義名分を掲げた戦争の一環であっても，個々の戦闘行為として許される行為と許されない行為がある。私たちは「正しい」戦争を「正しく」戦わなければならない。本章ではそのうち，武力の行使の三要件に直接関連する開戦の正義に的を絞って議論を進める。

（2）自己保存と自衛

　それでは，戦争の開始を正当化するのに相応しい原因とは何だろうか。グロティウスによれば，「多くのものは，戦争の三つの正しき原因を認めている。即ち，防衛，財産の回復および刑罰である」（グローチウス 1996: 245 頁）。国内社会の個人と同様に，国際社会の国家も，自らの権利が不当に侵害された場合，その権利を保全するために何らかの手段をとることができる。とりわけ，無政府状態（アナーキー）を特徴とする国際社会では，権利侵害の可能性が恒常的に存在し，その場合には武力を用いた自力救済が必要とされ，正当化される。

　グロティウス以降，法学的教義へと転換した正戦論は，18 世紀から19 世紀にかけてさらなる変質を遂げた。すなわち，国際社会において，それ以上の対外的・対内的権威を許さない主権国家が複数併存する主権国家体制が確立するのとは裏腹に，戦争原因の正当性の国際的判定者が

不在となるなか，いわゆる無差別戦争観が普及したことである。この戦争観のもとでは，交戦国のどちらが正しく，どちらが不正かを決定する根拠は存在せず，したがって両国は等しく（無差別に）扱われる。

　当時考えられていたのが，自己保存権（セルフプリザーヴェイション）の容認である。国際社会は社会契約論における自然状態に類推される。自然状態の個人が生存のために何事も行う自由を持つのと同様に，国際社会の国家も生存のために何事も行う自由を持つ。19世紀の国際法学者ウィリアム・エドワード・ホールは次のように言う——「国家ノ自己保存権ハ終局ニ於テ殆ト一切ノ国家ノ義務ニ勝ツモノナリ……自己保存権ハ特別ナル法規ノ泉源ト謂ハンヨリハ寧ロ他ノ一切ノ権利義務ノ上ニ在リテ之ヲ支配スル所ノ条件ナリト謂フヘシ」（ホール 1899: 363–364頁，訳語は変更した）。

　20世紀，二つの世界大戦の惨禍を経て，条約の制定や国際機関の設立により，今度は戦争それ自体を違法化しようという機運が高まる。国際連盟の設立（1919年）や不戦条約（1928年），国連の設立（1945年）がその例である。ただしそれは，侵略に対する自衛のための武力行使の余地を明示的に残すものであった。こうして，グロティウスが挙げた正当原因のうち，「防衛」を限定的に正当原因と認める正戦論的思考が復活したのだ。例えば，国連憲章には，次のような規定がある。

　　この憲章のいかなる規定も，国際連合加盟国に対して武力攻撃が発生した場合には，安全保障理事会が国際の平和及び安全の維持に必要な措置をとるまでの間，個別的又は集団的自衛の固有の権利を害するものではない。（第51条; 岩沢・植木・中谷 2020: 26頁）

　自己保存権とは異なり，自衛権は相手からの違法行為を前提とする，本質的に反応的（リアクティヴ）な行動である。他国からの干渉がないのに，自国の生存のために領土を拡大するような行動は，自衛ではなく侵略に数えられる。要するに，ここでは現状がどうであれ，先に手を出した方が不正なのだ。こうした考え方は，1974年に国連総会が採択した侵略の定義に関する決議でも確認できるほか，先に挙げた武力の行使の第一要件中に「わが

国に対する武力攻撃が発生したこと」が盛り込まれている点とも整合的である。

（3）他衛の場合

　問題は，武力行使が純粋な自衛ではなく他衛の行動である場合である。第一の事例は集団安全保障である。これは，各国の軍備拡張や他国との軍事同盟ではなく，国連加盟国同士の協働により国際紛争の解決をはかる方式である。一加盟国に対して生じた違法行為は集団的に対処され，加盟国全体はその対処に参加・貢献する義務を負う。集団安全保障体制は米ソ冷戦のなかで長らく機能不全に陥っていたが，冷戦終結後の湾岸戦争（1991年）では，多国籍軍がクウェートに侵攻したイラクを撃退するなかで，ようやく本格的に発揮された。

　第二の事例は人道的介入である。人道的介入とは，一国内で大規模な人権侵害が生じており，当事国の政府が侵害の主体であるか，あるいはそれを阻止する意思や能力を持たない場合に，国家や地域機構などの国際社会が主体となって，人権侵害を阻止するための（とくに）軍事的干渉を行うことである。冷戦終結以降，ボスニア，ソマリア，ルワンダなどで民族紛争や内戦が生じ，それに伴う民族浄化やジェノサイドのような人権侵害を外国が武力を行使して阻止することの是非が国際社会の論争の的となった。

　このように，近年の武力行使は，自衛に加えて他衛の側面を色濃く持つようになっている。自衛隊はその名のとおり日本の国土や国民を守ることを使命とするが，湾岸戦争を契機として，その活動の余地がPKOを中心に徐々に広がっていることもその表れである。そこで規範的議論として，正当原因を考える際，伝統的な自衛／侵略の二分法をどこまで維持し続けるのか，維持しないとなればどのような根拠でどのような原因を正当と認めるのか，あらためて問いなおす必要がある。

3. 最終手段

（1） 最終手段とは何か

　次に取り上げるのが，第二要件中の「他に適当な手段がない」という条件，すなわち最終手段である。戦争に頼ることが正当化されるためには，あらゆる平和的選択肢が使い果たされねばならない。ここでは，何らかの正当原因を所与として，目的追求のための戦争手段と，外交交渉・経済制裁など，戦争に満たない手段が比較される。「王の最後の議論」（ultima ratio regum）という格言にもあるように，国際紛争の解決手段として，戦争を含む武力行使は少なくとも建前上はやむをえない最終手段として位置づけられてきた。

　平和安全法制論議では，第二要件が「必要性」の条件に該当するとの理解が示されている（参議院 2015 年 8 月 19 日，岸田文雄外務大臣）。確かに国際法上の議論では，次節で取り上げる比例性とセットになって必要性が用いられることが多い（ニカラグア事件判決，オイル・プラットフォーム事件判決など）。とは言え，必要性それ自体は，自衛とは区別される「緊急避難」をも意味しうる多義的な概念であり，また第三要件中の「必要最小限度」との混同も招きやすい。そこで本章では，要件の内容をより明確にするため，それを最終手段として規定する。

（2） 最終手段への異論

　最終手段は長らく正戦の一般条件として自明視されてきたが，近年異論が向けられている（Aloyo 2015）。突如国境が破られたとする。どうすべきだろうか。字義通りに解釈すれば，最終手段はいかなる場合でも非軍事手段を最優先せよと主張する。紛争解決手段として武力行使に訴えるためには，同様の目的を達成する他の万策が尽きていなければならない。自衛国は侵略国に対して外交交渉を試みるべきだろうか。あるいは，戦略的な撤退も考慮すべきだろうか。侵略国はすでに武力を行使しているのに，自衛国に対して同様の武力行使を控えるよう求めるのは不合理であるようにも思われる。

　なぜ不正な侵略に対して武力的に対処することは許されるのだろう
か。第一の理由は，自衛国の道徳的地位に注目する。国連憲章による
と，自衛権は国家「固有の権利」（憲章仏語版では「自然権 au droit
naturel」）である。これが意味することは，自衛権それ自体は憲章が締
結される以前から各国家に備わっており，憲章は単にそれを追認したに
すぎないということだ。自衛は権利であり，それは権利が侵害された場
合に実力でその権利侵害を排除することも含意する。それゆえ，その行
使を本来的に差し控える必要はない。
　第二の理由は，侵略国の道徳的地位に注目する。侵略国は不正をなし
たことにより自ら権利を喪失し，その結果反撃を招いたのである。すで
に先行する違法行為はなされているため，自衛国が侵略国に武力を行使
したとしても，いかなる違法行為もなしていない。自衛行動により侵略
国に被害が生じたとしても，それはいわば「身から出た錆」であり，そ
の咎を負うべきなのは自衛国ではなく侵略国自身である。それゆえ，自
衛という正当原因が満たされた段階で，追加的に最終手段性を求めるこ
とは適当ではない。
　実際，古典的正戦論のなかでは，最終手段は（成功の蓋然性や比例性
と並んで）正戦の主要条件とは必ずしも見なされてこなかったとの指摘
もある（Johnson 1999: pp.34-36）。それは，戦争それ自体の正しさを判
定する道徳的基準というよりは，当事者が戦争を開始する際に追加的に
考慮すべき慎慮的基準にすぎなかったのである。こうした評価の当否は
措くとしても，正当原因のように，古典古代からつねに参照されてきた
中核的条件と比べて，正戦条件のなかにも比重の軽重があることは事実
だろう。

（3）ウェブスター公式

　以上の議論に対しては異論があるかもしれない。なぜなら，自衛の古
典的事例としてしばしば引かれる，カロライン号事件で示されたウェブ
スター公式には，最終手段への言及があるからである。事の顛末は以下
のとおり──1837年末，イギリス領カナダで反乱が生じた際，アメリ

カ国内から加わった 1000 名に及ぶ叛徒が，ナイアガラ川にあるカナダ領ネイヴィ島に立てこもった。連絡船に用いられたカロライン号はイギリス軍の襲撃を受け，10 名超の乗員・乗客が殺され，船体は破壊された。イギリス側はこれを自衛の一環として主張したが，アメリカ側は承服せず，5 年後にダニエル・ウェブスター国務長官は書簡中で次のように主張した。

　国際法の諸規則，特に，自衛の大法則から生じる国の領土保全の原則に対する例外が存在すると認められるけれども，これらの例外は，自衛の必要が切迫し，圧倒的で，手段を選択する余地がなく（leaving no choice of means），熟考の余裕がない場合に限定されるべきであるということは疑いなく正当である。（ケルゼン 2016: 51 頁，注 31 重引）

　ここでは，「手段を選択する余地がない場合」として，自衛行動の最終手段性が規定されている。しかし実のところ，事件の背景を仔細に眺めれば，これが自衛，すなわち侵略に対する反応的行動の典型例であったとは考えづらい。なぜなら，当時アメリカ政府はカナダの反乱からの中立を維持し，叛徒の取り締まりを強化していたからである。一部の個人が取り締まりを免れて叛徒に加わったからといって，アメリカがイギリスに対して国際義務に違反する違法行為をなしたとは考えられない。
　むしろ，ここでの問題は，違法行為の有無にかかわらず，自国の重大な利益を保全する緊急避難の事案として記述する方が正確である（浅田 2019: 465 頁; 岩沢 2020: 580, 704–705 頁）。緊急避難とは一般に，中立権の侵害や環境汚染のような国際義務違反の違法性を阻却ないし軽減する際に訴えられる。従来，緊急避難の法理が国際社会で通用するかどうかについては議論があったが，国際司法裁判所判決では次第に慣習国際法の反映として認められるようになり，2001 年に国連国際法委員会で採択された国家責任条文では違法性阻却事由のひとつに含められた。
　興味深いことに，自衛の場合とは異なり，緊急避難の場合には最終手段性が明示的に求められている。具体的に，国家責任条文は，「当該行

為が，重大かつ差し迫った危険から根本的利益を守るために当該国にとって唯一の方法（only way）である」場合（第25条第1項; 岩沢・植木・中谷 2020: 110頁），国際義務に合致しない行為の違法性を阻却する根拠として緊急避難が援用されうると規定する。相手の先行する違法行為が存在しない緊急避難においては，無辜の側に対して危害が及ぶため，その免罪条件は自衛の場合よりも厳密に限界づけられている。

　カロライン号事件は，戦後の国際社会で正当原因として認められた，侵略に対する自衛の典型例とは言えない。にもかかわらず，ウェブスター公式で「自衛の必要」と主張されている背景には，自己保存権を含む広義の自衛権と，戦争違法化以降の狭義の自衛権が，当時明確に区別されていなかったことがある。今日の用法で言えば別の文脈で論じる方が適切と思われるウェブスター公式が，にもかかわらず，その後自衛権行使の条件として引き合いに出されてきたことが，最終手段の是非をめぐる議論を複雑にしている可能性がある。

（4）最終手段の意義

　だからといって，最終手段の意義が損なわれるわけではない。第一に，他衛の場合にはそれが核心的役割を果たし続けていることが確認できる。具体的に，国連集団安全保障では，非軍事的措置（41条）がまず試され，次に「第41条に定める措置では不充分であろうと認め，又は不充分なことが判明したと認めるときは」軍事的措置（42条）に移る（岩沢・植木・中谷 2020: 24頁）。被害国以外の加盟国は，自衛を正当化するような急迫不正の侵害に直面しているわけではない。武力不行使を原則とする国連体制のもとでは，たとえ集団安全保障であっても軍事的措置よりも非軍事的措置が優先されるべきだと考えられているのだ。

　さらに，他衛という観点からは，人道的介入の場合も同様である。例えば，国連内外で議論が蓄積されてきた「保護する責任」論は，たとえ人道目的であったとしても，介入は最終手段であるべきだと明言する（中内・高澤・中村・大庭 2017: 19頁）。そもそも「人道」のための介入は，歴史的にしばしば帝国主義の口実となってきた。こうした歴史の歯止め

として，内政不干渉の原則が，戦後の国際社会でようやく確立されてきたのである。私たちは，大国が人道的介入に消極的すぎることのリスクにも気を配るべきだが，同時にそれを最初の手段とすることのリスクにも気を配るべきである。

第二に，自衛の場合にも最終手段性を尊重すべき理由がある。ただしそれは，自衛国の権利保全や侵略国の権利喪失とは別の観点から引き出される。例えば，非暴力を他の価値よりも優先する平和主義者であれば，たとえ正当原因が満たされても，さらに武力行使を回避すべき規範的理由を持っている。その実効性次第では，私たちは侵略に対して自衛戦争よりも非暴力抵抗によって対処すべきだと考えられるかもしれない（Lango 2009; Mouch 2006; Parkin 2016）。平和憲法を掲げるわが国が，武力の行使の三要件に最終手段を含めていることの意義は，こうした観点から評価することもできる。

4．比例性

（1）比例性とは何か

最後に取り上げるのが，第三要件中の「必要最小限度の実力行使にとどまるべき」という条件，すなわち比例性である[1]。平和安全法制論議では，第三要件は「国際法の用語で言えば，武力の行使の態様が相手の武力攻撃の態様と均衡が取れたものでなければならないという均衡性を意味する」と理解されている（参議院 2014 年 7 月 15 日，安倍晋三首相）。武力行使は常に人的・物的被害を伴う以上，正当原因を満たしたとしても無制限であるというわけにはいかない。こうした考え方は,「雀を撃つのに大砲を使ってはならない」という標語で知られている。

国内法では，「必要最小限度」との文言は，個人の正当防衛について規定した「やむを得ずにした行為」（刑法第 36 条 第 1 項）の解釈のなかで，「相当性」を意味するものとして用いられている（最判昭和 44 年 12 月 4 日）——ちなみに，緊急避難について規定した刑法第 37 条 第 1 項では，同じ表現が最終手段に当たる「補充性」として別様に用いられることに注意したい。相当性は，緊急避難の場合のような厳格な法益権衡を

要求していないが，正当防衛と過剰防衛を区別するための判断基準として，ある程度緩やかな比例性を組み込んでいる（前田 2019: 第4章 第3節 第5項）。

（2）何と何の釣り合いか

　比例性に関して問題になるのが，何と何の釣り合いかという点である。先の国会答弁では，「武力の行使の態様」と「相手の武力攻撃の態様」を釣り合わせること，もう少し平たく言えば，やられた分だけやり返すしっぺ返し（ティットフォータット）を意味しているとされる。個人の正当防衛の場合，こうした理解が直観にかなうように思われる。例えば，素手による攻撃に対して刃物で反撃した場合，もし「武器対等の原則」に厳格に照らすならば過剰防衛と認定されうる。しかしながら，警察や司法の後ろ盾を前提にできない国際社会についても同様の原則が当てはまるだろうか。

　この点に関して，国際法学では二つの説が知られている。一方で原因行為説は，比較の視点を過去に向け，先行する違法行為の重大さと対抗的武力行使の釣り合いとして捉える。個人の正当防衛における武器対等の原則と類似した考え方だと言えよう。他方で目的説は，比較の視点を将来に向け，達成しようとする戦争目的の重大さと手段的武力行使の釣り合いとして捉える。復仇のような対抗措置の場合には原因行為説が採用されるが（ナウリラ事件判決，国家責任条文第51条），自衛のための武力行使の場合には目的説が有力である（Greenwood 2012: p.109）。

　自衛の場合と復仇の場合で比例性の考え方が異なるのは，後者が権利の回復や刑罰といった，狭義の自衛を逸脱する側面を大なり小なり含んでいるからかもしれない。かつてグロティウスが「司法的解決が失敗した時に，戦争が始まる」と言っていたように（グローチウス 1996: 245頁），戦争違法化以前の国際社会では，違法行為に対して集団的に対処する術が乏しかったため，被害国は，こうした準司法的側面に関しても自力救済に訴えるほかなかった。ちなみに今日では，各国は武力の行使を伴う復仇行為を慎む義務を負っている（友好関係原則宣言1原則）。

　付言すると，個人の正当防衛でも，それを個人主義的観点から捉える

か社会的観点から捉えるかによって，比例性の評価は異なってくる（フレッチャー 1991: 第2章）。前者の観点は，個人の権利を擁護することを重視する。その結果，もし個人の権利のために必要であると認められれば，比例性はそれだけ一層緩和される。後者の観点は，防衛者と攻撃者を同じ社会の成員として捉え，正当防衛を総体的な社会的利益の面から評価する。そのため，軽微な攻撃に対して致死的な反撃を加えることは，攻撃者の利益に鑑みて過剰であると判断されうる。

（3）戦争目的と戦争手段

　比例性を目的説から理解した場合，問題は「必要最小限度」の具体的な線引きである。武力行使の比例性は戦争目的の関数であり，それ自体が絶対的上限を設けているわけではない。戦争目的を大きく見積もるならば，それだけ苛烈な武力行使が正当化される。それゆえ，国家存亡の危機に直面するような極端な状況下など，目的次第では「均衡性の原則は，それ自体としては，あらゆる状況において自衛における核兵器の使用を排除することは，できない」とすら言われることもあるのだ（バロース 2001: 225頁）。それゆえ決定的なのは，戦争原因が何であり，その正当性がどこまで及ぶかである。

　はじめに述べたように，安全保障は人間にとって基本的ニーズである。しかし，規範的議論を進めるにあたり，その前提はあくまでも出発点にすぎず，さらなる考察を必要としている——そもそも平和であるとは，安全が保障されるとは，どのような状態のことなのか。国家は何から何を守ろうとしているのか。どのような武力行使が，どのような理由で許され，あるいは許されないのか。平和安全法制時には，既存の憲法解釈とその変更の是非をめぐって憲法学者や国際政治学者が様々に論戦を繰り広げた。本章で見てきたとおり，加えて規範的観点から，平和・安全保障の是非について論じうること，論ずべきことも決して少なくない。

〉〉注

(1) 比例性は国際法分野では「均衡性」と呼ばれることが多い。ただし政治学では，「均衡」については「勢力均衡バランス」や「市場均衡エクイリブリウム」といった別の文脈での用法が普及しており，逆に「比例」については「比例的正義プロポーショナル」や「比例代表プロポーショナル」といった用語が定着している。そこで本章では，引用部分を除いて比例性の呼称を用いている。

研究課題

1．正戦論に依拠しながら，日本の自衛隊における「武力の行使の三要件」の意味を整理してみよう。
2．個人の正当防衛では一般的に，被害者が現場から立ち去ることで被害を回避する退避義務は生じないとされる。自衛国が侵略国に対して一定領土を明け渡すことで，過酷な本土決戦を伴う全面戦争を回避できる場合，自衛国に退避義務は生じるだろうか，生じないだろうか。
3．国家存亡の危機に直面した国家が核兵器を使用することは，比例性の観点から許されるだろうか。核兵器使用の合法性に関する国際司法裁判所の勧告的意見（1996 年）の概要を調べつつ，各自の意見を論じてみよう。

参考文献

Aloyo, Eamon（2015）"Just War Theory and the Last of Last Resort." *Ethics and International Affairs* 29/2: pp.187–201.

Greenwood, Christopher（2012）"Self-Defence." In *The Max Planck Encyclopedia of Public International Law*, vol. 9, ed. Rüdiger Wolfrum, Oxford: Oxford University Press: pp.103–113.

Johnson, James Turner（1999）*Morality and Contemporary Warfare*, New Haven: Yale University Press.

Lango, John W.（2009）"Before Military Force, Nonviolent Action: An Application of a Generalized Just War Principle of Last Resort." *Public Affairs Quarterly* 23/2: pp.115–133.

Ministry of Defense（2020）*Defense of Japan 2020*, Tokyo: Nikkei Printing.

Mouch, Philip M. (2006) "Last Resort and Just War." *Public Affairs Quarterly* 20/3: pp.235–246.

Parkin, Nicholas (2016) "Non-violent Resistance and Last Resort." *Journal of Military Ethics* 15/4: pp.259–274.

浅田正彦編（2019）『国際法　第 4 版』東信堂。

岩沢雄司（2020）『国際法』東京大学出版会。

岩沢雄司・植木俊哉・中谷和弘編集代表（2020）『国際条約集　2020 年版』有斐閣。

グローチウス（1996）『復刻版　戦争と平和の法　1』一又正雄訳，酒井書店。

ケルゼン，ハンス（2016）『国際法原理論』長谷川正国訳，信山社。

酒井哲哉（1991）「『九条＝安保体制』の終焉──戦後日本外交と政党政治」（『国際問題』372 号：32–45 頁に所収）。

中内政貴・高澤洋志・中村長史・大庭弘継編（2017）『資料で読み解く「保護する責任」──関連文書の抄訳と解説』大阪大学出版会。

バロース，ジョン（2001）『核兵器使用の違法性──国際司法裁判所の勧告的意見』浦田賢治監訳，早稲田大学比較法研究所。

フレッチャー，ジョージ・P（1991）『正当防衛──ゲッツ事件とアメリカ刑事司法のディレンマ』渡辺修・佐藤雅美訳，成文堂。

防衛省編（2020）『日本の防衛──防衛白書　令和 2 年版』日経印刷。

ホール，ウィリアム・エドワード（1899）『國際公法』立作太郎訳，東京法學院。

前田雅英（2019）『刑法総論講義　第 7 版』東京大学出版会。

8 | 気候変動

井上　彰

　地球温暖化を含む気候変動は，頻発する大型台風による被害に代表される
ように，われわれの生活を脅かすものとなっている。その原因とされる二酸
化炭素をはじめとする温室効果ガスの排出規制をめぐっては，必ずしも各国
の足並みは揃っていない。本章では，温室効果ガスの排出規制や配分をめぐ
る気候正義論を検討し，気候変動への規範的視角の重要性に迫る。
《キーワード》 応益原則，温室効果ガス，気候正義論，世代間正義，大気シ
ンク，非互恵性問題，非同一性問題

----

1. 気候変動をとりまく現状

　気候変動が地球環境に深刻な影響を与えることは，多言を要さな
い。気候変動にかんする政府間パネル（Intergovernmental Panel on
Climate Change: IPCC）は，5 〜 6 年ごとに，その間の気候変動にかん
する科学研究から得られた最新の知見を踏まえたうえで，評価報告書を
出している。第五次評価報告書（2012 年）では，温室効果ガスの排出
が過去 80 万年間で前例のない水準まで増加し，1880 年から 2012 年ま
でに，世界平均地上気温は 0.85℃上昇していることが明らかとなった。
1.5℃特別報告書（2018 年）では，人間活動により，工業化以前の水準
よりも約 1℃（可能性の幅は 0.8℃から 1.2℃）温暖化したと推定している。
そして地球温暖化は，現在の水準で続けば，2030 年から 2052 年の間に，
その報告書の名に由来するとおり 1.5℃上昇する可能性が高い。

　日本でも，気候変動がもたらす影響を直接経験することが多くなって
いる。日本列島各地に被害をもたらしている大雨や台風の発生は，その
典型例である。そうした事態を受け，日本政府も温室効果ガスの削減を

中心とした環境規制策を打ち出している。例えば，2020年10月に打ち出された，2050年までに温室効果ガスの排出を実質ゼロにする「カーボンニュートラル」政策は，そうした政策の代表例である。その一方で，新型コロナウイルス感染症の長引く影響により，日本をはじめ世界的に，気候変動対策が後回しになっているのも事実である。

　問題は，地球温暖化を引き起こす気候変動が，われわれの生活を脅かす（している）ことである。例えば，栄養不良による心身の不調（子供への影響），死・病気・負傷の増加，下痢性疾患の増加，（オゾンの高濃度化に伴う）心臓・呼吸器系疾患の増加，伝染病の分布の変化は，人体に直接影響を与える変化である（US Environmental Protection Agency, "EPA Finds Greenhouse Gasses Pose Threat to Public Health," April 17, 2009）。気温や降雨量の変化によって，食物生産にも影響が出ている。これらの変化は，地球温暖化によるメリット——寒さによる死の減少や二酸化炭素の濃度が高まることで，植物の生育にとって望ましい効果が出ること——や，技術革新のメリット——品種改良や新しい農薬・飼料の開発——をはるかに凌駕するデメリットをわれわれにもたらす。また地球温暖化は，居住場所にも深刻な影響をもたらす。例えば，沿岸低地帯の土壌浸食により適応が困難になり，移住を余儀なくされるケースが発生している。発展途上国は，技術的にも資金的にも適応が難しく，そうした影響の出方がより深刻である。

　気候変動の場合，こうした悪影響が一国にとどまることなく，グローバルに広がるのも特徴的だ。実際，気候変動の問題として頻繁にクローズアップされるのは，先進国と発展途上国の対立である。例えば，ヨーロッパの多くの先進国では，環境規制を伴う政策に熱心だが，アフリカなどの発展途上国では，経済発展を優先したい事情がある。しかし，気候変動による地球環境の悪化は，国境を無視する。それゆえ，気候変動を抑制するには，国際的な取り決めが不可欠である。だが，2015年に採択されたパリ協定の運用をめぐる議論に代表されるように，発展途上国の多くは，経済発展のためにも，発展途上国に緩い実施ルールにすべきだと主張する。その一方で先進国サイドは，発展途上国の

排出量が増えている現状に鑑みて，発展途上国にも厳しい実施ルールにしないと温暖化は抑えられないと主張する。こうした先進国と発展途上国の対立に加えて，一部の先進国において高まる一国中心主義——例えば，トランプ政権下のアメリカの「アメリカ・ファースト」——が，そうした取り決め，およびその履行を難しくしている。

　しかも，気候変動がもたらす問題は，世代をまたぐという点で世代間の問題でもある。気候変動の影響は，累積的に将来世代，それも遠い将来世代にまで及ぶ。その影響は一定ではなく，負の影響が突然現れることもありうる。実際，大気中の二酸化炭素の濃度が中和されるためには，200 ～ 300 年かかると言われており，それを可能にするキャパシティ——「大気シンク」と呼ばれるもの——を超えると，突如「あふれ出す」危険性がある。つまり，われわれが化石燃料を好きなだけ使えば使うほど，発展途上国沿岸部の住民の健康や生活を脅かすだけでなく，彼らの子孫にも負の影響を（それも突如現れる形で）及ぼすのである。

2.　排出権をめぐる共時的問題——気候正義論 1

　では，気候変動をめぐる問題に対し，分析的政治理論は，どのような規範的指針を示すのだろうか。分析的政治理論は気候変動をめぐる問題に対し，温室効果ガスの排出に伴う負担を適正に配分する正義原理を探究してきた。具体的には，排出量（権）の適正な割り当てにかんする議論である。いわゆる「気候正義論」である。

　気候正義論の論点には，排出権をめぐる共時的問題と通時的問題がある。排出権をめぐる共時的問題とは，排出量の配分を，いまいる人々（地域，国）同士でどう割り当てるべきか，という問題である。排出権をめぐる通時的問題とは，過去の排出によって地球温暖化を引き起こしたことに対する責任の問題や，現在世代の排出による将来世代への影響を踏まえて，排出量の配分の割り当てにどのような重みづけを付すべきか，という問題である。前者はグローバル正義の問題として，後者は世代間正義の問題として，気候正義論において活発に議論されてきた。

（1）平等排出原理

　まずは，排出権をめぐる共時的問題に焦点を当てよう。共時的問題への応答を試みるものとして，三つの代表的な配分原理がある。第一が，人口一人当たりの平等な割り当てを主張する平等排出原理である。この原理を提唱した研究者のなかで，功利主義者ピーター・シンガーの議論が最も有名である（シンガー 2005: 第2章）。ほかにも，大気を共有財産（コモンズ）としてみて，その利用権は平等に保障されるべきだとする考え方（Vanderheiden 2008）や，生まれ育ちによって温室効果ガスの排出量の割り当てが左右されてはならないとする考え方（Gosseries 2007）がある（宇佐美・児玉・井上・松元 2019: 247-248 頁）。ここでは，シンプルで，かつ，影響力のあるシンガーの議論に注目する。

　シンガーは，「2050 年における国別の人口増加についての国連の予測を踏まえての，大気シンクの許容能力の割り当てに対する人口一人当たりで平等な未来の権原を保障するもの」として，平等排出原理を提示する（シンガー 2005: 55 頁）。これは，現在を基準に人口一人当たりの平等な割り当てを計算してしまうと，人口増加が見込まれる発展途上国にとって不利な平等排出原理となってしまうためである。また，一人当たりの割り当てを機械的に適用してしまうと，ある国が人口増加を奨励する政策により，その国の排出許容量が増えてしまう。それゆえ，将来の人口予測を客観的に算定したうえで割り当てを決める平等排出原理が謳われるのだ。

　しかし，平等排出原理に対しては，排出を単純に等しくすることの根拠が不分明だとの批判がある。例えば，寒冷地での化石燃料の使用と温暖な地域での化石燃料の使用も，平等な割り当ての対象にしてしまってよいのだろうか。寒い地域に住んだことがある人，あるいは現にいま住んでいる人にとって，冬の暖房費がばかにならないことはなじみ深い事実である。そうした人たちにとっては，地域差を踏まえない，排出の等しい割り当てによる環境規制は受け入れがたいと思われる。

　もちろん，排出権取引によって問題解決を促すことも考えられる。実際，シンガーは，グローバルな排出権取引によって，平等排出原理の実

現性を高める主張を展開している（シンガー 2005: 59-60 頁）。しかし，生存に必要な温室効果ガスの排出とそうでない排出とを一緒くたに扱うことは，公正なこととは言えないだろう。

（2）尊厳排出原理

そこで，平等排出原理にとって代わるものとして提案されるのが，尊厳排出原理である。この原理は，万人に等しく，尊厳ある生のための排出を保障するように求める。この原理を提唱したのは，ヘンリー・シューである（Shue 2014; シュー 2019）。

シューは，温室効果ガス排出の経済学的アプローチ——とくに費用対効果アプローチ——に対し批判的である。というのも，費用対効果アプローチは，温室効果ガスの発生源に「質的な」違いがあることを無視するからである。言うまでもなく，温室効果ガスの発生源には生活のために必要なものと，そうでないものとがある。例えば，農業は（温室効果ガスの代表例である）メタンの発生源であるが，農畜産物には人々の生活のニーズに直結するもの——例えば，小麦——と，奢侈品と呼ぶべきもの——例えば，高級ステーキ用のブランド牛——とがある。また，その国の比較優位や発展段階を踏まえるならば，同じ農産品でもその死活的重要性には違いがある。それゆえ，シューは，同じ温室効果ガスの排出でも，生存のための排出と贅沢のための排出とを分けるべきだと主張する（シュー 2019: 25-31 頁）。

その区分を踏まえてシューが提案する原理こそ，尊厳ある生の排出を万人に等しく保障するように求める尊厳排出原理である。上記の例からもわかるように，われわれは現状において，化石燃料を使うことなくしては尊厳ある生活を送ることができない。その一方で，温室効果ガスの排出が増大し，それにより地球環境の変動が引き起こされ，排出がゼロサム化している。そうしたなか，世界を取り巻く状況は，エネルギー政策を牛耳る富裕層による「大気シンク」の専有である。それゆえ，シューは，尊厳ある生のための排出を万人に保障する一方で，富裕層の奢侈的消費によって生じる貧困層の犠牲を抑えたり，それに対する補償（貧困

層への資源移転）を実践するためのグローバル・グリーン・ニューディールの必要性を訴える（Shue 2014: pp.334-337）。

しかし，尊厳排出原理に対しては，主に二つの問題点が指摘されている。第一に，尊厳ある生のための排出量をどのように決めればよいのか，という問題である。この問題の背景には，尊厳ある生という曖昧な基準では，各自に割り当てられる排出量が恣意的に決められてしまうのではないか，という懸念がある。例えば，先に触れた，寒冷地と温暖地での排出に対するニーズの差を踏まえると，尊厳ある生の基準に基づく排出は，地域によってかなりばらつきが出る可能性がある。となると，尊厳排出原理は，公正な配分原理を構成しえないのではないか（Caney 2012: p.264）。

第二に，より深刻なのは，尊厳ある生のためとは言え，排出のコストを無視してよいのか，という問題である。生存のための排出と贅沢のための排出との違いを踏まえることが公正の観点から求められるのならば，なぜその観点が排出に伴うコストへの配慮にまで及ばないのか。例えば，生存のためとはいえ，排出によって「大気シンク」をオーバーしかねない農業・工業生産を許容してよいのだろうか。公正さは，そうしたコストに対しても考慮するように求めるのではないか。

（3）負担の公正分割原理

そこで提案されるのは，そうしたコスト面も勘案して排出量の配分を追求する負担の公正分割原理である。負担の公正分割原理を支持するマルティーノ・トラクスラーは，コスト感応性と尊厳ある生のための排出の理念とを融合させた構想を提示する。負担の公正分割原理に従えば，すべての関与者（国）は，排出削減の機会費用（もしくは，適応に必要な資源確保のための負担）に反比例する仕方でコストを負うべきである（Traxler 2002）。

機会費用とは，選択肢（機会）を失ったことで被る損失のことである。それゆえ，排出削減による機会費用は，いかなる排出かによってその損失価値は変わってくる。生理学上あるいは社会的にみてそれを避けるこ

とが（その社会において）生存を否定することになるような排出活動は，機会費用が高い（Traxler 2002: pp.106-107）。そのカテゴリーには，最低限の衣食住のために必要な排出活動に加えて，各国の経済活動を支えている生産活動も含まれる。グローバル経済において，特定の工業製品に比較優位を持つ国にとって，その製造による排出が多いとしても，別の産業にシフトすることは往々にして困難である。この場合，その国が当該産業への環境規制に基づく変化に適応するためのコストは非常に高くつく。したがって，発展途上国の場合，単なる排出量の平等分割では，経済が立ち行かなくなるおそれさえある。

　以上からもわかるように，機会費用の高低を踏まえて排出削減のコストを変えることは，（発展途上国を含む）あらゆる国の合意を得るためには不可欠である。負担の公正分割原理は，まさにそうした合意を導く実践的原理として考案されたものである。その背景には，負担の公正分割原理によって，グローバルな協定をめぐって各国で交渉力に差がある状況が補正される，という考えがある。そのことからもわかるように，この原理は，交渉力の弱い発展途上国に配慮した協定を推奨する。

　より重要なのは，負担の公正分割原理によって，非協力により「利益」が生まれてしまうような状況を回避する仕組みを構築しうる点だ。負担の公正分割原理は，端的に言うと，負担に伴う限界コスト——1単位の負担を負うことでコストが増える分——を等しくすることを求める。それゆえ，その負担分から逸脱する国が出ないかどうかを，国際的にモニタリングすればよい。これにより，負担分を逸脱する行為——ゲーム理論では「裏切り」と呼ばれるもの——が出にくくなり，各国が適正な負担を担うようにプレッシャーを与えることが可能となる（Traxler 2002: pp.126-131）。

　はたしてこの洗練された原理により，協力体制の崩壊を回避しうる規範的指針は得られるだろうか。そこには疑問の余地をなしとしない。なぜなら，「裏切り」による利益が「協力」に比して大きい場合，モニタリングによってその国の品格が下がるような報道がなされたとしても，「裏切り」を選ぶ国が出てくるだろうからだ（Gardiner 2010: p.15）。ト

ランプ時代のアメリカが「アメリカ・ファースト」を掲げて，パリ協定から離脱したように，だ。

　より問題なのは，負担の公正分割原理には，各国のそれぞれ辿った経緯が特段，反映されない点だ。トラクスラーがその点を等閑に付すのは，国際的な枠組みへの積極的コミットメントを先進国から調達するためである（Traxler 2002: pp.118-123）。しかし，この実践的な考慮は，発展途上国のコミットメントを遠ざけるという副作用を生みかねない。なぜなら，発展途上国が先進国の過去の排出問題を不問に付すはずがないし，仮に過去の排出責任を不問に付して合意に至ったとしても，その合意事項が彼らの将来世代にどのような影響を与えるのかが，別途問われてくるからだ（Gardiner 2010: pp.15-16）。

　このことが提起するのは，コストの公正な負担を追求するのであれば，過去の排出問題や排出削減による将来世代への影響も併せて考えるべきではないか，ということにほかならない。すなわち，公正な排出の配分原理は，世代間の問題を無視しては成立しない。以上を踏まえると，排出にかんする適正な配分原理は，通時的問題をも射程に入れなければならないことがわかる。

3. 排出権をめぐる通時的問題——気候正義論2

　排出権の通時的問題が世代をまたいだ配分問題であることは，すでに確認した通りである。そして，それは世代間正義の実践的問題として，気候正義論において活発に議論されてきた。その背景には，哲学的に無視できない根本問題が三つある。気候正義論は，その哲学的問題に呼応する形で発展してきた。

（1）過去世代と現在世代の非同一性——過去の責任問題——

　まず，過去世代と現在世代が同一でない，というごく当たり前の事実がある。これにより，なぜ過去世代の排出に対し現在世代が是正責務を負うのか，という問いが惹起される。

　なお，気候正義論においては，この過去の責任問題に対処する原理

として，応益原則が提示されてきた。応益原則によれば，排出に伴う利益——先進国が歴史的に継承した制度による恩恵も含む——を踏まえて，現在世代がその利益に見合う負担を負うべきである（Page 2012: pp.306-307）。応益原則の利点は，過去世代や現在世代の知識や意図に関係なく，利益を享受していることをもって，その受益分の負担を求める点にある。つまり，この原則に照らせば，当時や現在の知識ないし意図に関係なく，先進国により大きな負担が課される政策が支持される。それゆえ，われわれの直観にも適合的に見える。しかしながら，応益原則は正義原理としてはラフすぎる。実際，多種多様な要因に基づく気候変動（によって生じる問題）のあり方——まさにその多様性——には，必ずしも感応的でない。それゆえ，気候変動の問題に対応しうる正義原理としては不十分であるとの批判を受けている（Huseby 2016: p.338）。

（2）現在世代と過去世代の非同一性——非同一性問題——

　より厄介なのは，現在世代と将来世代が同一でないという事実に由来する第二の哲学的問題，すなわち，非同一性問題である。例証すると，われわれはいま，地球環境を破壊する経済活動に伴う排出を続けるか，それとも，気候変動への影響を最小限にする排出コントロールを行うか，という二つの選択肢に直面しているとしよう。問題は，われわれが前者と後者のどちらを選ぶかによって，将来世代の構成メンバーはもちろんのこと，人数までもが異なってくる点だ。これが，いわゆる「非同一性問題」である（パーフィット 1998: 第16章）。

　非同一性問題が含意するのは，環境破壊的政策（X）の方が環境保全的政策（Y）よりも将来世代にとって悪い事態だと簡単には言えないことである。なぜなら，Xによって生まれてくる将来世代（A）は，Yによって生まれてくる将来世代（B）とは，まったく異なる存在（群）だからだ。それゆえ，AにとってXがYよりも悪いとは言えないし，BにとってYがXよりも善いとは言えない。このことが意味するのは，ある変化が誰かにとって（不）利益にならない限り，その変化の善し（悪し）は決まらないとする人格影響原理が，（非重複）世代間では通用しない

ことである。

　人格影響原理は，政治学や経済学をはじめ，様々な分野で広く支持されてきた原理である。同様のことは正義論においても当てはまる（Temkin 2000: pp.132-136）。これまでの正義論は，人格も人数も同一という想定のもとで，いかなる正義原理が理に適っているかをめぐって論戦を繰り広げてきた。すなわち，正義原理の影響を受ける当事者が明確だったのだ。しかし，世代間，とくに現在世代と将来世代との間での排出の配分問題を検討するためには，その前提を外さなければならない。世代間正義を考えるうえで，非同一性問題は避けては通ることのできない問題なのだ。

　そこで，人格影響原理を放棄して，誰の（不）利益であれ，（不）利益それ自体の善し悪しで正・不正を判定する正義原理を導入すればよい，と考える向きもあるかもしれない。功利主義は，そうした正義原理を支持する代表的な理論である。功利主義は，功利を構成する利益や幸福が大きくなればなるほどより善い事態であり，その利益を可能な限り大きくする政策や制度こそが正しい，という功利原理を支持する理論である。功利原理には，善し悪しの判断は，人格の違いではなく利益（幸福）によって決まるとする非人格的特性が備わっている。すなわち，（不）利益が誰のものかに関係なく，事態の善し（悪し）が確定するのである。これにより，環境保全的政策（Y）の方が，環境破壊的政策（X）よりも端的に利益（幸福）を最大化する点で善い（Yの方が正しい）と言えそうだ。

　しかしながら，功利主義は，人数構成の違う事態間比較において，反直観的な評価を下してしまう。次の二つの仮想的事態を想定してみよう。Y1は，1億人しか存在しないが，皆がとてつもなく幸せな生活を送っている世界である。X1は，1兆もの人がいるものの，皆がかろうじて生活できる状態にある世界である。われわれは直観的に，Y1の世界を導く政策を採用すべきだと考えるだろう。しかし，功利主義はX1の方が利益（幸福）の総量が大きいとして，Y1よりもX1の方がより善い世界だと判定してしまう[1]。この結論をデレク・パーフィットは「いとわしい結論」と呼び，功利主義にとって代わる理論——理論X——を

模索する必要性を訴えたことで有名である（パーフィット 1998: 第17章；松元・井上 2019; 宇佐美・児玉・井上・松元 2019: 229-234 頁）。

（3）非互恵性問題

　非同一性問題とも関連する根本問題としてあげられるものに，非互恵性問題がある。非互恵性問題は，それが問題となる理論にとっては，非同一性問題と同様，厄介な問題である。先の例で確認すると，われわれが環境保全的政策をとったとして，（われわれ現在世代と非重複の）将来世代は，その恩恵に報いる仕方でわれわれ現在世代に対し何らかの貢献を行いうる存在ではない。同様のことは，現在世代と過去世代との関係についても当てはまる。となれば，一定の協働関係を構築することでより大きな利益を生み出し，その利益をシェアする枠組みを支えるという互恵性の理念は，世代をまたいでは成立しないことになる。

　また，互恵性は，協働関係にある当事者がその枠組みを支える義務を負う代わりに，協働により生み出される利益の応分のシェアを保障することを求める理念である。しかし，過去世代が生み出した利益なり環境破壊なりに対し，過去世代なきいま，それがいかなる義務を生じさせるのか。過去世代はわれわれ子孫に意図せざる形で利益をもたらしたり，端的に排出の害悪に無関心だったりしただけではないか。あるいは，勝手に子孫のことを考えて行動したり，「後の世代が何とかしてくれる」として気候変動という「負の遺産」を一方的に押しつけただけではないのか。もちろんいまとなっては，どれが真実かはわからない。だが，いずれの理解も排除できない以上，互恵性が現在世代と過去世代との間で成立するとは考えにくい（Page 2008: p.563）。

　この非互恵性問題が問題となる理論こそ，互恵性を基本理念とする契約論（的正義論）である。

4. ロールズの契約論——正義にかなった貯蓄原理

　契約論とは，社会契約によって社会を支える原理を仮想的に構成する理論である。古くはトマス・ホッブズやジョン・ロック，そしてジャン

＝ジャック・ルソーにまで遡る議論だが，現代の契約論者を代表する
のは，言うまでもなくジョン・ロールズである（Rawls 1971; ロールズ
2004）。

（1）ロールズの契約論

　ロールズは，すべての自由で平等な人々が一定の協力関係によりより
多くの利益を享受しうる互恵的関係──秩序ある社会──を安定的なも
のにする正義原理を追求したことで知られている。そして，その原理は
原初状態──自分の生来の能力も社会的身分も知らないという「無知の
ヴェール」の背後──にて合理的に採択される，すなわち，公正な手続
きによって正義構想が導かれると主張した。ロールズはこれを，「公正
としての正義」と表現した。その正義構想とは，基本的自由を可能な限
り等しく保障することを謳う第一原理と，公正に機会均等が保障され，
そのうえで最も不遇な者に最大限の利益が行き渡っている場合，不平等
は容認されるとする第二原理（公正な機会均等原理と格差原理に分かれ
る）から成る。原初状態の当事者は，自由かつ平等な存在であることか
ら，第二原理が充たされても第一原理が充たされていない状況をよしと
しない。それゆえ，正義の第一原理は，第二原理に優先する形で適用さ
れる（Rawls 1971: pp.302-303 ＝邦訳402-405頁; ロールズ2004: 75-76頁）。
　このロールズの契約論の最たる特徴は，契約当事者，すなわち，われ
われが互恵的関係を構築しうることを所与として正義原理を選定する点
にある。それゆえ，われわれが存在しない状況（歴史）を想定して，わ
れわれにとって合理的に受容しうる正義原理を探求することは，原理的
に不可能である（パーフィット 1998: 534-536頁）。非互恵性問題は，ま
さにその困難を表すものである。
　ロールズの契約論にとって非互恵性問題が深刻なのは，原初状態の特
性に求められる。ロールズは，原初状態の当事者に与えられている情報・
知識として，資源の穏やかな稀少性のもとで成立する合理性や，われわ
れの利他心には限界があるものの，最小限の正義感覚にかんしては備え
ている，といった心理性向を含む人間社会の一般的事実──正義の環境

――をあげる（Rawls 1971: pp.137-138 ＝邦訳185-186頁）。言い換えれば，人間社会の一般的事実だけを踏まえて，協働関係を安定化させる正義原理を選定する装置が原初状態なのだ。

　問題は，その協働関係が世代間にも広がりうるのか，そして，その前提として，当の人間社会の一般的事実が世代をまたいで成立するのか，である。スティーヴン・ガーディナーが指摘するように，世代間の協働は，最初の世代の協力をとりつけるのは困難である。関連して，協働をしない（ゲーム理論的に「裏切る」）ことの誘因が，世代内の場合よりもはるかに大きい。なぜなら，相手となるプレイヤー，すなわち，将来世代が不在だからだ（Gardiner 2009: pp.90-93; 2011: pp.36-37）。また，世代間正義の環境を規定する心理的一般性が，はるか遠くの世代にも共有しうるものなのかにかんしては，疑問を拭えない（Barry 1989: pp.192-194）。以上から，世代内協働を支える合理的・心理的動機を世代間でも共有しうる事実と見るのは困難ではないだろうか。ロールズの契約論が世代間正義の問題に応じるためには，こうした正義の環境の共有問題が重くのしかかってくる。

（2）正義にかなった貯蓄原理

　ではロールズの契約論は，非互恵性問題を中心とした世代間正義の問題にどのように応答するのだろうか。ロールズは，秩序ある社会の維持のための資本蓄積を要請する正義にかなった貯蓄原理によって，世代間正義の問題に応答しようとする（Rawls 1971: pp.284-293 ＝邦訳 381-392頁；ロールズ 2004: 279-283頁）。正義にかなった貯蓄原理は，正義の二原理によって統御された秩序ある社会をあらゆる世代で実現させるための付加的原理である。それは，現在世代に対し，過去世代や将来世代のために過度の犠牲が求められたり，その犠牲のうえに秩序ある社会が成立する事態を回避するための正義の制約原理である。

　具体的にはまず，どの世代に属しているかわからない無知のヴェール下で，社会全体が貧しいかそれとも相対的に豊かかがわからない状態を想定する。その状態で人々は，自分がどの世代であっても秩序ある社会

の一員であることを求める。その観点から，第一段階として，貧しい状態にあれば低い貯蓄率が，裕福な場合には高い貯蓄率が適用される貯蓄原理が選ばれる。第二段階として，いったん正義にかなった制度が確立されれば，純貯蓄を不要とするような貯蓄原理を採択する。この二段階の原理は，貯蓄率が世代を経るごとに実質的に上昇する蓄積段階と，秩序ある社会を恒久的に維持するために純貯蓄が不要となる安定段階から成る（Gaspart and Gosseries 2007: p.194; Attas 2009: p.207）。正義にかなった貯蓄原理は，この二段階構想により，いかなる世代の人々も無理なく遵守しうる原理となる，というのがロールズの見立てである。

　重要なのは，正義にかなった貯蓄原理自体，互恵性に基づかない点だ。正義にかなった貯蓄原理は，世代間で協働関係が成立しないことを前提とする制約原理である。これは，貯蓄の恩恵が前世代から後世代への一方向性によって特徴づけられることに由来する。ではなぜわれわれ現在世代は，正義にかなった貯蓄原理を採択するのだろうか。

　ロールズは当初，この疑問に応えるために，原初状態の当事者の動機にかんする想定に変更を加えた。すなわち原初状態の当事者は，子孫との直接的関係（例えば，親子）から類推される後続世代への感情的なつながりを有する，という変更である。これにより同一世代から成る原初状態の当事者であっても，正義にかなった貯蓄原理を採択する，と言うのだ（Rawls 1971: pp.289-290）[2]。

　しかし，この動機づけの変更に基づく正義にかなった貯蓄原理の導出は，まず第一に，アドホックな修正である。しかもその修正は，合理的動機や最小限の正義感覚といった人間社会の一般的事実だけに依拠する，という当初の想定と衝突する（English 1977: pp.92-93; Attas 2009: p.198）。第二に，全員が家系的配慮を有するという想定は自然なものではなく，特定の文化的価値に依存した想定である（McKinnon 2012: pp.36-37）。第三に，世代間が遠くなればなるほど，家系的配慮の想定には無理が出てくる（Heyd 2009: pp.175-176）。第四に，仮に家系的配慮を自然なものだとみなしうるとしても，そのことから将来世代への「正義の義務」をわれわれ現在世代に課す原理を引き出せるとする根拠が不

分明である（Barry 1989: p.192）。この第四の問題点は，正義にかなっ
た貯蓄原理が規範的原理であることを踏まえると，ロールズの契約論に
とって致命的である。

　こうした批判を受け，ロールズは，原初状態での動機づけの変更の提
案を放棄するに至る。

> ［原初状態の］当事者たちは，先行するすべての世代がその貯蓄原理
> に従ってきていて欲しいと考えなければならないことを条件として，
> 貯蓄原理に合意すべきである。当事者たちは，すべての先行世代が同
> 一のスケジュールに従ってきたとすれば，社会の進展に応じた富の各
> 水準でどれほど多くを（社会的生産物のうちのどれほどの割合を）貯
> 蓄する用意が自分たちにあるかを自問しなければならない。（ロール
> ズ 2004: 281 頁）

　世代間に適用される原理は，前の世代が従うことを欲するとわれわれ
が想定しうる原理を媒介にして，前の世代への不平と後続世代への正統
な期待を抱きうるものでなければならない。正義にかなった貯蓄原理は
まさにそうした原理である，というのがロールズの新しい主張である。
　しかし，仮に，このロールズによる議論が非互恵性問題を回避しうる
ものだとしても，ロールズの正義にかなった貯蓄原理が気候正義の問題
に十全に応答するものであるかどうかは別問題である。そもそもロール
ズの世代間正義の構想は，社会的協働が世代をまたいで持続することを
前提としている。この想定の問題点は，急激な気候変動により，そうし
た協働が果たせなくなったときに，いかなる規範的指針も示しえないこ
とだ。この点を踏まえると，ロールズの契約論には，その理論的特性ゆ
えの限界があることがわかる。仮にわれわれがロールズの正義にかなっ
た貯蓄原理（に類似の原理）を採用するとしても，秩序ある社会を揺る
がすような気候変動の変化に対応しうる正義構想が求められてくる。

5. 運平等主義

　前節では，ロールズの契約論に基づく世代間正義論が，気候変動に対応しうる正義論かどうかについて検討した。それにより明らかになったのは，正義にかなった貯蓄原理は，非互恵性問題を回避する仕方で提示されていることである。ところが，気候変動の急激な変化が見込まれる状況では，正義にかなった貯蓄原理には限界がある。これは，正義にかなった貯蓄原理を制約する正義の二原理が，互恵性を前提にしたモデルであることに起因する。

　それでは，互恵性に基づかない世代間正義論はありうるだろうか。運平等主義は，そうした正義構想を代表するものである。

　運平等主義は，1980年代から今日に至るまで，正義論において注目されてきた平等論である。運平等主義は，自発的選択と思しき範囲で不平等の責任は問われるが，それ以外の選ばれざる要因——（自然の）運として括られるもの——に基づく不平等は不正だとする考え方である（Knight 2009: ch.1; Lippert-Rasmussen 2016: chs.1-6; 宇佐美・児玉・井上・松元 2019: 第4, 5章）。

　この時点で，運平等主義が三つの哲学的問題に対処しうる理論的特性を有していることがわかる。第一に，運平等主義は，別の排出パターンをとりえたような過去の排出に対しては，厳正に責任を問うモデルとなっている。第二に，誰の自発的選択か，そして誰の運かは運平等主義において重要ではない。重要なのは，運の影響を可能な限り緩和することであって，それが誰に降りかかるかは問題ではない。第三に，運平等主義は，社会的協働の有無が運と選択の区分において決定的な役割を演じないため，互恵性とは無縁である。

　実際，運平等主義は，気候変動の正義として，直観適合的な原理を構成するように見える。例えば，地球温暖化によって，同一世代内の不平等が拡大しうることは先に確認した通りである。その最たる要因としてあげられるのは，先進国の排出削減への消極的な姿勢である。これにより，亜熱帯の貧しい地域，とくに沿岸低地帯の居住環境に悪い影響を与

え，不平等が拡大する。運平等主義は，こうした不平等を大きくした責任を先進国に突きつける。また，地球温暖化は，世代間格差を広げることも想定される。われわれが見てきたのは，先行世代の温室効果ガスの排出による後続世代の境遇悪化である。それにより，世代間格差は拡大する。運平等主義は，その責任は排出削減に消極的な前の世代にあると主張する。以上を踏まえると，運平等主義は，世代間・世代内を問わず，不平等の責任を適切に問うモデルであるかのように見える。

　しかし，運平等主義を世代間正義に適用すると，反直観的な含意が生じるケースが考えられる。それは，現在世代の排出削減を促す環境保全的政策（Y）により，環境破壊的政策（X）と比べて，将来世代一般の福利状況が世代を経るごとによくなるケースである。以下の図は，そうしたケースを表したものである。

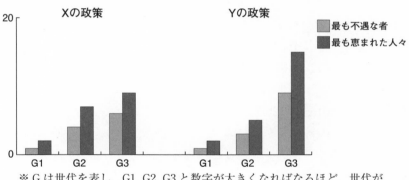

※ G は世代を表し，G1, G2, G3 と数字が大きくなればなるほど，世代が
　進んでいるということを表している。　　　　　　　　　　　　〈筆者作成〉

　このケースでは，前の世代（G1）が Y をとった場合，後続世代（G2と G3）内の不平等は，X をとったときよりも大きくなる。その一方で，Y を採用した場合，後続世代の（最も不遇な者を含む）人々の福利水準は，X を採用したときと比べて高い水準となる。しかし，世代間不平等（G1の平均と G2 の平均と G3 の平均の格差）は，X の方が Y よりも小さくなる。となると，運平等主義の観点からは，X の方が Y よりも望ましいことになる（Lippert-Rasmussen 2015: pp.111-113）。なぜなら，X の方が Y よりも，世代内・世代間ともに不平等が小さくなるからである。

こうした不平等は，後続世代にとって選ばれざる——すなわち，運による——不平等であることに注意されたい。つまり，このような（起こる見込みの高い）ケースでは，運平等主義は，Xという反直観的な政策をYよりも正しいとしてしまうのである。

上記の問題は，よく見ると，運平等主義が自発的選択の介在があったかどうかで不平等に不正があったかどうかを測るモデルとなっていることに由来する。そこで，カスパー・リッパート－ラスムッセンは，選択ではなく「落ち度」の有無で，不平等の不正性を測る運平等主義の構想を提起する（Lippert-Rasmussen 2015: pp.121-122）。すなわち，不平等が選択当事者の落ち度によってもたらされ，それが非当事者に降りかかる場合，かつ，その場合に限り，その不平等は不正だとする正義原理への改訂である。これにより，先の反直観的結論は回避される。すなわち，環境保全的政策による排出削減の選択は，後続世代に不平等をもたらすが，先行世代のその選択には落ち度はない。それゆえ，その結果，もたらされる不平等に不正性はないことになる。このように，リッパート－ラスムッセンは，選択を落ち度に組み換えた運平等主義に基づく世代間正義の構想は，われわれの直観にかなう原理になると考える（Lippert-Rasmussen 2015: pp.120-123）。

しかし，リッパート－ラスムッセンが認める通り，この改訂は運平等主義に，報償や賞罰の基礎となる（道徳的）功績の価値を混入させるものである（Lippert-Rasmussen 2015: p.121）。落ち度の有無にかんする評価自体，選択の自発性（自律や自由意志）だけでは決まらない——その点にこそ，運平等主義を世代間に適用させたときの問題性を回避する「仕掛け」がある。問題は，その仕掛けがいかなる根拠に基づいて支持されるのかが不分明な点である。もし，その仕掛けを支えるものがわれわれの道徳的直観でしかないとすれば，非同一性問題をはじめとする哲学的問題を，非原理的な判断によって回避することと何ら変わらない。言うまでもなく，世代間正義の構想を排出の配分原理として提示することは，気候正義論を探究するにあたっての生命線である。それゆえ，功績を支持する「仕掛け」を原理的に正当化することなくしては，リッパー

トーラスムッセンの改訂は受け入れられるものではないだろう。

*

　本章では，気候変動の正義にかんする排出の共時的問題と通時的問題
——世代間正義の問題として議論されてきたもの——を中心に，気候正
義論によるそれらの問題への応答を検討した。その検討によって明らか
となったのは，どの気候正義論も，（急激な）気候変動に対応しうる排
出の配分原理の理に適った構成には至ってないことである。

　もちろん，これを悲観的な診断として受け止めるべきではない。むし
ろ，本章の結論は，気候正義（論）の新しさと難しさを改めて確認する
ものである。その困難を引き受ける覚悟のある読者には，以上の議論を
踏まえたうえで，新しい気候正義論の構築に取り組んで欲しい[3]。

》》 注

(1)　例えば，Y1 で得られている利益を 1,000 ユニット，X1 で得られている利益を 1
　　ユニットだとして，両者の総量を比較してみよう。ここでは，利益を個人間で比
　　較できるものとして扱っている点に注意されたい。
(2)　この部分にかんしては，2010 年に公刊された『正義論』の翻訳にはない。な
　　ぜなら，翻訳は 1999 年に公刊された改訂版に基づくものだからだ。ロールズは，
　　該当箇所にかんして，1999 年の改訂版では削除している。その理由は，本文で以
　　下に示す通り，該当箇所の議論について様々な批判を受けたからである。
(3)　他の気候正義論——とくに世代間正義論にかかわるもの——については，本章
　　では扱いきれなかった。例えば，ロールズの契約論以外の契約論に基づく気候正
　　義論や，運平等主義以外の互恵性に基づかない気候正義論に関心がある読者は，
　　井上（2019）を参照されたい。

研究課題

1．気候正義をめぐる共時的問題に応答する三つの原理について，それ
　ぞれ批判が紹介されている。それらの批判が本当に成立しているかど
　うかについて，検討してみよう。
2．ロールズ『正義論』の概説書や原書を読んで，正義にかなった貯蓄

158

原理をどのようにすれば擁護できるのかについて，考えてみよう。
3．リッパート－ラスムッセンによる運平等主義の改訂の試みが，どうしたらうまくいくかについて，考えてみよう。

参考文献

Attas, Daniel (2009) "A Transgenerational Difference Principle." In Gosseries and Meyer (2009): pp. 189-218.

Barry, Brian (1989) *Theories of Justice: A Treatise on Social Justice, Vol. 1,* Berkeley, CA: University of California Press.

Caney, Simon (2012) "Just Emissions." *Philosophy and Public Affairs* 40(4): pp.255-300.

English, Jane (1977) "Justice between Generations." *Philosophical Studies* 31(2): pp.91-104.

Gardiner, Stephen M. (2009) "A Contract on Future Generations?" In Gosseries and Meyer (2009): pp.77-118.

Gardiner, Stephen M. (2010) "Ethics and Global Climate Change." In Stephen M. Gardiner, Simon Caney, Dale Jamieson, and Henry Shue (eds.), *Climate Ethics: Essential Readings,* New York: Oxford University Press: pp.3-35.

Gardiner, Stephen M. (2011) *A Perfect Moral Storm: The Ethical Tragedy of Climate Change,* New York: Oxford University Press.

Gaspart, Frédéric, and Axel Gosseries (2007) "Are Generational Savings Unjust?" *Politics, Philosophy and Economics* 6(2): pp.193-217.

Gosseries, Axel (2007) "Cosmopolitan Luck Egalitarianism and the Greenhouse Effect." *Canadian Journal of Philosophy,* suppl. 31: pp.279-309.

Gosseries, Axel and Meyer, Lukas H. (eds.) (2009) *Intergenerational Justice,* Oxford: Oxford University Press.

Heyd, David (2009) "A Value or an Obligation? Rawls on Justice to Future," In Gosseries and Meyer (2009): pp.167-188.

Huseby, Robert (2016) "The Beneficiary Pays Principle and Luck Egalitarianism." *Journal of Social Philosophy* 47(3): pp.332–349.

Knight, Carl (2009) *Luck Egalitarianism: Equality, Responsibility, and Justice,* Edinburgh: Edinburgh University Press.

Lippert-Rasmussen, Kasper (2015) "A Just Distribution of Climate Burdens and Benefits: A Luck Egalitarian View." In Jeremy Moss (ed.), *Climate Change and*

Justice, Cambridge: Cambridge University Press: pp.107-128.

Lippert-Rasmussen, Kasper（2016）*Luck Egalitarianism,* London: Bloomsbury.

McKinnon, Catriona（2012）*Climate Change and Future Justice: Precaution, Compensation, and Triage,* London: Routledge.

Page, Edward A.（2008）"Distributing the Burdens of Climate Change." *Environmental Politics* 17（4）: pp.556-575.

Page, Edward A.（2012）"Give It Up for Climate Change: A Defence of the Beneficiary Pays Principle." *International Theory* 4（2）: pp.300-330.

Rawls, John（1971）*A Theory of Justice,* Cambridge, MA: Belknap Press of Harvard University Press. 川本隆史・福間聡・神島裕子訳『正義論　改訂版』紀伊國屋書店，2010年。

Shue, Henry（2014）*Climate Justice: Vulnerability and Protection,* New York: Oxford University Press.

Temkin, Larry S.（2000）"Equality, Priority, and the Levelling Down Objection." In Mathew Clayton and Andrew Williams（eds.）, *The Ideal of Equality,* New York: St. Martin's Press: pp.126-161.

Traxler, Martino（2002）"Fair Chore Division for Climate Change." *Social Theory and Practice* 28（1）: pp.101-134.

Vanderheiden, Steve（2008）"Two Conceptions of Sustainability." *Political Studies* 56（2）: pp.435-455.

井上彰（2019）「気候変動の正義と排出をめぐる通時的問題：世代間正義を軸として」（宇佐美誠（編著）『気候正義：地球温暖化に立ち向かう規範理論』勁草書房：111-136頁に所収）。

宇佐美誠・児玉聡・井上彰・松元雅和（2019）『正義論：ベーシックスからフロンティアまで』法律文化社。

シンガー，ピーター（2005）『グローバリゼーションの倫理学』山内友三郎・樫則章訳，昭和堂。

シュー，ヘンリー（2019）「生計用排出と奢侈的排出」宇佐美誠・阿部久恵訳，（宇佐美誠（2019）：3-32頁に所収）。

パーフィット，デレク（1998）『理由と人格：非人格性の理論へ』森村進訳，勁草書房。

松元雅和・井上彰（編著）（2019）『人口問題をめぐる正義論』世界評論社。

ロールズ，ジョン（2004）『公正としての正義　再説』田中成明・亀本洋・平井亮輔訳，岩波書店。

9 | 概念分析

井上　彰

　分析的政治理論は，「自由」「平等」「正義」といったキータームを用いて，様々な政治的課題に向き合う学問である。そのキータームの意味内容が共有されていないと，議論がかみ合わなかったり，かみ合っているように見える場合にも，内容的にすれ違っているといったことが起こる。本章では，そうした事態を避けるための概念分析の重要性について確認・検討する。
《キーワード》　価値からの独立，価値中立，概念，キーターム，構想，必要十分条件

1．概念と哲学

　われわれは物事の本質を捉えるべく，様々な場面で物事を単純化して捉えている。複合的事象を捉えるためには，そうした営為は不可避である。他方，それが知的営為とみなされる場合，その正当性が問われてくる。その正当性を担保する分析ツールとして，科学哲学や分析哲学において活用されてきたのが概念分析である。振り返ってみると，われわれは日頃から人と接する場面で様々なキータームを使う。例えば，「最近の政治はおかしい」と言うときの「政治」が，その代表例だ。そのキータームの意味するところが人々の間で共有されていなければ，真の意思疎通など望みえないことは想像するにたやすい。それが科学の営みともなれば，その重要性は際だったものになる。用いられるキータームの意味共有が十分でないとしたら，科学者同士の論争の有意性に疑義が生じてもおかしくはない。

　それは分析的政治理論においても同様である。分析的政治理論は，われわれの行為や制度の評価，あるいは政策指針にかかわる規範的原理を

追究する学問である。「ある」ものではなく「あるべき」ものを明らか
にしたうえで，現実の善悪や正・不正の判断を下すその特性に鑑みれば，
「正義」や「自由」「平等」といったキータームの意味共有の重要性は，
いくら強調してもしすぎることはない。

　本章では，そうした意味共有の基礎を作る概念分析とはどういうもの
かについて明らかにしたうえで（2 節），分析的政治理論において概念
分析が意味するところを確認する（3 節）。そのうえで，今日の分析的
政治理論を形作ったと評されるジョン・ロールズによる「概念」と「構想」
の区分について，概念分析の観点から検討する（4 節）。さらに，概念
分析がこだわる価値中立性への疑義に応答し，その疑義が誤解に基づく
ものであることを明らかにする（5 節）。

2. 概念分析とは何か

　概念分析の対象となる「概念」とはそもそもどういうものか。概念とは，
われわれの思考の中で組み立てられるものである。われわれは互いに言
葉を使ってコミュニケーションを行う。その過程で，学習したり記憶し
たり意思決定を行っている。例えば，私のパートナーが，家のリビング
にいる食後の私に対し，「テーブルの上にあるお皿をこっちに持ってき
て！」と言ったとしよう。その際に，「テーブル」や「皿」といった「名
辞」で表現されるものが，妻と私の間で共有されていなければ，私はそ
の発話で求められている行動をとることは（少なくとも瞬時には）困難
である。このように概念は，われわれの普段の生活において頻繁に用い
られている。

　では，その概念を「分析する」とはどういうことか。端的に言うと，
概念が意味するところを確定すべく，特定の用語——通常は，キーター
ム——について丁寧に定義することである。定義し「尽くす」と言い換
えてもよい。もっとも上記の例を用いて，「概念分析＝定義し尽くすこと」
と説明したところで，あまりイメージは湧かないかもしれない。なぜな
ら，「テーブル」や「皿」には様々なものがあるものの，その用途は両
者とも自明だからだ。

　もっとも，そうした例でも，概念分析を進めるうえで無視できないポイントはおさえられる。概念は，様々な例や現象の多様性を捨象して表すものである。例えば「蜃気楼」には，様々なヴァージョンがある。しかし，現れる場所，時間，様態，見る人が違っていても，「蜃気楼」と名指しされるものに共通する意味内容こそが概念である。このように，様々な関連する事例や現象をカヴァーしうるように丁寧に定義を与えることが，概念分析の第一歩である。

　しかし，様々な関連する事例や現象といっても，ひたすら関連事象をかき集めるだけでは分析にはならない。分析というからには，その概念を用いることの「適切さ」が問われてくる。では，その「適切さ」は何によって担保されるだろうか。それは，その名辞を使うにあたっての条件にほかならない。「テーブル」と呼びうる条件としてまずあげられるのは，テーブルの基本的な用途，すなわち「物を安定的に載せる」ことである。しかしそれだけでは，「皿」と名指しされるものと区別することはできない。それゆえ，「皿」のように主に食べ物を載せるだけでなく，様々な日常生活において使う物（例えば，テレビのリモコンや筆記用具）を載せられるもの……といったように，条件がより具体化・差別化されていく。このようにして，「テーブル」という名辞を適切に使うための厳正な条件を明らかにしていく——簡単に言うと，これが概念分析である。

　もう少し精確に言うと，概念分析とは，名指しされるものの使用や適用にあたっての必要十分条件を明らかにすることである。ちなみに，あるもの（こと）の必要条件を明らかにするとは，それによって確実に言えることを明らかにすることである。例えば，x が鯨であれば，x は哺乳類である。このとき，哺乳類であることは鯨であるための必要条件である。あるもの（こと）の十分条件を明らかにすることは，それが言えるための前提条件（具体的な条件）を明らかにすることである。上記の例を使えば，鯨であることは哺乳類であるための十分条件である。必要十分条件とは，それが必要条件でも十分条件でもあるものにほかならない。論理学で言うところの同値のことである（中学生のときに習った三

角形の合同条件やその証明を思い起こせばよい）。

　先ほど見たように，概念は様々な関連事象を抽象化したものである。それゆえ，例えば，哺乳類であるものをあますことなく踏まえて，その条件を明らかにすることが，概念分析の典型的なやり方になる[1]。それゆえ，概念分析には，徹底的な経験的調査や科学的研究が欠かせない。例えば，「遺伝子」は，染色体のなかに収納されている DNA を形作る 2 本のらせん状の鎖である，と定義される。これは，生物学の知見や関連する様々な調査や実験を通じて得られた知識・情報をベースとしている——このことを否定する者はいないだろう。

　もっとも，概念はわれわれの思考上の産物であることからもわかるように，抽象度の高いものもある。それゆえ，概念にまつわる例や現象をカヴァーするということは，それらについてのわれわれが思う（に至る）こと，言い換えれば，言語的直観をあますことなくカヴァーすることを意味する。そうした抽象的概念の使用・適用条件をあますことなく明らかにするためには，現実にはありえないような仮想事例を想定すること——「思考実験」と呼ばれるもの——が欠かせない。

　例えば，「知識（知っていること）」といった，抽象度の高い概念について考えてみよう。実際，「知識」をめぐっては，多くの哲学者が概念分析の対象として様々に論じてきた。現代の認識論は，そうした議論の蓄積のうえで成り立っている。そこで，思考実験を用いた概念分析を知るためにも，認識論における「知識とは何か」をめぐる論争について，そのさわりだけでも見ていこう。

　「知識とは何か」に対する標準的な答えとは何だろうか。哲学者はその問いに対する答えを，知識を持っていると言えるための必要十分条件を明らかにすることに求めた。まず，知識の必要十分条件を包含する定義として採用されたのは，「正当化された真なる信念」である。この定義によれば，証拠の取り扱い規則等に照らして，その信念が手続き的に真であると言えるものを「知識」と呼ぶ。多くの人は，この定義で十分だと思うかもしれない。しかし概念分析は，「知識」の標準的な定義を正す作業を伴う。もっともそれは，（「テーブル」や「遺伝子」のように）

実際に存在するものを調べ尽くすことによってではない。「知識」はわれわれの周りに，物理的に転がっているものではないからだ。そこで出番となるのが思考実験である。

　例証しよう。観察者がやや離れたところから，牧場にいる一頭の羊を見ている。牧場には他にも羊がおり，鳴き声も匂いも間違いなく羊のものである。そうしたなか，観察者が見ている一頭の羊だけがレプリカだったとしよう。その一頭が羊であることを証拠立てるものが揃っている。それゆえ，観察者が「あれは羊である」という信念を持つことは手続き的に正当化される。しかし，観察者が見ているその一頭の羊（と思しきもの）だけが，羊のレプリカである。この（通常はありえない）思考実験によって，観察者が「そのことを知らなかった」――ゆえに知識を持っていなかった――事態が，「正当化された真なる信念」の条件を充たす仕方で起こることがわかる。すなわち，この思考実験によって，「正当化された真なる信念」は，知識の必要十分条件を陳述するものでないことが明らかになるのだ（Swain 1972: p.293）。

　知識の概念分析をめぐっては，今日に至るまで様々な議論が存在する（戸田山 2002; 上枝 2020）。重要なのは，こうした思考実験を駆使しないと解明できないような概念こそ，哲学（認識論）が長年分析の対象としてきたものである，ということだ。そしてそれは，以下に見るように，分析的政治理論（倫理学）においても当てはまる。

3. 分析的政治理論における概念分析

　分析的政治理論において概念分析は，「正義」「自由」「平等」といったキータームを対象に行われてきた。20世紀半ばまでは，概念分析は分析的政治理論の主流の方法であった。いまでもイギリスやヨーロッパ（とくにスカンジナビア）の分析的政治理論や倫理学において，概念分析は重要だとみなされている。なぜ，分析的政治理論において概念分析は重要なのか。様々な政治的概念の価値中立的分析（後述）を重視したフェリックス・オッペンハイムは，その理由を次のように説明している。

意味のある見解の不一致は，同意できない当のものが何なのかについての見解の一致を前提にしている。そして，それが次に求めるのは，関連する概念の記述的定義の体系的一致である。基本的な政治的概念の有効な再構成は，それにまつわる要素すべてにおける効果的な政治的探究の前提条件なのだ。(Oppenheim 1981: p.202)

　要するに，互いの議論で使われる概念が一致していなければ，互いの見解の不一致は有意義な論争をもたらさない。同じ「自由」という語を使っていても，その意味するところが違っていれば，仮にその対象や出来事が同じであったとしても，見解の不一致は「自由」の解釈をめぐる対立ではなくなってしまう。だからこそ，「自由」などのキータームに対しては，概念分析によって定義「し尽くす」こと，すなわち，その語の使用・適用のための必要十分条件の提示が求められるのだ。
　だが，分析的政治理論において概念的実体にかんする必要十分条件を明らかにすることが，常に有意義だと言えるだろうか。このような疑問がしばしば提起されるのは，分析的政治理論のキータームが，いかなる記述の仕方によっても——様相論理の用法だと，「あらゆる可能世界」においても——同じ対象や性質を指示する語にはならないように思われるからである。「水」といった自然種であれば，その用語の歴史を辿ることによって，H_2O という分子（記述的性質）が得られる（クリプキ1985）。こうした語を固定指示子というが，それに相当するものが「正義」「自由」「平等」についても当てはまるかについては，疑問を覚える人がいてもおかしくはない。
　もちろん，古今東西の歴史を辿れば，「平等」の確定的な意味が得られるかもしれない。しかし，問題は，水 ＝ H_2O のように，それが有意義な意味の確定となりうるのか，である。例えば，「平等」に対し，仮に洋の東西や時代区分で揺らぐことのない定義が与えられるとしよう。だがそれは，極めて薄っぺらい，今日的には規範的意義の乏しい意味内容しか持ちえない定義になるのではないか。実際，時と場所を越えた概念的実体を提示する仕方で，その語の使用・適用のための適切な必要十

分条件を提示する営為に対し，限られた意義しか認めない分析的政治理論家もいる。例えば，デイヴィッド・ミラーは，政治的概念の①歴史的多様性，②論争的性格，そして③イデオロギー的機能を踏まえると，社会学的なアプローチが不可避であると説く（Miller 1976: pp.2-14）。また，キース・ダウディングによれば，特定の問題や理論的関心に基づいて，ある限られた文脈で使用する名辞の，その文脈下で成立するための条件を明らかにすることの方が重要である（Dowding 2016: pp.190-191）。

　こうした指摘には一理ある。その一方で，それらが概念分析の重要性を否定するものとはならない点に注意すべきである。第一に，分析的政治理論における概念すべてが特定の文脈に拘束されると見るのが適切かどうかは，必ずしも明らかではない。例えば，時代や場所に拘束されない「正義」の解明が，今日的には規範的意義に乏しい意味しか確定しえないかどうかは論争的だ。マーサ・ヌスバウムは，文化横断的広がりや熟議を経てえられる正義の要件は，古今東西の神話にみられる人間性とかかわりがあると主張する（ヌスバウム 2012: 83-96 頁）。その主張が正しいとすれば，ヌスバウムが主張するところの正義——政治的・社会的事柄に公的にかかわるための最低条件である「尊厳」を保障するもの——は，それが十全に実現されているとは言いがたい今日の社会において，重要な規範的意義を有する。さらに，その概念の薄さは，それぞれの政治社会や文化に合わせて具体的に捉えることにより，今日求められる多様性とも親和的な特性ともなる。

　第二に，時と場所を越えた，あらゆる可能世界で成立する語の意味を確定する概念分析を否定することは，概念分析それ自体の有意義性を否定することを意味しない。仮に特定の文脈に適用される規範的概念に絞ったとしても，その文脈での当該概念をめぐる論争を有意義なものにするためには，その概念の性質・対象は同じでなければならない。もし違うとしたら，先に見たように，論争はすれ違いに終わるだけである。実際，今日の分析的政治理論においても，そうしたすれ違い（と思しきもの）は多く見受けられる。

　例えば，先に見たヌスバウムの正義の観念は，ジョン・ロールズの正

義——一定の協力関係にある社会における利益と負担の配分の正しさ（後述）——の理念にとって代わるべきものとして提出されている。しかし，両者の間で正義の意味ははたして共有されているだろうか。一定の社会的協力が成立しうる文脈で問われる分配の問題に応答しようとするロールズの正義観念が，そうした文脈に限定されることなく問われる尊厳の問題に直接応答するものでないからといって，それだけで棄却されるべきものとして扱ってよいのだろうか。上述のように，文脈を限定しての概念分析の重要性を踏まえるならば，ヌスバウムの主張自体，「すれ違いの産物ではないか」と疑ってみてしかるべきである。

　このように，分析的政治理論の場合でも，①概念によっては時代や場所を越えて普遍的な地位を有意義な形で占めるとも考えられるし，②文脈依存的であることを認めたとしても，その文脈下での使用・適用条件をくまなく明らかにすることは重要である。したがって，分析的政治理論における概念分析は，不毛な論争を取り除くためには欠かせないのだ。

4.　概念と構想の区分——ロールズの議論から

　ところで前節で，20世紀半ばまでは，概念分析は主流の方法であったと述べた。また，イギリス・ヨーロッパの分析的政治理論や倫理学では，今日においてもなお重視されるとも述べた。こうした主張の背景には，現代の分析的政治理論において，概念分析が主流ではないという事実がある。むしろ，概念分析は，20世紀後半に著しい進展を見せた分析的政治理論のアプローチを踏まえると，時代遅れの方法ともみなされがちである。それは，ゆえなきことではない。分析的政治理論上のキータームである「正義」「自由」「平等」にかんする概念分析は，その名辞の適切な使用のための条件の徹底的な洗い出し作業でもある。このようなメタ分析は，現に正義や自由，平等といった概念を用いて実践的問題の答えを求めている人たちにとっては，「言葉遊び」にさえ映るかもしれない。

　こうした見方と重なるのが，1971年に公刊されたロールズ『正義論』（Rawls 1971）のインパクトにかんする通説的評価である。『正義論』は，一定の協力によってすべての人に重要な利益が行き渡るように，権利や

義務を配分する仕組み——正しい制度——を模索する研究プロジェクト
である。ロールズは，自由で平等な存在たる社会の構成員が，そうした
仕組みに恒久的にコミットするための正義の原理を明らかにしようとし
た。このときロールズが主題としたのは，正義の概念を分析することよ
りも，正義の内実，すなわち，自由と平等をどのように正義の実装に組
み入れるかという「構想」の正当化である。

　今日の分析的政治理論家の多くは，概念分析よりも構想の正当化を目
論む『正義論』のプロジェクトの斬新さと今日の分析的政治理論に与え
た計り知れない影響を強調する。例えば，共和主義的自由論で著名なフィ
リップ・ペティットは，イギリスの分析的政治理論を代表するブライア
ン・バリーの概念分析的プロジェクトと対照させつつ，ロールズの研究
プロジェクトの特性について，次のように述べている。

　　ロールズは，正義の異なる，内的に一貫した諸構想を区別することや，
　それが制度的に何を要求するかを検討することだけに関心があるわけ
　ではない。これはバリーが，諸価値の様々なパッケージやそれらが制
　度的に求めるものに関心があったのとは対照的だ。まずもってロー
　ルズが関心を持ったのは，正義の適切な構想とは何かであって，ゆ
　えに定立すべき正しい制度とは何か，である。（Pettit 2012: p.10; cf.
　Barry 1990: lxix-lxx）

　ここで重要になるのが，「概念（concept）」と「構想（conception）」
の区分である。以下，ロールズの議論に沿って見ていこう。ロールズは
正義「概念」を，「基本的権利と基本的義務を割り振る際に，人々を恣
意的に区別しないとき，かつ，ルールが社会生活における利益への競合
する権利主張間で適切な折り合いをつけてくれるとき」に成立するもの
と規定する（Rawls 1971: p.5 ＝邦訳 8 頁）。このように，ロールズは『正
義論』において，制度が正義にかなうための結合的十分条件を提示して
いる。しかし，ロールズはこの結合的条件を充足することが，制度が正
義にかなうために欠かせない条件であるとまでは主張していない。すな

わち，それが必要条件を構成するとまでは主張していない。語の適切な使用のための必要十分条件の提示を目指す概念分析を重視する立場からすると，ロールズによる正義の定義は，定義「し尽くす」ものであるとは言いがたい。

これには，ロールズの次の姿勢がかかわっている。

> 正義の理論は，他の理論と同じルールに従う。意味の定義や分析は，特別の地位を占めない。定義は理論の一般的構造を提示する際に用いられる一つの装置でしかない。いったん全体のフレームワークが次第に明らかにされていくと，定義は顕著な位置づけを持たなくなり，その成否は理論そのものにかかってくる。いずれにせよ，論理や定義の真理のみに基づかせて正義の実質的理論を展開することは，明らかに不可能である。道徳的概念の分析もアプリオリなものも，それがどれほど伝統的なものとして理解されてきたにせよ，一つの基礎としては弱すぎる。(Rawls 1971: p.51 ＝邦訳 71 頁)[2]

それでは，ロールズが述べるところの正義の実質的理論を担うものとは，一体何だろうか。それこそ正義「構想」――より正確には，正義「構想の正当化」――である。『正義論』においてロールズは，先の正義の定義に基づいて，すべての利益が行き渡るために社会制度に適用される正義原理を導き出すことに腐心する。その原理こそが「構想」に当たるものだ。そして，正義原理＝構想に従って権利と義務が配分され，競合する権利主張の調和を目指す具体的な制度論の構築こそが，『正義論』の主題である (Rawls 1971: Part II ＝邦訳 第 2 部)。

それでは，正義構想はいかにして正当化されるのか。ロールズの提案は，正義原理を導出する公正な手続きに訴える構成主義的方法に準拠する，というものだ。より具体的には，自分の生まれつきの能力や社会的身分の違いが関与しない理想的な状況――原初状態−無知のヴェールの背後――で，人々が全員一致で合理的に選定し，従いうる原理が，正義原理として正当化される。これにより，人々を恣意的に区別することな

く，誰もが理に適ったものとして受容しうる正義構想が導かれる，というのがロールズの主張である。

　このロールズの議論にかんしては，「ロールズ産業」と揶揄されるほどの様々な研究が存在する（Daniels 1975; 井上 2018）。ここで重要なのは，ロールズが正義論の主題を「概念」から「構想」にシフトさせたことの含意である。実際，『正義論』公刊以降，様々な正義「構想」および「構想の正当化」が提起されることとなった。そのなかには，ロールズの構成主義的方法を受け入れるものの，ロールズとは異なる正義構想を提示するものもあれば，ロールズの正義構想のみならず，その正当化手法にも疑義を呈し，別様の手続きを提示する議論もある（Kramer 2018: pp.369-370）。いずれにせよ，概念分析が意義を失ったと考えるのは早計である。こうした構想やその正当化をめぐる論戦は，しっかりとした定義に基づかなければ，先に見たようなすれ違いに終わってしまうかもしれないのだ——われわれはこのことについて忘れるべきではないだろう。

5. 価値中立と価値からの独立

　さて，分析的政治理論における概念分析の重要性を明らかにするにあたっては，当の概念にかかわる名辞の記述的定義と価値との関係を検討する必要がある。なぜなら，「正義」や「自由」「平等」といったキータームはどれも，それらにかかわる価値と切り離せないからである。これは分析的政治理論が，「べき」という規範的行為指針の解明を課題とすることと関係している。だとすれば，オッペンハイムのように定義を「価値中立的」に，当該概念の記述的性質を明らかにするという「記述的」定義に徹することに対しては，疑問を覚える者も出てくるかもしれない。

　実際，分析的政治理論で扱う概念は，様々な規準を内包する以上，別の，それも複数の概念と切り離すことなどできない，とする概念分析批判が存在する。その批判の急先鋒に立つのが，多元主義の政治理論家として著名なウィリアム・コノリーである。コノリーは，概念分析の記述的定義への固執に対し批判的である。例えば，「政治（的）」という概念自体，

「制度」「決定」「有効な選択」「動機」「結果」「利益」「願望」「価値」「意図」「争点」「伝統」，そして「合意」といった概念や規準との複合的結びつきを持つクラスター概念であって，その解明は，「それを包含するより広い概念システムの精緻化を伴う」と主張する（Connolly 1983: p.14）。そのうえでコノリーは，「権力」や「自由」といった概念が，そうしたクラスターとしての側面を強く持ち合わせているとして，確固たる一つの記述的定義を提出しようとする概念分析を厳しく批判する（Connolly 1983: pp.15-17）。

　ジョン・グレイも，コノリーと同様の見解を示す。グレイは，G. A. コーエンによる自由の概念分析を批判した論文で，概念分析が「はたして行為や制度を評価し統御する原理を支持しうるのか」とする疑問を投げかける。そのうえで，「道徳・政治哲学が求めることは，空虚な概念の追究ではなく，理論の構築」であると主張する（Gray 1988: p.103）。その理論とは，現実世界の特徴を捉え，われわれの道徳的な問題関心を突き詰めるものでなければならない。グレイに言わせれば，そうした問題関心を省みずに概念の確定的な記述を追究してしまうと，それがあたかも道徳的・政治的生活の根本真理の探究の試みであるかのように勘違いしてしまう。というのも，このアプローチは，「対立する道徳的・政治的コミットメントのなかに存在する，過去から現在に至るまでの自由の性質についての論争を生み出した根源にかかわろうとしない」からである（グレイ 2001: 91頁）。このときグレイが念頭に置いているのは，対立する道徳的・政治的コミットメントを反映する自由構想の複数性である。

　このようにコノリーやグレイの議論からは，自由にかんする複数の規範的構想を検討するためには，自由の記述的定義を明らかにする概念分析では不十分どころか，不適切であるとの主張が見え隠れする。分析的政治理論家のなかには，ロールズによる「概念から構想へのシフト」の流れを受けて，こうした見方に共感的な者も多い。例えば，ジェラルド・ガウスは，概念の一貫した記述による解明を目指すよりも，概念をめぐる論争を形作る観念や信念，行為の集まり——後期ウィトゲンシュタインの言葉を借りると「家族的類似性」——に注目することの方が重要だと

述べる。そのうえで，当該概念をめぐる特定の解釈――まさに構想――を正当化することこそが，分析的政治理論家の最たる課題である，と公言してはばからない（Gaus 2000: ch. 2）。概念分析が今日の分析的政治理論において主流ではないのは，こうした分析的政治理論家の多くが共有する「構想（の正当化）」を重視する姿勢と無関係ではない。

　しかし，概念分析が価値中立的な記述的定義の追究を目指すという場合に，それを価値負荷性を拒絶するものとして捉えるのは端的に間違っている。その点に迫るべく，自由を「他者によって設けられた物理的障壁や妨害がないこと」と記述的に規定する，純粋な消極的自由論者の議論を見てみよう。この自由の価値中立的な捉え方においては，行為の望ましさや特定の文化的価値によって自由のあり方が左右されることはない（スタイナー 2016: 26-27 頁）[3]。純粋な消極的自由論からすれば，ある一定の行為が特定の時点と場所で遂行可能かどうかで自由の有無が決まるのであって，その行為を妨げる意図や正当性に関する規範的評価は，自由か不自由かという問いにかかわることはない。この捉え方が優れているのは，自由概念にかかわる言語的直観を否定することなく，自由の大小について率直に語ることができる点にある。例えば，純粋な消極的自由の観点からは，「A さんの方が，B さんよりも自由だ」とか「C 国は，D 国よりも不自由だ」といった言明は，経験的に，もっと言えば量的に措定されることになる（Carter 1999: ch. 7）。

　さて，この価値中立的な消極的自由の捉え方は，われわれが通常見いだす（とされる）自由にかかわるクラスター的複合性や，自由への道徳的関心を度外視するだろうか。コノリーやグレイらの言い分によれば，その答は「イエス」である。しかしそうした見方は，価値中立的な記述的定義が，価値からの独立性を含意する，という誤謬を犯している。

　第一に，価値中立的な消極的自由の捉え方によって，われわれが持つ自由への道徳的・政治的関心が無視されてしまう，という懸念について。これが誤解に基づくことは明白である。例えば，純粋な消極的自由の観点から自由な事態を価値中立的に捉えたうえで，その自由の大小を規範的に評価することは可能である。その評価の仕方には，個々の（不）自

由の集計の仕方によって様々なヴァリエーションがありうる。重要なの
は，そこにわれわれの自由に対する規範的評価の違いが現れる点だ。す
なわち，純粋な消極的自由論は，総合的に自由をどのように，そしてど
のくらい促進すべきかという論点において，われわれの自由に対する規
範的態度が関与することをまったくもって否定しないのだ。それどころ
か純粋な消極的自由論は，自由の記述的定義により，規範的態度が関与
する部分をはっきりと浮かび上がらせることを重視する。以上から，価
値中立性と価値からの独立性（価値非依存性）は別個のものであること
がわかる（Carter 2015; Kramer 2018: pp.376-377）[(4)]。

　次に，価値中立的定義では，コノリーが言うところのクラスター概念
としての特性を浮かび上がらせることはできない，という懸念について。
概念分析を重視する論者は，「正義」や「自由」といった規範的概念を
解明する作業が，その概念を包含する広範な概念システムを明らかにす
る作業を伴うことを否定するだろうか。管見の限り，誰一人として否定
しないように思われる。そのことは，概念の記述的性質を明らかにする
解明的定義の重要性を強調するオッペンハイムや，純粋な消極的自由論
者のヒレル・スタイナーにも当てはまる。彼らが重視するのは，いかな
る規範的概念でも，またそれがある種の複合性を伴う場合でも，最終的
には経験的に観察可能な記述的性質に定位される，ということである。
例えば，自由の概念に他の概念や規範的関心がかかわってくるにしても，
自由が人や国などの物理的状態，関係性，そして動きに根ざしたもので
あることを否定するのはばかげている。

　重要なのは，概念分析を通じて究極的にそうした経験的基盤に行き着
くことが，広範な概念システムのなかで種々の概念や価値が関与してく
ることを否定しない点だ。イアン・カーターに言わせれば，「自由」「平
等」「正義」は，そのシステム内に布置される。しかし，純粋な消極的
自由論者からすれば，他者による物理的障壁の欠如といった形で経験的
基盤に直接的にかかわる「自由」のような概念と，自由以外の様々な価
値（例えば，平等）を統括するような「正義」概念とでは，当該システ
ムのなかで違う階層に置かれるがゆえに異なる扱いになる。前者は経験

的記述に直接的にかかわるが，後者は諸々の経験的記述にはあくまで間接的にかかわってくる。この点も踏まえると，価値中立的に記述的定義を付すことは，様々な概念や規範的関心の関与を斥けることを含意しないことがわかる（Carter 2015: pp.293-294）。

＊

　本章では，キータームの意味共有を図り，精度の高い理論構成のためには，概念分析が重要であることを確認した。分析哲学において，概念分析は，語の適切な使用・適用のための必要十分条件を提示する試みとして位置づけられてきた。「正義」「平等」「自由」といった分析的政治理論のキータームについても，同様の分析を行うことの重要性は損なわれていない。それは，ロールズが『正義論』において，概念分析から構想（の正当化）にシフトする議論を展開してからも，変わっていない。また，概念分析は，価値への依存性を排除するものではない。分析的政治理論上の論争がすれ違いに終わったり，単なる床屋談義に終わったりすることのないように，われわれは概念分析を粛々と進めるべきである。それが，精緻な分析的政治理論を展開することにつながるからだ。

》》注

(1) 詳述すると，概念分析の進め方は二段階に分けられる。まず，「酸性」「電子」などの理論的語彙にかかわる日常的・科学的な言い回しを吟味して，すべての人が合意する連言を，当の理論的語彙を使わずに構成する。そのうえで，その連言による理論的語彙の定義づけを通じて，当該理論（化学や物理学の最善の理論）がその語彙の役割について何を規定するのかを明らかにする（Jackson 1998: ch. 2; 井上 2014b: 24-26 頁）。

(2) もっとも，これでもってロールズは徹頭徹尾，概念分析を軽んじたとまでは言えないだろう。実際，先に見たロールズによる正義の定義は，1958 年に公刊された「公正としての正義」と題する論文（ロールズ 1979）にまで遡る。この論文は，概念分析を主軸とする哲学の拠点であったオックスフォード大学にフルブライト・フェローとして滞在したときの影響を如実に受けて書かれたものであるとされている（Pogge 2007: p.16; Forrester 2019: p.22）。このことは，当該論文を一読するとよくわかる。詳しくは，井上（2014a: 15-19 頁；2014b: 29-32 頁）を参照

されたい。私とはやや見解を異にするものとしては，松元（2015: 第 2 章）。

(3) 対照的に，行為の望ましさやその価値評価と関連づける自由の捉え方は，「積極的自由」と呼ばれる。分析的政治理論においては，他者による干渉や妨害からの自由，すなわち「〜からの自由」を意味する消極的自由と，自らが価値付与する目的を実現する一連の過程にこそ自由が見いだされるとする自由観，すなわち「〜への自由」を意味する積極的自由が提起されている。この区分をめぐる経緯や論争については，Carter, Kramer, and Steiner（2007）の序文や各論考を参照されたい。

(4) イアン・カーターは，価値中立と価値自由とを区別している。前者は，規範的態度やコミットメントから距離を置いて概念を分析することを意味する。後者は，定義項に価値語に代表される規範的表現が入ってこない，すなわち，純粋に経験的・記述的に概念を解明することを意味する（Carter 2015: p.280）。ここでは，マシュー・クレイマーと同様に，その両者を区別せずに「価値中立」として扱うこととする。

研究課題

1. 哲学における概念分析を体感するために，思いつくキータームについて，その標準的定義を正してみよう。そのときに，奇想天外な思考実験を使って標準的定義を批判してみよう。
2. ロールズ『正義論』の概説書や原書を読んで，ロールズが正義「構想の正当化」に重点を置いたことの是非について，考えてみよう。
3. 自分が支持している政治的理念や立場から，概念分析を行うということにどのような意味があるのかについて，考えてみよう。

参考文献

Barry, Brian (1990) *Political Argument: A Reissue with a New Introduction*, Berkeley, CA: University of California Press.

Carter, Ian (1999) *A Measure of Freedom*, New York: Oxford University Press.

Carter, Ian (2015) "Value-freeness and Value-neutrality in the Analysis of Political Concepts." In David Sobel, Peter Vallentyne, and Steven Wall (eds.), *Oxford Studies in Political Philosophy, Volume 1*, New York: Oxford University Press:

pp.279-306.

Carter, Ian, Kramer, Matthew H. and Steiner, Hillel (2007) *Freedom: A Philosophical Anthology*, Oxford: Blackwell.

Connolly, William E. (1983) *The Terms of Political Discourse, 2nd edition*, Oxford: Martin Robertson.

Daniels, Norman (ed.)(1975) *Reading Rawls: Critical Studies on Rawls' 'A Theory of Justice'*, Stanford, CA: Stanford University Press.

Dowding, Keith (2016) *The Philosophy and Methods of Political Science*, London: Palgrave.

Forrester, Katrina (2019) *In the Shadow of Justice: Postwar Liberalism and the Remaking of Political Philosophy*, Princeton, NJ: Princeton University Press.

Gaus, Gerald F. (2000) *Political Concepts and Political Theories*, Boulder, CO: Westview Press.

Gray, John (1988) "Against Cohen on Proletarian Unfreedom." *Social Philosophy and Policy* 6(1): pp.77-112.

Jackson, Frank (1998) *From Metaphysics to Ethics: A Defence of Conceptual Analysis*, Oxford: Clarendon Press.

Kramer, Matthew H. (2018) "Conceptual Analysis and Distributive Justice." In Serena Olsaretti (ed.), *The Oxford Handbook of Distributive Justice*, New York: Oxford University Press.

Miller, David (1976) *Social Justice*, Oxford: Clarendon Press.

Oppenheim, Felix E. (1981) *Political Concepts: A Reconstruction*, Chicago, IL: University of Chicago Press.

Pettit, Philip (2012) "The Contribution of Analytical Philosophy." In Robert E. Goodin, Philip Pettit, and Thomas Pogge (eds.), *A Companion to Contemporary Political Philosophy, Second Edition*, Oxford: Wiley-Blackwell: pp.5-35.

Pogge, Thomas (2007) *John Rawls: His Life and Theory of Justice*, New York: Oxford University Press.

Rawls, John (1971) *A Theory of Justice*, Cambridge, MA: Belknap Press of Harvard University Press. 川本隆史・福間聡・神島裕子訳『正義論　改訂版』紀伊國屋書店，2010 年。

Swain, Marshall (1972) "Knowledge, Causality, and Justification." *Journal of Philosophy* 69(11): pp.291-300.

井上彰（2014a）「分析的政治哲学とロールズ『正義論』」(『政治思想研究』第 14 号：6-32 頁に所収)。

井上彰（2014b）「分析的政治哲学の方法とその擁護」（井上彰・田村哲樹（編著）『政治理論とは何か』風行社：15-45頁に所収）。

井上彰（編著）（2018）『ロールズを読む』ナカニシヤ出版。

上枝美典（2020）『現代認識論入門：ゲティア問題から徳認識論まで』勁草書房。

クリプキ，ソール・A.（1985）『名指しと必然性：様相の形而上学と心身問題』八木沢敬・野家啓一訳，産業図書。

グレイ，ジョン（2001）『自由主義論』山本貴之訳，ミネルヴァ書房。

スタイナー，ヒレル（2016）『権利論：レフト・リバタリアニズム宣言』浅野幸治訳，新教出版社。

戸田山和久（2002）『知識の哲学』産業図書。

松元雅和（2015）『応用政治哲学：方法論の探究』風行社。

ヌスバウム，マーサ・C.（2012）『正義のフロンティア：障碍者・外国人・動物という境界を越えて』神島裕子訳，法政大学出版局。

ロールズ，ジョン（1979）「公正としての正義」田中成明編訳『公正としての正義』木鐸社。

10 | 反照的均衡

松元雅和

　今ある世界ではなく，あるべき世界を語ろうとする場合，その議論の説得力をどこに求めればよいか。ロールズ以降の規範的政治理論で標準的な方法として，それを個別判断と一般原理の適合性に求めるのが反照的均衡である。本章では，その基本的な方法や事例，課題などを紹介する。
《キーワード》 ロールズ，正当化，熟考された判断，正義原理，背景理論

1．規範研究の方法論

（1）規範と正当化

　人々は何らかの理想を持って政治について語る。しかし，実際に政治論議を進めればすぐ分かるように，ある人の理想と別の人の理想は一致しない。そこから先は，関係が決裂するまで対立を深めるか，そうでなければどっちもどっちで肩をすくめるかが落としどころになる。そもそも，今ある世界に関する事実の問題と異なり，あるべき世界に関する規範の問題について，万人が納得しうるような決着がありうるのだろうか。こうした場合に私たちに必要なのは，正当化（ジャスティフィケーション），すなわち，立場を示し，その理由を示し，道理的に説得することである。

　とは言え，正当化は一筋縄ではいかない。例えば，次のような問題を考えてみよう。現在の日本には，低賃金で危険な仕事に従事する人々もいるなか，一部の芸能人やスポーツ選手は目も眩むような巨額の収入を得ている。こうした状況を規範的にどう評価したらよいだろうか。一方で，「とにかくここには不正があると感じる」と言い立てても，周りが同感してくれるとはかぎらない。他方で，「職業選択の自由のもと，財

産権は憲法で保障されているのだから何の問題もない」と言ったところ
で，では次にその財産権の正当性はどこから来たのか，根拠をめぐる議
論は果てしなく遡及しうる。

　どうすれば，根拠なき独断主義に陥ることなく，自説を理に適って
正当化することができるだろうか。この課題について有力な手がかりを
与えているのが，ジョン・ロールズが『正義論』（1971 年）で提案した
「反 照 的 均 衡」の方法である。同書は英語圏で政治理論が活況を呈す
る転機となり，正義の二原理を擁護するという実質的議論と同様かそれ
以上に，それを正当化するための固有の方法論の面でも影響を残した。
それ以来，今日の規範的政治理論において最も幅広く用いられる方法の
ひとつとなっている（Knight 2017: p.46; List and Valentini 2016: p.542）[1]。

（2）反照的均衡の特徴

　反照的均衡とは，判断→原理→判断→……といったように，個別的知
識と一般的知識のあいだを反射的に行き来する推論の過程および結果を
指している。こうした過程を経るなかで，私たちの個別判断は次第に体
系化された一般原理の一部となり，より安定的でより確信に満ちたもの
となる。原理との合致は判断をより妥当なものとし，逆に判断との合致
は原理をより妥当なものとする。そこでは，「最終的に私たちの原理と
判断とが適合し合っているから〈均衡〉なのであり，どのような原理に
判断を従わせたのか，および原理を導き出した前提が何かを知っている
のだから〈反照的〉と名づけられる」（ロールズ 2010: 29 頁）。

　図式的に示してみよう（図 10-1）。黒点が私たちにとって既知の個別
判断，白点が不確かな個別判断，一般原理（V）がこうした個別判断の
なかに見出される規則的パターンであるとする。例えば私たちは，「誰
かが私に譲ったものは，ほかの誰でもなく私のものである」という素朴
な確信を共有している。こうした判断を体系化していくと，「人々の自
発的選択は権利の移転を導く」という移転原理が浮かび上がる。ひるが
えってこの原理は，芸能人やスポーツ選手が得る巨額の収入の妥当性の
ような，私たちが直面する別の個別判断の場面（A）でその説明力を試

される。こうした諸々の判断と原理の組み合わせが同意理論を形作る。

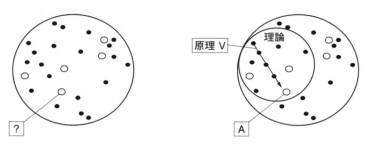

出典：マクダーモット，2011: 17, 19 頁

図 10-1　個別判断と一般原理の関係

　こうして見ると，反照的均衡が正当化にまつわる困難にうまく対処していることが分かるだろう。ただ自説の正当性を言い張る代わりに，そこに客観的な一貫性や体系性を示しうる。逆に，普遍的に通用する第一原理を求めて果てしない思惟を続ける代わりに，自分と相手が共有するような身近な確信から出発する。思えば，ロールズが『正義論』を準備していた 1960 年代のアメリカが，公民権運動やベトナム反戦運動など，社会を分断しうる深刻な政治問題に直面していた。こうした状況のなか，政治社会のあるべき指針を説得的に提示する規範研究が求められており，その突破口になったのが同書だったのだと評価できる。

　本章では以下，この方法の実際の手順を論じ，向けられてきた批判を取り上げたうえで，その発展性について順次見ていきたい。

2. 反照的均衡とは何か

（1）反照的均衡の三段階

　反照的均衡は三段階に従って進められる。第一に，価値に関する素朴な確信を特定する。規範研究における個別判断は，科学一般における観察事実に当たるような世界内の基礎的データである。「その理論が推測する原理と照らし合わせうる事実の，有限だが明確な集合が存在している。この集合こそ，反照的均衡における私たちの熟考された判断にほかならない」（ロールズ 2010: 70-71 頁）。ロールズはこうした判断のこと

を「熟考された判断」と呼ぶ。「熟考された」には複数の意味が込められているが，ここでは「安定的に確信された」の意味であると捉えておけばよい。

　第二に，これらの個別判断を説明するであろう一般原理を定式化する。「ここでは，次のような一組の原理を定式化することが求められている。すなわち，……当該の諸原理を良心的かつ知性的に適用したならば，これらの判断を支持する理由をも挙げることができるような，そうした諸原理である」（ロールズ 2010: 66 頁）。規範研究の重要課題は，判断の規則的パターンから原理を抽出することである。理想的には，規範研究者自身もまた，反照的均衡の過程に倣い，基礎的データとしての判断を手がかりとして，何らかの原理（ロールズの場合は正義の二原理）を定式化する。

　第三に，定式化された一般原理から導かれる結論と，個別判断を突き合わせる。反照的均衡が正当化の役割を果たすのはこの点である。「ある人に対してひとつの正義構想を正当化するとは，その人と私たちがともに受け入れている前提に基づいて当該の原理を相手に証明すること，したがってこれらの原理は結局のところ私たちの熟考された判断と適合するのだと証明することを理想とする」（ロールズ 2010: 764–765 頁）。具体的に，規則的パターンとして定式化された原理が正当かどうかは，新たな判断との合致具合によって試されなければならない。

　問題は，一般原理と個別判断のあいだに齟齬が見られた場合である。第一の選択肢は，判断に合わせて原理を修正することである。しかし，第二の選択肢として，原理に合わせて判断を修正することにより，均衡化をはかることもできる。基礎的データとしての判断はあくまでも暫定的な定点にすぎず，原理との整合性の観点から修正される可能性を免れない。「この場合，その人は自分の既存の判断と正確には合致しない理論であったとしても，その理論の諸原理に従わせるべく判断のほうを修正することが当然起こりうる」（ロールズ 2010: 68 頁）。

　こうした事態を決して否定的に捉えることはない。むしろ，反照的均衡が指し示す，以上の第二の選択肢こそ，現状に対して批判的に機能す

る余地を政治理論に与えるのである。規範研究者が定式化する正義原理
は，自らを正当化するなかで，一般常識のなかに無自覚に潜む矛盾や非
一貫性を暴き出し，それが実は修正されるべき単なる偏見にすぎないこ
とを露わにする。無論，原理それ自体も常識的判断のなかから練り上げ
られるものであり，御神託のように上から降ってくるものではない。以
上の限定を付したうえで，規範研究は同時に批判研究でもありうるのだ。

（2）狭い均衡と広い均衡

　以上がロールズ自身の説明による反照的均衡の見取り図である。ただ
し実は，原書で 600 頁以上に及ぶ『正義論』の全体像が，この説明だけ
で汲み尽くされるわけではない。それは実際には，ロールズが記述する
判断と原理の均衡化も含めて，様々な考慮事項が組み合わさって形作ら
れている。ロールズが反照的均衡の方法によって実際に行っていること
は，彼自身の説明よりも幅広い。この事実を明確にするなかで，反照的
均衡の意味を狭いそれから広いそれへと拡張したのが，ロールズの高弟
ノーマン・ダニエルズである。
　広い反照的均衡とは，個別判断と一般原理に加えて，背景理論とい
う第三の要素もまた，均衡化の構成要素に含めるということである。
「背景理論」は，狭い反照的均衡において均衡化に付される判断とは
独立の認知的地位から，原理の正当性を保証する。具体的に，ダニエル
ズはその諸要素として，「人格の理論」「手続き的正義の理論」「一般的
社会理論」「（秩序だった社会の理想を含む）社会における道徳の役割に
関する理論」の四つを挙げている（Daniels 1996: pp.23, 50, 138）。
　背景理論は，認識論上の整合説に近い形で，理論全体の客観的信頼性
に寄与する。一方で狭い反照的均衡は，一般原理を個別判断との均衡化
に付すが，他方で広い反照的均衡は，一般原理をより幅広い自然的・社
会的事実との均衡化に付す。均衡化の対象として，狭い反照的均衡の際
に念頭に置いていたものよりも幅広い要素を含めることで，その結果を
より客観性の高いものにすることができる。判断→原理→判断→……と
いう均衡化の二項モデルは，背景理論も含めたネットワーク型の多項モ

デルとして描き直されるのだ。

　一例を挙げよう。前述した同意理論は，自由意志に基づいて選択する人格の構想，資産や才能を含めた賦存の初期分配の正当性，市場経済や私的所有権といった社会制度などを前提にしている。これらの背景理論に照らして，もし同意理論にまつわる判断や原理が矛盾しないどころか適合するならば，均衡の結果はいっそう強固になるだろう。逆に，人格は環境依存的である，賦存の初期分配は道徳的に恣意的である，市場取引は構造的に歪められている，といった別の背景理論を前提にすれば，（多分より平等主義的な）別の規範理論のもとで構想全体が収斂するだろう。

　『正義論』の全体像は，まさに広い反照的均衡の実践を表している。第一部では，原初状態論の助けを借りながら正義原理が定式化・正当化される。第二部では，正義原理を憲法や法律，経済システムなどとして社会制度化する議論が展開される。第三部では，正義原理が私たちの生の目的と調和することが，発達心理学などの知見も交えながら詳らかにされる。以上の多岐にわたる検討を経て，最終的に，「正当化とは多くの考慮事項の間での相互支持，すなわち全体がまとまってひとつの整合的な見解に収まるという問題にほかならない」（ロールズ 2010: 762 頁）というロールズの企図が完遂されるのだ。

　なぜ整合性がそれほど重要なのか。私たちが日常的に感じる個別判断は，普通もっと断片的であり，直感的であり，場当たり的であるだろう。確かに，私たちが個人として，どのような規範を旨とするかはその人の自由である。しかし，反照的均衡が正当化の方法であったことを思い出してほしい。正当化はそもそも，自分とは意見が異なる他者に対して向けられる行為である（ロールズ 2010: 764 頁; 2020: 52 頁）。とりわけ，個別判断の是非が論争的である場合にこそ，相手と共有する素朴な確信から出発して，自説を整合的な見解にまとめ上げることは，正当化の手がかりとして大きな力を持つのである。

3. 反照的均衡の是非

（1） 判断の信頼性

　本章冒頭で触れたように，その後の規範的政治理論では，明示的ある
いは黙示的に反照的均衡の方法が採用されてきた。ただし，規範研究の
方法として異論がないわけではない。とりわけ辛辣だったのは，ロール
ズとは別の正義原理を信じる，功利主義者を中心とする論者たちである。
曰く，ロールズが誤った結論を導くことになった原因の一部は，結局の
ところ彼が採用した反照的均衡という方法の不備にある。以下では，そ
の主な批判点を列挙し，ロールズ側からのありうる応答を示したい。

　はじめに，均衡の出発点として特定される個別判断がどれほど確
固としたものかという問題がある（Hare 1975: pp.82–85; Singer 1974:
pp.515–517）。例えば，「誰かが私に譲ったものは，ほかの誰でもなく私
のものである」という素朴な確信は，はたして議論の出発点に相応しい
ほど自明だと言えるだろうか。ひょっとすると，規範研究者が用いる基
礎的データとしての判断は，かれらの思い込みか，かれら自身のもので
しかないのではないか。この批判を敷衍すれば，ロールズ『正義論』も
また，結局彼の主観的判断を彼の主観的原理へと組み立てただけにすぎ
ないことになる。

　もちろん多くの個別判断は，ただの主観ではなく，集合的に保持され
ている。しかし，個人的だろうが集合的だろうが，その客観性も確固と
したものではない。今日では批判されるべき奴隷制や植民地主義や制限
選挙も，かつては当然のこととして受けとめていた。それゆえ，た
またま一時点で人々が共有している判断があるとして，それが正しい保
証はどこにもない。もし出発点となる基礎的データの客観的信頼性が揺
らいでしまえば，原理や理論全体もまた砂上の楼閣に等しいものとなっ
てしまう。

　とは言え，前節で紹介した反照的均衡の認識論的特徴を踏まえると，
この批判はそれほど問題ではない（Daniels 1996: ch.2）。批判者は，そ
もそも何らかの確実な基礎から出発しなければ正当化を進められないと

想定する。しかし反照的均衡は，場合によっては基礎的データである判断それ自体をも柔軟に修正しつつ，構想全体としての整合性を保つことで正当化が達成されると想定する。ロールズが率直に認めるように，「あらゆる理論はおそらく所どころで間違っている」。それゆえ「大切なのは，理論がどれくらいの頻度でどれほど誤っているかを見出すことである」（ロールズ 2010: 72 頁）。

（2）整合の十分性

　次に，判断の整合性が正当化の材料になるかどうかについて，異論がある（Brandt 1979: pp.19–21; Lyons 1975: pp.145–149）。もし知識全体の内的整合性だけが正当化の必要十分条件なのだとすると，間違った判断と間違った原理がたまたま内的に整合する場合，それもまた正当化の証拠となってしまう。実際，現在では過去の遺物となった間違った信念も，当時には当時なりの社会制度や（似非）科学的議論によってそれなりに支えられていた。それならば，既存の判断のほとんどすべてをいったん手放して一からやり直した方が，結果的に正しい原理に近づけるのではないか。

　一例を挙げよう。マフィア社会では，ボスのために罪をかぶるとか，仁義のために人を殺傷するとかが美徳であるという独特な倫理観が通用しているかもしれない。しかし，マフィアの倫理が少なくともマフィア社会のなかでどれほど首尾一貫していたとしても，それだけで犯人隠避や殺人・傷害といった犯罪行為が犯罪でなくなるわけではない。規範研究者が掲げる正義原理も，もし整合性だけが唯一の正当化の基準なのだとすれば，内容面ではともかく，形式面ではマフィアの倫理と五十歩百歩だと言われても仕方がない。

　ひとつの応答は，何らかの不動の定点を定めることで，理論的基礎を持ち込むことである。例えばロールズは，熟考された判断の一例として，宗教上の不寛容や人種差別，奴隷制が正義に反することに関する私たちの確信を取り上げている（ロールズ 2010: 28 頁; 2020: 57 頁）。少なくともロールズ本人が，こうした判断の修正可能性すらも真面目に捉えてい

たとは思われない。しかしながらこの応答は，どれが不動の定点なのか
をめぐる厄介な問題を引き起こしてしまうし，その結果，前述した判断
の信頼性問題に舞い戻ってしまうだろう。

　別の応答は，正当化の射程を背景理論も含めて拡張することで，個々
の問題に対する耐久性を高めることである（松元 2018）。広い反照的
均衡のモデルが示すように，ロールズの努力は，判断や原理といった
個々の命題の真偽を検証することを越えて，理論全体の適切さを検証す
ることに向けられている。反照的均衡は，判断と原理の合致を含め，構
想全体が最も統一的に把握されるような理論の構築を目指すものであ
る。（もしあったとしても）マフィアの倫理は，私たちを取り巻くより
幅広い自然的・社会的事実との均衡化にはたして耐えられるだろうか。

　そこで，個々の命題の真偽に対して異を唱えるだけでは，その理論を
倒すのに十分ではない。ある理論全体が適切かどうかは，検証者がそれ
に代わるより体系的な理論を提案できるかどうかにかかっている。ロー
ルズが功利主義に対抗して自身の正義論を打ち出したように，「明瞭さ
と体系性という同じ効能を有しながらも，私たちの道徳的感受性に関し
てより明敏な解釈をもたらす，もうひとつの種類の見解を構成すること
を試みなければならない」（ロールズ 2010: 772-773 頁）。この課題が，
文字どおり「正義の理論」と題する書物の要諦にある。

（3）均衡の複数性

　最後に，こうして確立した正義の理論が，必ずしも客観的妥当性を
保証しているわけではないとの批判がある（Brandt 1979: pp.21-22;
Singer 1974: pp.491-495）。マフィアの倫理はともかく，リベラリズム，
リバタリアニズム，功利主義など，同程度に均衡的な理論は複数ありう
る。すると，反照的均衡の結果，正当化されるのはある正義の理論にす
ぎず，別の前提や経路をとった場合には，別の正義の理論が正当化され
るだろう。それは，規範研究者が半ば無自覚的に「私たち」と呼んでい
る，特定の文化・宗教・階級等々の相対的に独立した道徳システムにア
ピールするだけなのである。

　こうした批判に対して，『正義論』以降のロールズは，穏当な多元主義の事実を認識するなかで，むしろ肯定的に受け止めている。同書時点でロールズが当てにしていた前提は，カント哲学のような特定の理想や価値観（<ruby>包括的教説<rt>コンプリヘンシヴドクトリン</rt></ruby>と呼ばれる）を背負っていた。このことを自覚した後期ロールズは，正義原理をそうした教説から自立した政治的性質を持つものとして再定義するようになる。ロールズが自身の包括的教説に依拠しながら導き出した正義原理は，多元主義の事実のもとでいったんそれと切り離されることになる（ロールズ 2020: 第5節，第54節）。

　とは言え，この意味で自立した正義原理が何の正当性の根拠も持たなくなるわけではない（Daniels 1996: ch. 8）。異なった均衡を経るからといって，異なった結論に至ると決まったわけではないからである。個々の包括的教説は，――例えば，リベラルなら自律，リバタリアンなら同意，功利主義者なら効用といった観点を中心とする――各々の反照的均衡を通じて，平等な基本的諸自由の尊重といった同一の政治的正義原理に達することも考えられる。こうした収束は，「重なり合うコンセンサス」を形成し，社会の安定性に寄与するのだ（ロールズ 2020: 第11節，第57節）。

　もちろん，こうしたシナリオが予定調和的に進むとは限らない。重なり合うコンセンサスはそれ自体，「穏当」かそうでないかを会員資格として，特定の正義原理を支持しうる包括的教説をあらかじめ慎重に選別しているだけかもしれない。実際，欧米や日本でもここ十数年ほど加速している国内の分極化の状況を踏まえれば，たとえ政治的正義原理に限定したとしても，その具体的内実に関してどこまでコンセンサスが期待できるだろうか。多元主義の事実は，人々の素朴な確信に依拠する反照的均衡の方法にあらためて難題を投げかけている。

4. 反照的均衡の公共性

（1）反照的均衡は誰のものか

　前節では，規範研究の方法として反照的均衡の是非を考えてきた。結局のところ，包丁とはさみの選択がそうであるように，いかなる方法も

万能ではなく，固有の長所と短所を備えている。規範研究者は，自分自身の目的に照らして，例えば，言語分析の方法を用いてもよいし（ヘア1994），合理的選択の方法を用いてもよい（ゴティエ1999）。方法はあくまでも方法にすぎず，その是非は使い手にとっての有用性の点から判断されるだろう。本節では最後に，「現実と向き合う」という本書全体の狙いを踏まえて，反照的均衡の方法を役立てる主体が誰かについて考えてみたい。

　素朴に考えれば，ロールズが『正義論』時点で想定していたように，反照的均衡は研究者の営為であり，その主体は研究者である——「本書のねらいに即するなら，読者と著者の見解だけが重視されることになる。そのほかの人びとの意見は，私たちの頭の中を明瞭にするためにのみ使われるに過ぎない」（ロールズ2010: 70頁）。しかしながら，政治理論が研究者の知的関心を満たすためのみならず，現実と向き合うための学問分野であろうとすれば，政治理論に付される前提条件，およびその結論の名宛人もまた，研究者から実務家，あるいは一般市民へと，拡張されることが想定できる。

　第一に，均衡の前提は公共的でありうる（Miller 1999: ch. 3）。今日の政治社会を構成するのは，哲人王の統治ではなく民主主義の統治である。そこでは研究者も市民の一人であり，それゆえ研究者の意見もまた数ある意見のうちのひとつにすぎない。それゆえ，反照的均衡にあたっての思考の糧となるのは，研究者の専門的見解というよりは一般市民の日常的意見である。たとえそれが思いつきの産物で，不安定で矛盾してさえいるように見えたとしても，研究者ははじめからそれを否定してかかる前に，まずは理解するよう努めるべきである。

　第二に，均衡の結果は公共的でありうる（ウルフ2016: 序論）。規範は法律や規則一般と同様に，社会生活のなかで必要とされるものであり，人々に受け入れられるものでなければならない。研究者は概して，新規で挑発的な結論を引き出すことに理論的関心を示すが，そうした傾向が必ずしもその理論を実践する人々のためになるわけではない。実践からかけ離れた結論は，それ自体結論の妥当性を再考すべき一見した証拠に

なりうる。自ら案出した正義原理を一方向的に社会に応用することだけが，研究者の仕事ではない。

　第三に，均衡の過程も公共的でありうる（de-Shalit 2006: ch. 3）。規範研究の前提や結果を公共的なものとするための一番の近道は，研究者がその持ち場である研究室や研究会から足を踏み出して，市中の人々と交流することである。市民集会や委員会，審議会に参加して意見収集・意見交換することも有益だろう。友人や家族と過ごす日常生活の経験もまた，規範研究に何がしかの影響を及ぼしうる。こうした公的・私的なコミュニケーションを通じて，反照的均衡は，市民が共同で参与する社会的実践の産物として捉えられるようになる。

（2）公共的正当化

　ロールズもまた，正当化のある局面では市民の役割を積極的に評価する。彼は後期に至り，憲法の必須事項に関わるような正義原理――具体的には，正義の第一原理（ロールズ 2020: 第 13 節 第 5 項）――に関しては，政治社会の成員すべての支持を取りつけるような公共的正当化を経るべきだと論じている（ロールズ 2020: 第 9 節）。なぜなら，多元主義の事実のもとでは，いかなる政治的決定も一部に対して強制力を伴わざるをえない以上，こうした強制力に服することそれ自体は強制によらず受け入れられなければならないからである。ここで正義原理は，それに服する人々のすべてがそれを支持する理由を持つことをもって正当化される。

　確かに人々は，そうした正義原理を支持する様々な理由を持っており，それは各々の包括的教説に応じて多様でありうる。しかしながら，人々は結果的に同一の政治的正義原理を支持しており，しかもそのことを互いに認識しているため，反照的均衡はある種の一般性を獲得する。そこでは，「政治的正義あるいは一般性の各レベルのいかなる特定の種類の熟考された判断も，公共的正当化のすべての重みを支えているとは考えられていない」。こうして，正義原理とそれを支える諸々の判断のあいだに，次のような「完全な」反照的均衡が生まれる。

190

市民たちは，政治的正義の同一の公共的構想を支持していることを認識しているから，反照的均衡は一般的でもある。つまり，同一の構想がすべての人々の熟考された判断によって支持されているのである。それ故，市民たちは，一般的な広い反照的均衡，あるいは完全な反照的均衡と呼んでもよいものに到達したのである。（ロールズ 2020: 60-61 頁）

実践的問題として，市民が反照的均衡の過程にどのように寄与しうるのか，疑問の余地はある（Baderin 2017）。市民による正義原理への支持はどこまでの熟慮と討議を経て，どこまで自覚的になされているのか。公共的正当化は支持された正義原理の正統性のみならず正しさをも保証できるのか。ロールズのような研究者が支持する結論と市民が支持する結論が異なったらどうなるのか。ともすれば，それは研究者には一般市民のように考えることを，逆に一般市民には研究者のように考えることを要求しているのではないか。

規範的政治理論の主体論は，社会調査の役割や専門知と実践知の関係など，のちの章のテーマとも関連している。ともあれ，本章の冒頭で述べたように，ロールズが『正義論』に連なる様々なアイディアを世に問うたのは，研究者のみならず社会全体の規範意識が先鋭化する「政治の季節」の只中にあるアメリカだった。その意味で，ここで紹介した反照的均衡の方法は，その当初から現実と向き合うことを織り込んでいたと言えるかもしれない。政治理論の成果を，どのような場面でどのように生かしうるか，本書を読み終えたのちにあらためて振り返ってほしい。

》注

(1) ロールズ自身の反照的均衡は，原初状態論を組み込むより複雑な構成をとっているが，政治理論におけるより一般的な方法としての概要を示すため，その点について，ここでは言及しない。

研究課題

1．身近な直観を用いながら，反照的均衡の方法を，個別判断と一般原理のあいだの関係として例示してみよう。
2．反照的均衡に向けられる批判の要点を整理しつつ，それが的を射ているかどうかについて，各自の意見を論じてみよう。
3．民主主義社会において研究者の専門的見解は，ある政策の正しさを証明するのに，どれほど決定的だろうか。科学的問題や倫理的問題など，政策課題の性質を分類しつつ考察してみよう。

参考文献

Baderin, Alice（2017）"Reflective Equilibrium: Individual or Public?" *Social Theory and Practice* 43/1: pp.1–28.

Brandt, Richard B.（1979）*A Theory of the Good and the Right,* Oxford: Clarendon Press.

Daniels, Norman（1996）*Justice and Justification: Reflective Equilibrium in Theory and Practice,* Cambridge: Cambridge University Press.

de-Shalit, Avner（2006）*Power to the People: Teaching Political Philosophy in Skeptical Times,* Lanham: Lexington Books.

Hare, R. M.（1975）"Rawls' Theory of Justice." In *Reading Rawls: Critical Studies on Rawls' 'A Theory of Justice',* ed. Norman Daniels, New York: Basic Books: pp.81–107.

Knight, Carl（2017）"Reflective Equilibrium." In *Methods in Analytical Political Theory,* ed. Adrian Blau, Cambridge: Cambridge University Press: pp.46–64.

List, Christian and Laura Valentini（2016）"The Methodology of Political Theory." In *The Oxford Handbook of Philosophical Methodology,* eds. Herman Cappelen, Tamar Szabó Gendler and John Hawthorne, Oxford: Oxford University Press: pp.525–553.

Lyons, David（1975）"Nature and Soundness of the Contract and Coherence Arguments." In *Reading Rawls: Critical Studies on Rawls' 'A Theory of Justice',* ed. Norman Daniels, New York: Basic Books: pp.141–167.

Miller, David（1999）*Principles of Social Justice,* Cambridge, M.A.: Harvard University Press.

Singer, Peter（1974）"Sidgwick and Reflective Equilibrium." *Monist* 58/3: pp.490–517.

ウルフ，ジョナサン（2016）『「正しい政策」がないならどうすべきか――政策のための哲学』大澤津・原田健二朗訳，勁草書房。

ゴティエ，デイヴィド（1999）『合意による道徳』小林公訳，木鐸社。

ヘア，R・M（1994）『道徳的に考えること――レベル・方法・要点』内井惣七・山内友三郎監訳，勁草書房。

マクダーモット，ダニエル（2011）「分析的政治哲学」（遠藤知子訳，デイヴィッド・レオポルド／マーク・スティアーズ編『政治理論入門――方法とアプローチ』山岡龍一・松元雅和監訳，慶應義塾大学出版会：15–39 頁に所収）。

松元雅和（2018）「ロールズと倫理学方法論」（井上彰編『ロールズを読む』ナカニシヤ出版：27–49 頁に所収）。

ロールズ，ジョン（2010）『正義論　改訂版』川本隆史・福間聡・神島裕子訳，紀伊國屋書店。

ロールズ，ジョン（2020）『公正としての正義　再説』エリン・ケリー編，田中成明・亀本洋・平井亮輔訳，岩波現代文庫。

11 | 政治制度の規範的政治理論

遠藤知子

　規範的政治理論は，政治が，どう「あるべき」かを示す道徳原理や価値を明らかにする道徳哲学であるのに対し，政治制度や政治過程が，どう「ある」のかは，経験的な社会科学があつかう問題であるという役割分担が一般的に受け入れられてきた。しかし，近年，規範的政治理論における制度的転回とも言える現象が起こっている。

　本章では，理想的な正義原理を正当化する営みに対し，政治制度を規範的考察の対象とすることを提案するウォルドロンの政治的政治理論の論点を整理する。その上で，ロールズの制度論をウォルドロンが提示する制度の規範的側面と照らし合わせながら検討し，規範的政治理論が政治制度に注目することの意義を考察する。

《キーワード》　政治制度，民主主義，意思決定過程，尊厳，ロールズ，財産所有制民主主義

----

1. 規範的政治理論に対する批判

　ロールズの正義論が現代英米の規範的政治理論を決定的に方向づけたことは，多くの論者によって指摘されてきた。それは，内容やテーマにおいてだけでなく，方法論においても「方法論的ロールズ主義」への転回をもたらしたと言われている（松元 2015: 80 頁）[1]。ロールズの方法論は，分析的な道徳哲学の系譜に位置づけられる。すなわち，概念分析によって命題の前提となる自由や平等，正義といった抽象的概念の意味を特定し，その上で正義原理を論証によって正当化する営みである。ロールズの正義論は，この一連の分析的方法に則って，政治の目標となる指令的な正義原理を導出することを目的とした。

　さらに，ロールズは理想理論と非理想理論とを区別し，自身の正義論

を理想理論の一つとして位置づけた（Rawls 1999: p.216 ＝邦訳 331 頁）。理想理論の目的は，人々が正義の原理を理解し，それを進んで遵守するとともに，社会の基礎的な諸制度が正義原理をおおむね満たしているような秩序立った社会に適用されるべき正義原理を示すことである。もちろん現実は，このような理想的情況からは程遠く，理想理論の正義構想を直接適用すべきだとは言えない。しかし，ロールズは，規範理論の営みはまずもって現実社会の到達目標となる理想的な社会像を描くことであると考えた。したがって，ロールズが正義原理を正当化する際に用いた論証もまた，現実の社会関係の歪みや不正義を捨象した原初状態という理想的な情況を前提とする。

　以上の方法に基づくその後の規範的政治理論の展開は，ロールジアン・パラダイムとも呼ばれていることから，その影響力の大きさがうかがえる。中でも，正義と平等の関係を論理的に再構成する平等主義的正義論は，「その文献量の多さからして分析的政治哲学の中枢を担ってきた」（井上 2014: 19 頁）と言える。そこでの問いは，次のようなものであった。正義の要請として何——資源，厚生，あるいは潜在能力——の平等を目指すべきなのか。平等に対して最不遇者の状況改善を優先することは正義にかなっているのか。分配結果に対する個人の責任と運をどう勘定すべきなのか。このような平等主義的正義論は，ロールズをはじめ，R. ノージック，R. ドゥオーキン，A. セン，G.A. コーエンなど，20 世紀後半の名だたる政治理論家によって発展を遂げた。

　同時に，このように理想的な情況を想定して——すなわち，現実の政治的対立や社会関係の歪みを捨象して——政治社会の目標を描くロールズ的な方法論には，様々な批判も向けられてきた。

　第一に，正義原理を導出する上で前提とされる個人像に対する批判がある。正義原理を選択する原初状態における人々は，無知のヴェールによって自らの社会的地位や能力，善の構想に関する情報が遮断されている。すなわち，自身を取り巻く社会関係やコミットメント，権力関係などから自由な，独立した，自律的な個人が正義原理に合意するための仮想的契約の主体として設定されているのである。しかし，実際の人々は，

社会関係から自由ではなく，それによって制限づけられている。フェミニズムの論者によれば，このように現実の権力関係を等閑視して正義原理をかざすことは，女性が日常的に直面する私的領域における権力関係，社会的分業とそこから派生するジェンダー差別を隠蔽し，それらに加担することを意味する（Cf. Okin 1989 ＝邦訳 2013）。

　さらに，コミュニタリアニズムのリベラリズム批判もまた同様に，ロールズの正義論が前提とする人間像を主要な敵手とする。例えば，マイケル・サンデル（Sandel 1982 ＝邦訳 2009）によれば，ロールズの政治的正義論は，個人のアイデンティティが歴史的に条件づけられた個別的な共同体への帰属によって形成されていることを見落としている。このため，正義以外の価値——具体的な他者や社会的に構成された文化的価値へのコミットメント——を評価することができないと主張する。これに通じる批判はフェミニズムの立場からもなされている。女性が担ってきたケア労働は，具体的な他者へのコミットメントに根づいている。具体的な社会関係に規定された人々を合理性や正義感覚を持つ個人へと抽象する規範的政治理論は，他者に依存せざるを得ない人間の条件を否定し，またそうすることで，ケアの価値とそれに対する責任を軽視するとの批判がなされている（Kittay 1999 ＝邦訳 2010）。

　第二に，政治が目指すべき目標を明らかにすることに主眼を置く道徳哲学としての規範的政治理論は，政治が目指すべき価値の背後にある政治的対立や権力関係およびそれらを規定する制度構造を理論的考察の対象から排除してきたとする批判がある[2]。例えば，第 2 章でも見たように，アイリス・マリオン・ヤング（Young 1990）は，ロールズの正義論を含む支配的な規範的政治理論を社会的生産物の分配結果を重視する結果状態的な正義論として批判した。ヤングによれば，結果論的な正義論は分配パターンの決定を左右する社会構造や制度的文脈を無視することで，現行制度とそれによって生み出される支配や抑圧の社会関係を暗黙裏に正当化してしまう。

　これらの批判に共通していることは，ロールズ主義的な規範的政治理論が現実の社会関係や価値対立，そしてそれらを生み出す社会構造や制

度に対して適切に配慮していないとする立場である。その結果，現行制度に内在する不正義を正当化したり，具体的な他者や価値へのコミットメントを含む正義以外の価値を見落としてしまっているとされてきた。それでは，政治の目標とされる規範原理をめぐる社会的対立と集合的意思決定の構造を射程に入れるような規範的政治理論とは，どのようなものなのだろうか。以下では，ジェレミー・ウォルドロンの「政治的な」政治理論に関する議論を見てみよう。

2. ウォルドロンの「政治的な」政治理論

先述した通り，20世紀後半の英米規範的政治理論は，分析的な手法によって正義原理を特定する道徳哲学の一種として理解されてきた。しかし，2010年代以降，徐々に理想的な正義原理を特定することに偏重する規範的政治理論の問い直しがなされるようになる。分析的な平等主義的正義論の発展に決定的影響を与えた「ロールズ産業」においても，後期ロールズが正義にかなう制度構想として取り上げた財産所有制民主主義に関する議論を中心に，彼の制度論を主要なテーマとする研究が蓄積されてきた（Cf. O'Neill and Williamson 2014）。また，2010年から2014年までオックスフォード大学オール・ソウルズ・カレッジのチチェリ社会政治理論講座教授（Chichele Chair of Social and Political Theory）を務めたジェレミー・ウォルドロンが2011年に行った就任演説の題目は，「政治的な政治理論（*Political* Political Theory）」であった。同講座は1944年以来，G.D.H. コール，J.P. プラムナッツ，I. バーリン，C. テイラー，G.A. コーエンによって歴任され，オックスフォード大学をはじめ，英米の政治理論研究に対して大きな影響力を持つ地位である。法哲学者としても著名なウォルドロンは，この演説の中で，規範的政治理論の関心を民主主義社会における政治制度に向けるべきだと主張し，まさにオックスフォード大学が主導した分析的な規範的政治理論の方向転換を提言したのである。以下では，ウォルドロンの議論を概観してみよう。

ウォルドロン（Waldron 2013: p.5）は，デイヴィッド・ヒュームや前

任者でもある G.A. コーエンを参照しながら，規範的政治理論が扱うべき問いを三つの選択肢に整理する。

　第一の選択肢は，個人の徳性に注目することである。個人の徳性に注目する政治理論としては，君主に必要とされる徳性に関するマキアヴェッリの分析や，リベラルな規範へのコミットメントを求める包括的リベラリズムなどの立場が挙げられる。この立場によれば，良き政治，または悪しき政治は，統治者や市民の知恵や利他心など，個人の徳，あるいはその不在によってもたらされるものとされる。

　第二は，ヒュームに習い，政治制度に焦点を当てる選択肢である。具体的には，制度枠組みや政治過程が本来利己的な人間の行動を統制し，共通善をもたらすように作用する仕方に注目することを政治理論の問いとすることである。例えば，政体や法制度，三権分立，連邦主義などの制度を取り上げることが考えられる。この立場によれば，良き政治，または悪しき政治は，制度選択の問題である。

　第三の選択肢は，政治が目指すべき目標や理想を明らかにすることである。ウォルドロンは，この立場を代表する規範的政治理論として前任者の G.A. コーエンの研究を取り上げる（Waldron 2013: pp.3-4）。コーエンは，能力ある富裕層のインセンティブ報酬を前提とするロールズの格差原理を批判し，利他的な個人を想定した正義原理を選択すべきだと主張した[3]。すなわち，彼は政治制度だけでなく，そのうちで行為する個人の性格にも注目すべきだと考えたのだ。しかし，ウォルドロンによれば，コーエンにとって政治制度や個人の徳性は中心的な関心事ではなく，正しい正義原理を導出するための諸前提でしかない。このように，規範的政治理論の問題関心は，良き政治に必要な制度選択でも，どのような徳性を涵養すべきかでもなく，政治社会がどのような目標や理想を追求すべきかにこそあるとする立場は，コーエンに限らず英米の規範的政治理論において広く共有されてきた。規範的政治理論は，政治的実践に応用すべき道徳哲学であり，政治の指針となるような道徳原理や価値を明らかにする営みとして理解されてきた（Cf. McDermott 2008; Swift and White 2008）。

　ウォルドロンは，英米の——特にイギリスの——規範的政治理論は，この第三の選択肢に多大な貢献をしてきたのに対し，正義や平等を達成するための政治制度や政治過程については，ほとんど関心を寄せてこなかったと主張する。ウォルドロンの立場は，正義原理を分析的に導出する営み自体の価値を否定するものではない。しかし，この演説の目的は，そこに向けられてきた過度な関心とエネルギーを「政治的な政治理論」へと向け直し，今後の政治理論の方向づけをすることであった。「政治的な政治理論」によってウォルドロンが意味するのは，つまり，制度を焦点化する政治理論である。それは，現実の人々が政治が追求すべき価値について対立し，そうした対立を調整する上で欠かせない制度枠組みと合意形成のあり方もまた政治的選択の問題だからこそ，「政治的」問題なのだ（Waldron 2013: pp.8-9）。

　しかし，政治制度を規範的政治理論の課題とするということは何を意味するのだろうか。すなわち，政治制度や政治過程は，どのような意味で規範的な問題となりうるのだろうか。ウォルドロンによれば，制度は政治的選択の問題であるため，そうした選択を裏づける規範的価値の争いは避けられない。

　第一に，帰結主義的な観点からの価値選択がある（Waldron 2013: pp.10-11）。すなわち，ある制度がもたらす効果をめぐって，正義，平等，自由，効率，経済成長などの価値の対立がある。さらに，ある制度のコストに対する評価にも，単に効率性だけではなく，予算配置に伴う規範的な問題が潜む場合がある。したがって，制度設計や制度の選択を検討する際には，それによってもたらされる価値をめぐる規範的な議論が必要になる。

　第二に，こうした帰結主義的な観点からだけでなく，制度や政治過程自体が特定の価値を体現する場合がある（Waldron 2013: pp.12-14）。ウォルドロンは，民主的意思決定過程や法の支配，刑罰を受ける際のデュー・プロセスなどを取り上げ，それらがもたらす効果や帰結とは別に，制度の設計自体の価値表出的側面に注目する。どのような制度が人々の平等な地位や尊厳を尊重し，反対に，どのような制度がそれらを否定するの

かもまた理論的な考察が必要な規範的問題である。

　第三に，政治を安定させ，秩序づけ，持続可能なものにするために欠かせない枠組みとしての政治制度に対する価値評価がある（Waldron 2013: pp.14-17）。価値や利害を異にする人々の間の政治的熟議や意思決定過程を媒介する制度なき政治は，いわば自然状態における万人の万人に対する闘争に等しい。ウォルドロンは，ハンナ・アーレントの議論を念頭に，民主的な熟議を保護し，他者と協働することを可能にするための枠組みとして，立憲主義的諸制度が欠かせないことを指摘する[4]。アーレントにとって，政治とは人間の複数性を前提に，唯一無二の個々人がそれぞれの立場から互いに意見を交換し，共有可能な公共空間を形成するプロセスである（Arendt 1998[1958]＝邦訳 1994）。一人ひとりが互いに異なる視点を持つからこそ，そうした複数性を担保するためのルールや制度が必要なのだ。反対に適切な手続きを等閑視し，手段を選ばない結果ありきの政治は人々の複数性を否定し，民主的政治を保護する壁を取り崩すことで，いわば暴力的に画一的な視座を人々に押しつけることになる。

　ウォルドロンが提唱する政治的政治理論をまとめよう。彼による政治的な政治理論とは，価値や理念の対立を前提とする民主的社会において，正義や平等，自由などの規範的価値――政治の目標――に至るための政治制度と政治過程に関する規範的考察を直接の主題とするような政治理論である。政治制度の規範的要素には，1）帰結主義的な観点から見た制度の効果の規範性，2）制度設計が内在的に個人の尊厳を表出したり，それを否定したりするという意味での規範性，3）民主的社会の安定性を保護する枠組みとしての規範性が含まれる。規範的政治理論は，政治が目指すべき道徳的原理だけでなく，政治制度そのものに内在するこのような多層的な価値についても考察すべきであるということがウォルドロンの主張である。これらはすべて規範的な価値選択に裏づけられた政治的選択の問題であるため，政治的な政治理論の問題対象となりうる[5]。それは，道徳哲学としての規範的政治理論を経験的な社会科学によって補強するということではなく，経験的な制度そのものを規範的

考察の対象とするような規範的政治理論である（Waldron 2013: p.21）。

3. ロールズの制度論

　政治的な政治理論は，具体的にどのような制度を規範的考察の対象とすべきなのだろうか。法哲学者でもあるウォルドロン自身は，立憲主義，権力分立，国際法，法の支配，控訴手続，裁判制度，二院制，選挙制度，政党制，立法制度，代表制などを例として挙げている（Waldron 2013: pp.18, 21）。しかし，これらのような代表的な政治制度以外にも，民主主義政治に大きな影響を与える社会の主要な制度として，生産と所有の仕組みから成る経済制度が挙げられる。本節では，ロールズが自身の正義原理を実現する制度構想として提示した財産所有制民主主義を取り上げ，ウォルドロンの政治的政治理論の観点から考察してみたい。

　先述した通り，ロールズの正義論は，正義原理の正当化を目的とする道徳哲学の系譜に位置づけられる。初期のロールズにとって正義を実現するための制度論は，導出された正義原理の実践的含意を反照的に振り返り，民主的社会における人々の道徳的確信と一致するかどうかを探るために用いられている。すなわち，「制度論は，導出された原理を，その実践的含意において検証し，見直すための場」として位置づけられていた（大澤 2011: 281 頁）。しかし，2001 年にロールズの『公正としての正義−再説』（以下『再説』）が出版されて以来，正義原理を正当化するための関心からだけではなく，彼の制度論自体を主要な関心とする研究が展開されるようになっている。

　ロールズの制度的正義論と彼が正義原理を満たすと考えた制度構想である財産所有制民主主義については第 2 章で詳しく取り上げたが，ここでも改めて振り返っておこう。ロールズの正義論の重要な特徴の一つとして，それが次の意味で制度的正義論であることが挙げられる。正義は個人の徳性の良し悪しによってもたらされるのではなく，また既存の制度構造に対する個別的な政策介入によってもたらされるのでもない。そうではなく，正義の一義的な対象は，ロールズが社会の基本構造と呼ぶ主要な社会制度の組み合わせが人々の人生の見込みに影響する仕方であ

る（Rawls 1999: p.6 ＝邦訳 10-11 頁）。マーティン・オニールとサド・ウィリアムソンは，財産所有制民主主義に関する論文集の序章で，「正義を単に個人の倫理または断片的な政治改革の問題としてではなく，包括的な制度の問題として捉えることへのコミットメント」こそが「社会思想に対するロールズの最大の貢献」であると述べている。彼らは，従来の捉えられ方に反し，ロールズの理論は「資本主義の結果だけではなく，その基盤となる制度に道徳的関心を寄せる」ものなのだと主張する（O'Neill and Williamson 2014: p.2）。

　さて，ロールズは，『再説』において自身の正義原理を満たす制度構想はそれまで考えられていたように福祉資本主義ではなく，財産所有制民主主義であると述べている。生産財とそれに対するコントロールを社会の一部が独占することを許容する資本主義は，政治的権力の集中をも許容してしまう。これに対し，財産所有制民主主義は，人的資本と生産財の所有を広く分散させることで，人々の政治的影響力の基盤となる経済権力を分散させる制度構想である。財産所有性民主主義の具体的な制度は論争的であるが，例えば，労働者管理型企業は，雇用労働における構造的な支配服従関係を念頭に，労働者や一般市民が生産財の使用方法や投資の方向性，それに伴う社会的分業に関して民主的に決定することでそうした支配服従関係を克服し，誰もが対等な立場から社会に参加するための条件を整備することが目指される。以下では，このような財産所有制民主主義を，ウォルドロンが示した制度の規範的要素と照らし合わせて考察してみよう。

（1）帰結主義的観点から見る制度の効果

　まず，財産所有制民主主義がもたらす帰結に関して，どのような価値選択がなされているのかを現代社会の主要な体制である福祉資本主義との対比で見てみよう。第 2 章でも述べた通り，福祉国家は国ごとに異なるタイプに別れるものの，いずれも資本主義経済の維持と発展を目指すという意味で生産主義的な体制である。福祉国家の諸制度は，人々の生活の安定と厚生の向上を経済成長と結びつけ，両者の最適化を目指して

きた。このために，伝統的な福祉国家は，男性労働者とその家族の再生産を支えるための所得保障制度や教育，医療などの社会サービスを整備した。これに対し，2000年代以降の社会的投資型福祉国家は，知識型経済への移行による安定雇用からの排除が進展する中，人々を労働市場へとつなぎ直すために，教育や職業訓練，仕事と家庭の両立支援などの社会サービスを通じて，福祉政策を再び生産活動を支えるものへと修正しようとする。このように個人の経済的安定と家族形成をかなえる一方，社会全体の生産性を維持し，将来の納税者を育成することで経済と福祉の好循環を達成することが目指される（Hemerijck 2017）。

　これに対し，ロールズの財産所有制民主主義が最優先させる原理は，公正としての正義である。ロールズによれば，社会とは各人が独りでは得ることのできない集合的な利益を生み出す「社会的協働のシステム」である（Rawls 1999: p.4 ＝邦訳7頁）。この社会的協働の達成目標は，経済的生産性の最大化ではなく，すべての構成員が対等な立場から参加し，互恵的にその利益を享受することである。社会的協働の利益と負担を互恵的に分配するということは，単にすべての構成員の状況を現状よりもましにするということではなく，誰もが合理的に受け入れ可能な公的なルールに基づいて機会や利益を分配することを意味する。力関係や社会的条件の格差が排除された公正な手続きに基づいて選択される協働のルールこそが，人々を人格的に平等な存在として尊重する，公正としての正義原理に他ならない。ロールズは，社会的協働の達成目標を描くヴィジョンとしての「社会的理想」は，正義に限らず，効率や生産性を含む複数の原理から構成されていることを認めている（Rawls 1999: p.9 ＝邦訳14頁）。しかし，社会の諸制度の第一義的な目的は，正義を実現することであり，「財産所有制民主主義では，自由で平等な者と見なされた市民間の公正な協働のシステムとしての社会という観念を基本的諸制度において実現することが目標なのである」と述べている（Rawls 2001: p.140 ＝邦訳249頁）。

（2）個人の尊厳の表象

　ウォルドロンは，社会制度がもたらす帰結とは別に，社会制度自体が
個人の尊厳を尊重する場合とそれを否定する場合があることを指摘し
た。福祉資本主義的な経済制度は，次の点で人々の尊厳を十分に尊重し
得ないとするのがロールズの立場である。敗者を特定し，事後的に救済
するような所得再分配は，「挫折し意気消沈した下層階級」を生む可能
性がある（Rawls 2001: p.140 ＝邦訳 249 頁）。社会の小さな部分が生産
財を支配する福祉資本主義的な諸制度では，そもそも背景的制度が人々
の対等な地位を尊重せず，そこで敗北した人々を援助が必要な劣位な存
在とみなす。そうした人々は劣位な者としての自己認識を内面化し，社
会の公共的政治文化の担い手ではなく，そこから取り残され，無力化さ
れた部外者のように感じてしまう。さらに，経済活動においては，一部
の人々が生産手段の使途に対する権限を持つのに対し，大多数の人々は，
日常的な仕事の場において他者の決定に従わざるを得ないという支配服
従関係が生まれてしまう（Cf. O'Neill 2014）。生産財のコントロールを
めぐる地位の不平等は，人々が「自分の人格としての価値について生き
いきとした感覚を持ち，各自の目的を自信を持って推進する」ために必
要な自尊心を蝕んでしまう（Rawls 2001: p.59 ＝邦訳 101 頁）。

　これに対し，財産所有制民主主義は，単に社会的生産物の再分配によっ
て，人々の資源の平等を目指すのではなく，所有と生産の制度編成その
ものが人々の「自尊の社会的基盤」となるよう，地位や権力の基盤であ
る人的資本と経済資本を分散させる制度構想である。

　　その狙いは，ただ単に不測の事故や不運のために敗北した人々を手助
　けすることではなく（手助けしなければならないのではあるが），むし
　ろ，適正な程度の社会的・経済的平等を足場にして，自分自身のこと
　は自分で何とかできる立場にすべての市民を置くということである。
　　最も不利な状況にある人々とは，万事がうまくいったとしてもなお
　不幸で運の悪い人々ではなく――われわれの慈悲や同情の対象ではな
　いし，ましてや哀れみの対象でもなく――，自由で平等な市民たる人々

の間の政治的正義の問題としては，他の何びととも並んで互恵性に
与っている人々である。彼らの支配する資源はそれほど多くないとし
ても，彼らは，相互の利益となり誰の自尊とも両立するものだとして，
すべての人によって承認された，そのような条項に従って自分の分担
役割を十分に果たしているのである。(Rawls 2001: p.139 ＝邦訳248頁)

　ロールズにとって人々の自尊の社会的基盤とは，制度編成が織りなす
社会関係に依拠している。社会の基本的諸制度は，地位のヒエラルキー
や権力の集中をもたらすように編成される場合もあるし，それを緩和す
るように編成される場合もある。人々の地位や尊厳は制度が形成し，そ
して表象する社会関係に起因するため，制度編成自体を改めることなく，
個別的で事後的な政策介入だけではそれらを保障しえないとロールズは
考える。

（3）民主主義政治を保護する枠組み
　最後に，社会制度は，民主主義政治の安定性と持続可能性に必要な枠
組みとして欠かせない。アーレントは，作為的な制度をポリスの政治生
活を保護する城壁に例えている(Arendt 1998[1958] ＝邦訳1994)。では，
財産所有制民主主義において，多様で異なる意見の交換を保護する城壁
とは，どのようなものだろうか。まず，ロールズが政治的熟議に対する
脅威として捉えたのは経済権力の専制である。ロールズによれば，福祉
資本主義の問題点は社会の一部が生産手段を独占することで，「社会の
小さな部分が経済を支配したり，また，間接的に政治生活までも支配し
てしまう」ことであった(Rawls 2001: p.139 ＝邦訳248頁)。経済的エリー
トは，自らの支配的地位を固定化するために，自分たちの利益を支持す
る政治家に対して政治資金を提供したり，メディアを操作したりして政
治過程を歪曲させることができる（Rawls 2001: p.131 ＝邦訳230頁）。
政治的熟議をこのような経済権力の影響から保護するために，ロールズ
が提案する制度は，「選挙の公的助成やキャンペーンへの寄付の制限，
公共メディアへのより対等なアクセスの確保，それにまた，言論の自由

や報道の自由の一定の規制（だが，言論内容に影響を与えると制限ではない）」（Rawls 2001: p.149 ＝邦訳 265 頁）などである。こうした処置は，「熟議民主主義の諸条件を促進し，公共的理性の行使のための舞台を設定する」ために必要とされている（Rawls 2001: p.150 ＝邦訳 265 頁）。

　しかし，オニール（2014）が指摘する通り，こうした処置は通常の福祉資本主義体制と矛盾するものではない。ロールズはこうした対策だけでは公正な政治的価値を保証するには不十分であると考えた。また，先述したような生産過程における地位の格差と日常的な支配服従関係は人々を無力化し，人々の政治的主体化を妨げることで公的領域における多様な意見の反映を妨げる要因にもなる。そこで，公正な政治的価値を保証するには，単に人々の政治的自由を形式的に保障するだけではなく，政治的不平等の根源的な要因である生産用資産の集中を防止する制度構想としての財産所有制民主主義が要請されることになる[6]。このように，経済権力による恣意的な支配から政治過程を保護するための条件として，財産の集中を未然に防ぐことを求める立場をリベラルな共和主義の伝統と結びつける議論も進展している（Thomas 2017）。これらの議論が示唆するのは，政治の防波堤として法律や形式的なルールだけでなく，人々の経済的・実質的な平等を保障する制度の必要性である。

4. 政治的な政治理論の意義

　以上の議論から何が見えてくるのだろうか。端的に言えば，ウォルドロンが指摘するように，政治が目指すべき規範的な目標と制度編成が体現する価値との間の「価値の多層性（layers of value）」に目を向けるべきだということだ。これは，道徳哲学としての規範的政治理論を否定するということではなく，その重要性を認めた上で，それまで見落とされてきた制度構造に内在する規範的問題にも関心を寄せるべきだということである。そうすることで見えてくるのは，政治的なるものの多元性を適切に捉える規範的政治理論の可能性である。

　財産所有制民主主義と他の制度構想との制度選択の問題には，第一に，政治が目指すべき価値の選択の問題がある。このためには，現行制度が

目指す規範と人々が抱く道徳的確信との間の不整合を道理的に明らかにするような分析的な規範理論が必要である。

　しかし，政治の目標となる原理の選択だけではなく，第二に，それを追求するための制度や過程自体が実現したり否定したりする価値の選択の問題がある。つまり，規範的政治理論が注目すべき問いは，どの決定がなされるべきかだけではなく，いかに決定されるべきかも含まなければならない（Swift and White 2008: p.55 ＝邦訳 77 頁）[7]。このためには，意思決定のあり方を左右する政治制度の構造に注目する必要がある。ロールズによる福祉資本主義批判の核心は，まさに，背景的な生産と所有の諸制度が政治的意思決定権力を一部の人々の手の中に集中させてしまうということであった。それが問題である理由は，第一に，意思決定権力の非対称性が人々の対等な地位と尊厳を損なうからである。第二に，政治的正統性に必要な意見の反映と政治的熟議を妨げるからである。ロールズが，「自尊の社会的基盤」と「政治的諸自由の公正な価値」の制度的条件として提示したのは，人々が他者による支配から自由に自らの社会的条件に関する政治的意思決定に対等に参加できるよう，政治権力の基盤となる経済権力を分散させる財産所有制民主主義であった。

　わたしたちは，このようなロールズの制度論を評価したり，それに対して批判を加えたりすることができる。例えば，ロールズは，人々の社会関係を規定するのは形式的な法制度だけではなく，人々の実質的な平等の条件でもある経済制度について考察している点は評価できるが，生産と所有の諸制度だけでなく，それらと再生産活動の諸制度との関係に関する考察も必要である，といったように。政治的意思決定の結果の道徳的正しさに関する分析と論証だけでなく，このように政治的意思決定過程を規定する制度構造の正義に関する考察を通じて，政治的選択を多角的な観点から評価することが可能になる。

5.　多層的な規範的政治理論に向けて

　本章では，政治の目標とすべき規範原理の正当化に対し，そうした価値をめぐる対立と集合的意思決定過程を規範的考察の射程に入れる「政

治的な」政治理論について，ウォルドロンの議論に沿って検討した。その上で，ロールズの制度論をウォルドロンが示す制度の規範的側面と照らし合わせながら再検討し，制度構造がどのように個人の尊厳や政治的平等を実現したり否定したりしうるのかを検討した。政治が目指すべき規範原理を特定する営みとともに，制度構造が規定する政治的権力，尊厳や地位などの社会関係に関する考察を行うことは，様々な制度の再編が議論されている現代社会において，規範的価値の多層性に配慮した多角的な視点から政治的選択を行う手助けになるだろう。

》》注

(1) ロールズの分析哲学の方法論については，松元（2015: 第 3 章）を参照。

(2) ロールズ的な規範的政治理論が「政治／政治的なるもの」に対する考察を排除するとの批判については，田村（2014）を参照。

(3) ロールズは，経済的な生産性の高い人々の労働意欲を維持するインセンティブとして一定の格差が必要であると考えた。格差原理によれば，社会経済的不平等は，才能ある人々の生産性が社会の最不遇者の利益を最大化する限りにおいて許容される。

(4) アーレントは，立憲主義的制度を，政治共同体を秩序づけ，そのうちで政治生活を営むことを可能にするポリスの城壁に例えている。Arendt（1998[1958]: pp.63-64 ＝邦訳 194-195 頁）

(5) これに対して，制度選択は単に合理的な選択の問題ではなく，歴史的な偶発性に左右されるものだとする批判も向けられている。Runciman（2019）は，この立場から正義にかなう政治制度の設計に関する規範的考察は，肝心な制度変革に必要な道筋を示すことができないと批判する。

(6) O'Neill（2014）は，経済的影響力から政治を保護するために，必ずしも生産財の分散は要請されないとする議論を展開する。彼によれば，むしろ，財産所有制民主主義的制度が必要なのは，自尊の社会的基盤を保証するためである。

(7) Swift and White（2008: p.55 ＝邦訳 75-78 頁）が指摘するように，政治哲学者の役割は，民主的手続きを無視して，仮説的に正しい正義原理を社会に押しつける哲人王として振る舞うことではなく，人々の価値選択を根拠づけることで民主的熟議を助ける「デモクラシーの下働き」を担うことである。

🔖 研究課題

1．個人の尊厳を反映したり，それを損なったりする制度にはどのよう
　なものがあるかについて考えてみよう。
2．「民主主義を保護」する制度とは，どのようなものかについて考え
　てみよう。
3．政治制度の改革にはどのような価値選択が伴うのかについて考えて
　みよう。

参考文献

Arendt, Hannah (1998[1958] = 邦 訳 1994) *The Human Condition*, Chicago: The
　University of Chicago Press. 志水速雄訳『人間の条件』ちくま学芸文庫，1994 年。
Hemerijck, Anton (2017) 'Social Investment and Its Critics', in Anton Hemerijck
　(ed.), *The Uses of Social Investment*, Oxford: Oxford University Press: pp.3-42.
Kittay, Eva Feder (1999) Love's Labor: Essays on Women, Equality, and
　Dependency, New York: Routledge. 岡野八代・牟田和恵訳『愛の労働——ある
　いは依存とケアの正義論』白澤社，2010 年。
McDermott, Daniel (2008) 'Analytical political philosophy', in David Leopold and
　Marc Stears (eds.), *Political Theory: Methods and Approaches*, Oxford: Oxford
　University Press: pp.11-28. 山岡隆一・松元雅和監訳『政治理論入門——方法とア
　プローチ』慶應義塾大学出版会，2011 年：15-40 頁。
Okin, Susan M. (1989) Justice, Gender and the Family, New York: Basic Books. 山
　根純佳・内藤準・久保田裕之訳『正義・ジェンダー・家族』岩波書店，2013 年。
O'Neill, Martin (2014) 'Free (and Fair) Markets without Capitalism', in Martin
　O'Neill and Thad Williamson (eds.), *Property-Owning Democracy : Rawls and
　Beyond*, Chichester: Wiley-Blackwell: pp.75-100.
O'Neill, Martin and Williamson, Thad (2014) 'Introduction', in Martin O'Neill and
　Thad Williamson (eds.), *Property-Owning Democracy : Rawls and Beyond*,
　Chichester: Wiley-Blackwell: pp.1-14.
Rawls, John (1999) *A Theory of Justice*, Cambridge, MA: Harvard University
　Press. 川本隆史，福間聡，神島裕子訳『正義論』改訂版，紀伊國屋書店，2010 年。
Rawls, John (2001) *Justice as Fairness : A Restatement*, Cambridge, MA;
　Harvard University Press. 田中成明，亀本洋，平井亮輔訳『公正としての正義—

再説』岩波書店，2004 年。

Runciman, David（2019）'Review: Jeremy Waldron's *Political* Political Theory', European Journal of Political Theory 18(3): pp.437-446.

Sandel, Michael J.（1982）*Liberalism and the limits of justice*, Cambridge: Cambridge University Press. 菊池理夫訳『リベラリズムと正義の限界』勁草書房，2009 年。

Swift, Adam and White, Stuart（2008）'Political theory, social science, and real politics', in David Leopold and Marc Stears（eds.）, *Political Theory: Methods and Approaches*, Oxford: Oxford University Press: pp.49-69. 山岡隆一・松元雅和監訳『政治理論入門——方法とアプローチ』慶應義塾大学出版会，2011 年：pp.69-98 頁。

Thomas, A.（2017）*Republic of Equals: Predistribution and Property-owning Democracy*, Oxford: Oxford University Press.

Waldron, Jeremy（2013）'*Political* Political Theory: An Inaugural Lecture', *Journal of Political Philosophy*, 21(1): pp.1-23.

Young, Iris Marion（1990）*Justice and the Politics of Difference*, Princeton: Princeton University Press. 飯田文雄，苅田真司，田村哲樹，河村真実，山田祥子訳『正義と差異の政治』法政大学出版局，2020 年。

井上彰（2014）「分析的政治哲学の方法とその擁護」（井上彰・田村哲樹編『政治理論とは何か』風行社：15-46 頁に所収）。

岡野八代（2012）『フェミニズムの政治学——ケアの倫理をグローバル社会へ』みすず書房。

松元雅和（2015）『応用政治哲学』風行社。

大澤 津（2011）「分配の原理と分配の制度——ロールズの財産所有制民主主義を巡って」（『政治思想研究』11：279-307 頁に所収）。

田村哲樹（2014）「政治的なるものの政治理論」（井上彰・田村哲樹編『政治理論とは何か』風行社：47-72 頁に所収）。

12 | 専門知と実践知

大澤　津

　専門知としての政治理論が現実の政治で実践知として役立つ可能性や，科学的専門知が統治のうえで実践知としての権威を持つことの政治道徳的基盤について学ぶ。政治理論では専門知を実践知として活用することを前提とする議論も多いため，その規範的問題に対して自覚的に考える力を身につけることが目標である。

《キーワード》　専門知，エピストクラシー，科学，公的正当化，統治の目的

1．専門知と実践知をめぐる問題

（1）専門知は実践知たりえるのか

　今日，社会的諸問題の解決には，専門的知識（専門知）が役立つと考えられている。専門知は，専門家たちの長期にわたる複雑な議論や研究を経て生まれたもので，そのほとんどは，純粋な知的楽しみという面も含めれば何らかの実用性を持っている。また多くの専門知は，社会的有用性を目指して，公的な補助を受けつつ発展してきた歴史がある。大学での研究などはその典型だ。そして実際に人々の社会生活は，あらゆる側面で専門知の産物やそれに基づく諸制度によって彩られている。まさに，専門知こそが人々の社会生活の基盤だから，社会的問題の解決に専門知が依るべきものとして活かされる——つまり実践的知識（実践知）としての権威を持つ——ことは，自然に思われる。

　だが，これはあくまで漠然とした一般論。政治の上では，専門知が活かされないこともあれば，専門知が役立たない場合もある。専門知が実践知として機能するとは限らない。政治理論はこの事態を，どう問題

化できるだろうか。

（2）二つの問題

　まず簡単に，専門知とは，学術諸領域の専門家のコミュニティによって発展継承され，一般市民にはアクセスしにくい知識を意味し，実践知とは，一般市民の社会生活の問題解決に資する知識を意味するとしよう。そのうえで，ここでは次の二つの問題を考える。

　第一に，政治理論は，政治を通じて問題解決に役立つ実践知でありうるのか，という問題だ。政治理論は，専門知であると同時に，実践知であると考えられてきた（cf. ウルフ 2016: 3 頁）。正義や民主主義に関する知識は，やがて専門家コミュニティを超えて人々に共有され，民主主義的な社会問題の解決を導く実践知としても機能するというアイディアである。しかし，今日ではこの想定には懐疑的な議論が増えている。ここでは，ジョナサン・ウルフ（Jonathan Wolff）の議論を通じて，政治理論の議論が実践に関して持つ意義を簡単に確認するとともに，ジェイソン・ブレナン（Jason Brennan）の議論から，政治理論を実践知とするための社会的状況を作ることが政治道徳的に求められるのではないか，という観点を提示する。

　第二に，政治理論の視点から，専門知や専門家に，実践知とその提供者としての権威が発生するのはなぜかという問題を，自然科学に焦点を当てながら検討する。科学の専門知や専門家は，政策への関与において，必ずしも間違いのない情報や知識を提供できるわけではない。近年の震災やパンデミックにおいてみられたとおり，科学的専門知の実践知としての有益性には限界がある。しかしそれでも人々は，科学的専門知とその専門家に権威を与える。ジョン・ロールズ（John Rawls）の公共的理由の議論が，この状況を理解するための重要な観点を与える。

2. 専門知としての政治理論

（1）政治理論の有用性に関する懐疑的見解

　政治理論の知識は，専門家集団が作りあげる専門知である。そしてそれは，実践知でもあることが期待されている。すなわち，実際の社会問題の解決に役立ってほしい，ということだ。例えば，正義論研究の専門知は，それが貧困問題の解決にひと役買うことを期待される。だが，政治理論の専門知が同時に実践知である可能性については，近年，極めて否定的な見解が発生している。

　まず，実際の政策を導く力についての否定的見解である。ウルフによれば，今日の政治理論は，現実の政策に関わる人々の役に立つようにはできていないと言う。それは政治理論が新奇な議論や理論の一貫性を望むため，現在可能な方法で問題を解決するという政策実施者の要求に応えられないからだ（ウルフ 2016: esp. 260-261, 265-267 頁）。また，哲学者の考える真理は，実践者の間で道徳的権威を持つことができず，単なる参考意見にとどまる（ウルフ 2016: esp. 263-264 頁）。これらの点から，政治理論の議論が直ちに実践知になることは難しいのだ。

　さらに，民主主義の現状では，政治理論の専門知が実践知に転化するなど期待できない，ということを含意する考えもある。ブレナンの言うアメリカ民主主義の欠点などは，まさにそうである。彼が列挙する実証的論点をごく簡単にまとめよう。

　第一に，現在の民主主義において，人々が政治的に無知であり，また政治的知識を身につけても，一人の行動が政治を変える可能性は限りなく小さいとの判断から，無知から脱しないという問題がある（Brennan 2017: ch.2）。例えば，一般的なアメリカ人は，アメリカの政治組織や憲法の内容についてさえ，きちんと知らないと言う（Brennan 2017: p.29）。

　第二に，政治参加を行えば人々が政治に関して啓発された視点を持つようになる，ということは実証的には言い難く，むしろさまざまなバイアスによって人々は不健全な議論を行ってしまう（Brennan 2017: ch.3）。例えば，自分の考えに好都合な証拠をより重視する，自分の仲

間に甘く敵対者に厳しい判断をする，といったバイアスである（Brennan 2017: pp.61-62）。

　第三に，民主主義においては集団が力を持つことはあっても，個人の持ちうる影響力は微々たるものにしかならない（Brennan 2017: ch.4）。総じて言えば，われわれが通常，民主主義の美点と考えるようなイメージ——理知的であることや，思慮深さ，民衆の力——は，きちんと事実を調べるなら，あまり根拠のない神話のようなものだとわかる，ということだ。もし，民主主義の実像がこのようなものであれば，政治理論が実践知として生かされる余地はないだろう。

（2）エピストクラシー

　ウルフやブレナンの考えに従えば，政治理論の専門知が同時に実践知であることは相当難しいとも思える。しかし，政治理論的専門知を実践に役立てることはできる，という議論はなお可能だ。一つは，ウルフが言うように，政治理論的専門知を長期の社会的変化のビジョンとして活用することである。例えば，女性が男性と同じ権利を持つという，18世紀のメアリー・ウルストンクラフト（Mary Wollstonecraft）の議論は，当時は人々に受け入れられなかったが，その後の社会を大きく変えていった（ウルフ 2016: 262-263, 276-277 頁）。このように今とは違う道徳のビジョンを示すことで，直近の問題解決にならなくても，政治理論的専門知は実践的に巨大な含意を持ちうる。

　二つ目は，政治理論的専門知が役立つ社会状況を作ることである。ブレナンの説く「エピストクラシー」は，非常にラディカルな仕方で，政治理論をはじめ，さまざまな専門知が積極的に活かされる統治のあり方を示す好例とも言えることから，詳しく解説しよう（Brennan 2017）。

　ブレナン（Brennan 2017）の政治理論の主張は，民主主義に代わって知識が重んじられる政治体制を作ることである。先にも見たとおり，民主主義はその理想とかけ離れた内実を持っていると言う。あわせて，ブレナンは民主主義がそれ自体として価値を持つという議論を否定し，政治体制の選択について基準にすべきは，そのパフォーマンスであるこ

とを主張する（Brennan 2017: ch.5）。ブレナンはいくつかの議論を提示するが，ここで重要なものを紹介しよう。ロールズは，平等な投票権が人々の市民としての自尊の感情にとって大きな役割を果たすとして，これを非常に重視していた（ロールズ 2010: 714-716 頁；Freeman 2007: p.76）。対するブレナンは，投票権の内実である政治的力は他者への支配に関するものだから，それを自尊感情に結びつけてすべての人に持たせることには問題があることを説く。また，政治的力と政治的平等の結びつきは文化的偶然であり，平等な投票の権利に基づく統治の結果がよくないことがわかるなら，それを切り離すべきであると考える（Brennan 2017: pp.124-132）。つまり，政治体制を選ぶ基準は，その統治の結果によるべきであり，それが持つとされる抽象的価値にあるべきではない，と言うのだ。

　民主主義については，種々の欠点が指摘され，それ自体としての象徴的価値も否定されるが，より重要な点は，これらの点から導かれる民主主義を採用すべきでない道徳的理由である。ここで注目すべきは，ブレナンが政治体制を選択する際の道徳的基準を明確に打ち出すことである。それは「市民は少なくとも，彼らに向けられたあらゆる政治権力を，適格な（competent）決定機関に適切な仕方で行使させる権利を持つと想定される」（Brennan 2017: p.143）という考えから出発する。ここから，政治体制選択についての次の条件が提示される。

　まず，「反権威の見解」である。

　もし道徳的に理に適わず，無知であり，政治について能力がない市民がいるとするならば，そのような市民が他の市民に政治的権威を振るうのを許さないことは正当化される。それは無辜の人々を彼らの無能力［がもたらす被害］から守るために，彼らが権力を握ることを禁止する，あるいは彼らの持つ権力を弱めることを正当化する。（Brennan 2017: p.17）

　次に「適格性（competence）の原理」である。

重要な政治的決定は，もし不適格に，あるいは悪意のある形でなされたのであれば，あるいは全体的に不適格な決定機関が行ったのであれば，不正義であり，正当ではなく，権威を欠くとみなされる。（Brennan 2017: p.21）

　これらを総合すれば，市民の適格な支配への権利を満たすために，政治体制は有能かつ善意に基づくものでなければならず，民主主義は，その決定のあり方がこれらの基準を満たさないから選ばれない。
　ブレナンによる，アメリカの裁判との類比による解説がわかりやすい。理解のため，ここでは次のような単純な話に置き換える。いま，単に裁判員裁判だけで，被疑者の量刑が決まる刑事裁判が採用された国を想像しよう。ここで，この裁判員たちには次のような問題があった（Brennan 2017: pp.151-152）。①結論をコイン投げの表裏で決定するほどに無知である。②迷信を信じ，科学を採用する合理性がない。③事件の理解に大きな支障をきたす不慣れさがある。④人種による差別を行うような道徳的問題を抱えている。⑤買収されてしまうなど，堕落している。さて，被告人は，このような裁判員の決定を受け入れなくてはならないだろうか。おそらく，裁判員の状況から，この裁判は，それ自体が甚だしく不適格なものであるので，受け入れる義務は発生しないだろう（Brennan 2017: pp.151-155）。
　政府の行う決定も，裁判同様に人々の人生に大きな影響を及ぼす決定であるから，同じような議論が可能である（Brennan 2017: p.156）。適格性の原理を拡大して，ブレナンは以下のように言う。

不適格な議決機関の決定，もしくは不適格であったり悪意があったりする決定の結果として，市民の生命，自由，財産を強制的に奪い，または彼らの人生の見込みに重大な害を及ぼすことは不正であり，市民の権利を侵害するものと想定される。政治的決定は，それらが適格な政治的機関によって，適格な方法と善意によってなされたときにのみ，正当であり，権威を持つと想定される。（Brennan 2017: pp.156-157）

そこで，民主主義の下での有権者が，①思いつきだけで政治的決定を行うほど無知であり，②事実より願望を優先して投票を行うほど非合理で，③争点に関しての議論を追いきれないほど不慣れであり，④人種的偏見に基づいて投票するほど道徳的に問題があり，⑤自己の利益のためだけに投票するほど堕落しているのであれば，無辜の人々は不正な支配と向き合うことになる（Brennan 2017: pp.158-159）。先に民主主義の欠点でも見たとおり，ブレナンは，これらは実際の民主主義の姿であると捉えるから，民主主義は政治体制としては選ばれるべきではないのである。

そこで提案されるのが，エピストクラシーという政治体制である。エピストクラシーでは，すべての市民に平等な投票権が発生せず，知識や適格さが人々の持つべき政治的力を定める（Brennan 2017: p.208）。エピストクラシーにはさまざまな形態が想定されているが，代表的なものを紹介しておこう。「制限された参政権のエピストクラシー」では，市民は投票を行うために，自らの知識を証明する試験を受けなければならない。この試験はイデオロギー的なものではなく，政治学や経済学の基礎知識を問うようなものであると言う。但し，政治に関する言論などの重要な自由は守られる（Brennan 2017: pp.211-213）。また，「普通選挙権とエピストクラシーの拒否権」という形態では，これまで同様，人々は平等な投票権を持ち，政治的決定を民主的議会が行う。しかし，この決定を無効にできる「エピストクラシーの評議会」が設置される。この評議会の議員になるには，市民は社会科学と政治理論に関する試験と人物検査を受けなければならない（Brennan 2017: pp.215-218）。これらが示すように，エピストクラシーの政治体制は，知識や善意を確実にした状況下での政治的決定を行うことによって，適切な道徳的質を持つ政治を行おうとするものである。

（3）知識に導かれた政治の理想

ブレナンの目指す政治体制は，知識に基づいた政治によって，道徳的に適切な統治を目指そうとするから，さまざまな専門知が活用されると

言えそうである。政治理論も例外ではなく，例えば，正義についての諸議論は，人種差別を防ぐうえで大きな意味を持ちうる。その意味では，政治理論的専門知が実践知に近い働きをしていると言えるだろう。そこで，ブレナンの議論は，政治理論的専門知が実践知として活用されうる社会状況を作ることを目指すものとも考えられよう。

　この点は非常に重要である。ブレナンの議論は政治的権利の制限を含意するから，かなり論争的だ。また，ブレナンが想定する民主主義は，近年，陰謀論の流行をはじめ，深刻な諸問題が指摘されるアメリカのものであり，日本とは状況が異なる。しかし，人々は道徳的質という観点で適切な支配の下に置かれなくてはならない，という論点は探究に値する。支配の道徳的質の向上は，例えば，正義論などにもある政治理論の根本的問題であり，また道徳をはじめとする諸知識はその核心にあるからだ。知識ある政治という理想には，少なくとも実践的に，多くの政治理論研究者が賛同するのではないか。しかし，ロールズは驚くほど控えめであり，政治理論研究者が政治的権威を持つことを否定していた（Rawls 2005: pp.426-427）。これは政治的平等を考えれば当然に出てくる結論だが，しかし政治的平等と同時に，政治の道徳的質の問題を決める他の側面もある。知識はその一つであり，この点に関しては，もっと広範な議論が必要だと思われる。もちろん，これはブレナンの議論の全体に賛成することを求めるものではない。彼の民主主義の理解や，エピストクラシーの構想には批判もあって当然である。政治理論的専門知を研究し，学ぶのであれば，それによる政治の質の向上の問題に真剣に向き合い，ブレナンとは違ったよりよい政治の構想を提示することも必要かもしれない[1]。

3　科学的専門知の実践知としての権威

（1）政治的平等と科学的専門知の権威

　ブレナンの議論を前提とすれば，現在の民主主義において，専門知の活用は非常に難しく思われる。他方で，科学的な専門知は，多くの国で行政において活用されていることも事実だ。それは民主主義の投票や世

論形成において十分な機能をはたしていなくても，行政実務では，政策形成に大きな影響力を持っているのである。そこで，以下では，専門知や専門家が行政によって統治に用いられることを前提とした問題を考えていこう。

　学術諸分野の専門知や専門家が行政に活かされることが一般によいこととされるなら，その理由は，社会的諸問題の解決に関する望ましい成果が得られることにあるだろう。特に，自然科学に関連する専門知や専門家は，このような観点から大いに活用されてきた歴史がある。われわれは，専門家に問題解決のうえでの権威を与えることを通じて，科学的専門知に実践知としての権威を持たせるのだ。しかし，科学的専門知が実践知として活用されることには懸念もある。つまり，人々はみな政治的に平等であるという民主主義の理念と，科学の専門知を有する専門家が権威を持つことには緊張関係があるのだ。この10年間ほど，日本においても世界においても，科学的専門知や専門家と政治の関係を問うべき事態が多かった。大規模自然災害や新型コロナウイルス感染症はその例である。これらの事態おいて，科学の専門家には行政上，大きな活躍が期待される一方で，その限界もまた明らかになった。つまり，科学的専門知はそれ自体が論争的であって，確実ではないし，それゆえ科学の専門知や専門家がどれだけ役立つかも確実ではないということである。当然と言えば当然だが，これは大きな問題をはらむのである。

　詳しく述べよう。民主主義社会では人々はみな政治的に平等だから，特別な影響力を持つ人物がいるということは，この理念からは本来望ましくない。それでも，科学の専門知や専門家に行政上の権威を持たせるのは，多くの人にとって望ましい結果をもたらすと期待されるからだろう。もし，科学の専門知や専門家がそのポテンシャルを持たないなら，なぜこれらに権威を持たせ続けるのだろうか。この問題は科学的専門知や専門家の力がますます必要と感じられる社会的重大事案——深刻かつ新奇であるため対処がそもそも相当困難であり，また専門家の間でも関連する知識への合意がみられないような事案——では特に大きくなる。このような場合には，政治的平等を優先させた方がよい，という考えも

ありえる。つまり，専門家ではなく世論の動向で政策を決めてしまう，というあり方だ。しかし多くの人は，専門知や専門家によって支えられた行政を望むのではないだろうか。もしそうなら，科学の専門知や専門家に，市民はどんな役割を期待するべきなのだろうか。そしてなにより，政治的平等の価値と科学の専門知や専門家の権威は，どう両立するのだろうか。

　政治理論の専門知はいかに政治に活かされるかという議論とは別に，この問題は重要である。というのも，政治理論それ自体においても，科学の専門知や専門家の行政的活用が前提とされることは多々あるからだ。例えば，気候正義論においては，科学の専門知と専門家が行政で活躍することは当然の前提となりえる。そうであれば，科学の専門知と専門家の権威の根拠やそのあり方を考えることは，現実に向き合う政治理論にとって欠かせないだろう。

　上記の問題には，ロールズが提案した公共的理由（public reason）の議論が一つのヒントを与えてくれる。すなわち，科学的専門知の活用は確かにより望ましい統治の結果を求めて必要になる面もあるが，それ以上に市民が互いに正当化可能な政策を提案しあうために必要となるのだ，という観点だ。よい結果が得られる可能性はその正当化根拠の一部に過ぎないし，また，よい結果が得られなくても，科学の専門知や専門家に実践知としての権威を持たせるという政治のあり方は変わらない。

（2）公共的理由と科学的専門知

　公共的理由に関する今日の議論は，20世紀の政治理論の大家であるジョン・ロールズに由来する。それは，民主主義社会で人々が政治的事柄について議論し，政策的強制を行うときに用いるべき理由を指し，裁判官や議員，行政官などはもちろん，政治的決定を下す市民も提示すべきものである（Rawls 2005: pp.213-220; ロールズ 2006: 194-204頁）[2]。つまり，政策の公的正当化に使われる理由だ（Rawls 2005; ロールズ 2006: 224-225頁）。

　公共的理由は，人々が一般に受け入れている民主主義的政治文化を支

える諸価値に基づかなくてはならない（Rawls 2005: p.223）。例えば，人々の平等や自由の尊重などはそのような理由を構成する民主主義的社会の諸価値である（Rawls 2005: p.224; ロールズ 2006: 209 頁）。公共的理由は，憲法やその他の法律などにも明記されるから，人々が受入れるべきものであると考えることができる（cf. ロールズ 2006: 209-210 頁）。その点で，市民のすべてが受け入れ可能と考えられる。他方で，ロールズが包括的教説と呼ぶ人々が共有しない思想（例えば，宗教思想）に由来する諸理由はふさわしくない（ロールズ 2006: 193-194 頁）。つまり，政策決定においては，民主主義社会に生きる市民としての人々が，総じて受け入れ可能な理由を提示することが重要なのだ。この考え方の根拠には，お互いを自由かつ平等な者として尊重すべきだという，民主主義社会の理念がある（ロールズ 2006: 198-202 頁）。

　さて，ここで重要なポイントは，ロールズの公共的理由を支える基礎の一つが科学，すなわち「科学上の論争的でない方法と結論」であることだ（Rawls 2005: p.224）。行政上，政策の検討にあたっては，その妥当性を様々な観点から考えるが，それには包括的教説に基づく方法は採用できない。例えば，自然災害の可能性を考えるために，聖典や占いは使えない。市民一般が共有しないからだ。そこで使用可能なのは，科学的方法ということになる。クリストバル・ベロリオ（Cristóbal Bellolio）によれば，科学は人々の一般的なものの見方や考え方——証拠によって現実がどのようなものかを理解する——と根本的に違わないから，市民一般にとって共有可能なのである（Bellolio 2019: esp. pp.206-208）[3]。

　もちろん，科学に反対する人もいるが，これまでの法律は科学的根拠に基づくことが普通で，議会の審議も同様である。他方で，占いに基づく政策の提案や法律の実行は，ほとんど不可能である。そうであれば，科学的方法以外に公共的理由の形成にふさわしい方法はありえないだろう。そこで，科学的専門知は，行政が政策を公に正当化する上で，重要な柱になる。専門家も同様だ。政治的平等の価値から，科学の専門知と専門家に権威が発生するのである。

　重要な点として，政治の上では，科学の専門知や専門家に権威を与え

るのは，政治的平等の価値を尊重するための公的正当化の必要なので
あって，これらの実践の上での有益さ，つまり効果ではないことに注目
しよう。もちろん，有益と考えられる専門知や専門家にこそ権威が与え
られるから，効果は，何にまた誰に権威を与えるかを決める重要な指標
であるが，権威自体は公的正当化の必要に由来するのだ。もし，この議
論を受け入れるのであれば，科学の専門知と専門家の権威を政治的平等
の価値と両立させる方途にも見通しがつきそうである。政治的平等の尊
重が，科学の専門知や専門家の権威の正当化につながるからである。そ
の具体的なあり方を検討してみよう。

　科学的専門知は一般の人々には理解しがたい。そこで，非専門家の
市民は，専門知，つまり科学の理論や，専門家がどれほど有益である
か，独力では判断できない。よって，市民ができることは，科学の理論
や専門家を専門家たち自身がどう評価するかによって，有益性を推定
することだけである。これは，エリザベス・アンダーソン（Elizabeth
Anderson）の議論による考え方だ（Anderson 2011）。アンダーソンは，
科学的専門知のレベルには，一般市民から指導的研究者までの違いがあ
るとする（Anderson 2011: pp.146-147）。さらにアンダーソンは，市民
が専門知自体の有益さを評価することは難しいから，科学理論を提唱す
る専門家の信頼性や科学理論への研究者たちの合意の有無を評価すべ
きだと言う。まず専門家の信頼性は，①「［科学的］証拠にアクセスで
き，それを評価するスキルを持つ」という意味での専門性，②「［自ら
の］信じることを正直に伝える」という意味での廉直さ，③「研究者の
コミュニティからなされた正当化への要求に自ら答責性を担う」とい
う意味での認知的責任の 3 点から考える（Anderson 2011: pp.145-146）。
また，科学理論への合意は，指導的研究者集団の声明などから評価され
る（Anderson 2011: pp.145, 149）。アンダーソンの枠組みを使えば，有
益さの上で期待できる専門家と科学理論（専門知）を選び出せそうであ
る。

　専門家の信頼性や科学理論に関する合意への判断は，専門家相互の判
断や意見に基づいているから，市民は有益さの判定を科学の専門家コ

ミュニティに委任していると言える。そうであれば，専門家たちは，まさにこの委任の下，市民に代わって科学の探究を行い，また信頼性を高めるために相互に批判しあい，さらには合意の現状を提示するべき存在である。市民はまた，専門家の信頼性や専門知への合意の有無の判断を，行政に行わせることもできる。こうして，特定の科学的専門知や専門家に市民，または行政から権威が付与される。

　かかる専門知と専門家の見方を採用するならば，行政が適切な政策形成に向けて提示すべき情報は，関係する科学的専門知のみならず，ある科学理論や専門家を市民が信頼すべき理由を含まねばならない(4)。公的正当化において，この理由は専門家コミュニティが共有する科学的信頼性や科学理論への合意に関する知見に基づくから，専門家コミュニティにおいては，その相互評価や合意の信頼性を維持するために，評価の基準，また特定の地位へ選任基準と経緯まで含めてすべてを公表し，かつそれをわかりやすく一般の市民に伝えることが重要である。これらの動きは，有益な成果をあげる専門知や専門家が権威を得るのに役立つだろう。

　注意点をあげておこう。市民が自ら，科学的専門知の提供や検証を行うことができる場合には，それをしてはいけないことはない。政治的平等の観点から，これはむしろ望ましいだろう。だが，例えば感染症のように，非常に論争的な知識を含む場合には，市民が自ら科学的判断をすることは極めて難しい。その際には専門家を選んでいくというほうがより合理的であろう。また，一度選ばれた専門家について，有益さの観点から権威を与えることが不適当であれば，他の専門家によって代替されるべきである(5)。

　政策の公的正当化の必要から導かれる，科学の専門知と専門家の権威のあり方は，かなり穏当なものだ。つまり，重要な政策決定において，政策を公的に正当化するために科学的専門知が採用されるが，いかなる専門知や専門家に権威を与えるかは，専門家間での相互評価や科学理論への合意に関する情報を基として決定される。情報の公開性や市民とのコミュニケーションの問題を別とすれば，今日の政策決定のあり方に近い。

　しかし，公的正当化をベースにした専門家と専門知の権威に関する理解は，次のような視点を与えてくれる。それは，科学の専門家に関する行政上の責任の有限性とでも言うべきものである。適切と評価される専門家が政策形成に参与しても，政策が成功するかどうかは，結局のところ未知数である。例えば，ある化学物質に関する政策において，その危険性をしかるべき専門家が評価し，安全という結論に至ったとしよう。だが後になって，その物質が危険であるという別の科学的知見が出てきた。しかし，そうであったとしても，政策は公的正当化の根拠を持っていたわけだから，その点では道徳的にその結果を非難すべき余地はない。もちろん政策は変更されるべきだし，科学の専門家集団内部での過去への反省や批判を否定するものではないが，少なくとも民主主義的行政の観点からは，道徳的批判を免れるべき理由——公的に正当化された理由に基づいてなされた政策である——がある。そして，具体的な政策が有益さという観点から失敗しても，科学の専門知や専門家それ自体の権威は残り続ける。それは有益さとは別の基盤を持つからである。

　但し，これは科学の専門知と専門家，そしてそれらの活用のあり方が，すべての点で理想的であった場合の話であることに注意されたい。また，公的正当化は人々の自由と平等という価値から出てきているから，これらの価値そのものを否定する政策は，いかなる点でも正当化されないことには留意が必要である。さらに，失敗した政策の被害者には，補償が必要だろう。

（3）統治とはいかなる行為か

　統治の結果のまずさを場合によっては甘受する，という結論は受け入れがたいだろうか。受け入れがたいとすれば，それはわれわれが統治の結果のよさこそが，政治において目指されるべきものであると考えているからだろう。しかし，それは妥当なのだろうか。結果のよさを追求したところで，それがもたらされる保証はない。たとえ科学を適切に活用したとしても，結果は不確実である。しかし，それでもなお統治の結果が政治のよさを決める基準だと人々が考えるなら，その考え自体を精査

することには，意味があるだろう。ここには，ある種の統治と経営のアナロジーの問題を読み取ることができるから，以下に指摘したい。

　ロールズは，社会の諸結社（教会，企業，家族など）の内部的問題と政治的問題を道徳的に区別した。結社の内部的問題は，その結社に固有のルールや手続きに従って解決されればよい。もちろん，人権尊重などの社会一般の目的による限界はあるが，結社内部の問題を政治的な価値——自由や平等——に従って解決する必要はないと言う。他方で，政治の領域では，市民一般の人生に重大な影響を与える事柄について，まさに政治的な価値に従って，政治的に適切なルール，つまり民主主義のルールと手続きによって政策が決定されなければならないと言う（ロールズ 2006: 194-204, 228-232 頁）。なぜこのようになるのかと言えば，それぞれの結社にはそれ固有の目的があり，また政治には政治固有の目的があるからだ。例えば，宗教結社の目的は救済であり，それに固有の聖職者や信者の階層制度がある。他方，民主主義の政治は，平等な市民関係と自由の実現を目指す。そこで，宗教結社を完全に民主主義的に運営することは適切ではなく，他方で国家を宗教結社のように運営することも適切ではない（cf. Rawls 2005: xxii-xxvi, pp.15, 213; ロールズ 2006: 201-202, 226-237 頁）。

　このような区別を広げて考えれば，国家を企業のように運営することも適切ではないのかもしれない，という観点が導かれる。企業は，財やサービスを提供することで利益をあげることを目的とする組織である。顧客は代金を払う以上，約束された財やサービスを提供されてしかるべきである。そして企業は，このような財やサービスの提供を適切に行い，また利益を確保するために効率性を大きな柱として組織を構成する。しかし，国家は違う。確かに国家も税金を徴収するし，また，さまざまな公共サービスを提供しているが，これは売買関係ではない。事実，納めた税金以上，あるいは以下のサービスしか受け取らないこともありえることを考えれば，このことは理解しやすい。国家が企業でないのであれば，それに求めるべきは，われわれが企業に求めるような最善のアウトプットとは違うはずである。統治の結果が重要でないことはもちろんな

いが，それだけで政治のあり方が決まるべきではない。他方で，近年において政府がそれ自体として効率的な社会運営という理念に深く関わってきたことも事実だから，このような傾向がみられることは自然かもしれない。しかし，国家と企業を同列に扱うことが適切でないのであれば，統治と経営のアナロジーも適切ではなく，われわれが政治に求めるべきものを統治の結果にだけ見ることには無理があるだろう。公的正当化という政治固有の特徴こそが，統治のあり方を決めるのである。

　まとめよう。ロールズの公共的理由の議論をベースとして，次の結論が導かれる。科学的専門知や専門家は，統治に際して積極的に活用されるべきであるが，その理由は公的正当化という，取られるべき政策を決めるための重要な条件に関わるからである。この際，できる限り有益さのある，つまり，信頼できる科学的専門知や専門家が選ばれるべきだ。もちろん，選び出した専門家が判断を誤るとか，あるいはその学問分野のコンセンサスが事実上役立たないとかいうこともあるから，これはよい統治の結果を保証はしない。しかし，少なくとも，権威の付与において，それを正当化するための十分な根拠があると考えられるから，なされるべきことはなされたのである。

　以上の結論は，政治理論の議論において，科学の専門知や専門家の活躍を見込む場合にも，それなりに意味を持つだろう。専門知や専門家には有益さの点で限界があったとしても，これらの権威の根拠が公的正当化にあるということは，政治理論の諸提言において，科学者を重要な政策的アクターとして位置づけるべきことに，有益さとは異なる根拠を与えてくれるからだ。もちろん，ロールズのような考えを皆がとるとは限らない。だが，政治理論が現実に取り組むにあたって，科学の専門知や専門家を重視することはよくある。また，専門知や専門家が完全ではないことも承知されている。そうであれば，それらを用いるべき根拠に有益さ以外のものを求める，という発想自体には，得るものがあるはずである。

〉〉注

(1) 関連した重要な議論として，ロトクラシーの研究（e.g., ヴァン・レイブルック 2019, 岡﨑 2019, 山口 2020）がある。

(2) ロールズはここで，公共的理由が求められる範囲を憲法に関する事柄などに絞っているが，本章では扱わない。

(3) Bellolio（2019）は，この議論をクワインから導いている。

(4) なお，アンダーソン自身は，行政というより市民自身がこのような理由を見つけるために必要なことついて論じている（Anderson 2011）。Brennan（2020）も参照。

(5) 科学の専門家と市民の関係については，科学技術社会論が別の有益な視点を提供してくれる。

研究課題

1. 専門知に導かれた政治の望ましさには，どんな点があるか。また，懸念は何か。それぞれ考察せよ。

2. 政策形成にあたって，科学者の専門家コミュニティはどのくらい信用できるのか。科学技術社会論などの議論も参考に，科学者と政治の関係を調べよ。

3. 福島第一原子力発電所の事故や新型コロナウイルス感染症の事例を通して，科学的専門知への懐疑論がどのように広がったか，またそれは望ましいことだったか，考察せよ。

＊なお，研究課題に取り組む際には，以下の著作物も参照されたい。

森本あんり（2015）『反知性主義：アメリカが生んだ「熱病」の正体』，新潮選書。

藤垣裕子（編）（2005）『科学技術社会論の技法』，東京大学出版会。

参考文献

Anderson, Elizabeth（2011）"Democracy, Public Policy, and Lay Assessments of Scientific Testimony," *Episteme,* 8(2): pp.144-164.

Bellolio, Cristóbal（2019）"The Quinean Assumption. The Case for Science as Public Reason," *Social Epistemology,* 33(3): pp.205-217.

Brennan, Jason（2017）*Against Democracy,* paperback edition, Princeton:

Princeton University Press.

Brennan, Johnny（2020）"Can Novices Trust Themselves to Choose Trustworthy Experts? Reasons for（Reserved）Optimism," *Social Epistemology*, 34(3): pp.227-240.

Freeman, Samuel（2007）*Rawls*, London: Routledge.

Rawls, John（2005）*Political Liberalism*, expanded edition, New York: Columbia University Press.

ウルフ，ジョナサン（2016）『「正しい政策」がないならどうすべきか：政策のための哲学』大澤津・原田健二朗訳，勁草書房。

ヴァン・レイブルック，ダーヴィッド（2019）『選挙制を疑う』岡﨑晴輝・ディミトリ・ヴァンオーヴェルベーク訳，法政大学出版局。

岡﨑晴輝（2019）「選挙制と抽選制」（『憲法研究』5: 87-96 頁に所収）。

山口晃人（2020）「ロトクラシー：籤に基づく代表制民主主義の検討」（『政治思想研究』20: 359-392 頁に所収）。

ロールズ，ジョン（2006）『万民の法』中山竜一訳，岩波書店。

ロールズ，ジョン（2010）『正義論　改訂版』川本隆史・福間聡・神島裕子訳，紀伊國屋書店。

13 政治的リアリズム

山岡龍一

現実と向き合うというとき,「現実」とは何か,という問いが政治理論的に可能である。本章では,この問題を扱う古典的な議論と,その現代的な展開を検討する。リアリズムの主張を,リアリティ概念を中心に振り返り,政治理論におけるリアリティの意味を論争的に検討する。そのうえで,現代政治理論におけるリアリズムの動向を検討し,現代の主流派の政治理論に対する,現実の観点からなされる批判の意味を,モラリズム批判を中心に考察する。

《キーワード》 リアリズム,リアリティ,マキアヴェッリ,カント,理想理論批判,モラリズム批判,政治の自律性

1. 政治理論におけるリアリティ

本章では,政治理論が向き合うとされる「現実」について,あらためて問い直すことにする。つまり,政治理論という学問的営みの伝統のなかで「現実」という概念がどのように理解されたのかということを概括的に振り返ったうえで,その現代的な展開を検討したい。このような伝統として最も有名で,いまだに影響力のある立場としてリアリズム(realism / réalisme / Realismus)というものがある。しばしば「現実主義」と訳されるように,これは現実に即した政治や統治を表す言葉として利用される。しかしながら,ここでは,本章の議論がやがて明らかにするように,政治の「リアリティ(reality)」をめぐる考察が政治理論的に重要であることを考慮して,リアリズムという表記を採用する。

実際,英語の realism を日本語に訳してみるなら,この言葉に含まれる複雑性があらわになる。例えば,次の表を見てみよう。

＊ Realism の訳語例

分野	訳語例	反意語
政治学	現実主義	理想主義
文学	写実主義	浪漫主義
哲学	実在論	唯名論
教育学	実学主義	虚学
法学	実体主義	形式主義

　これを一望すればわかるように，同じ言葉が多様な意味を持ちうる（このこと自体はそれほど例外的なことではない）ことが，学問分野ごとの訳語の違いによって明らかになる。その意味上の違いは，その反意語とされるものを見ればよりよく了解できるであろう。ここでは，それぞれの意味の検討には取り掛かりはしないが，こうした違いが生まれる重要な理由は，リアリティという概念が持つ根源的な複数性によるものだと理解できる。つまり，それぞれの分野において何がリアリティとされているのか，という根本的な問いに関わる問題なのである。

　したがって我々にとって問題となるのは，政治理論におけるリアリティとは何か，という問いになる。言うまでもなく，これは，《政治理論が現実（とされているもの）を正確に反映している（represent）かどうか》という問いではない。これは，いわゆる実証的な政治理論においては有意義な問いであるかもしれないが，本書が取り上げる規範的な政治理論においては，もっと緻密な考察が必要になる[1]。つまり，政治理論におけるリアリティという問いを掲げるならば，事実と価値の関係という古典的な問題が浮上するにとどまらず，ほかならぬ政治理論が取り上げる価値規範そのものの理解や評価の問題が浮上することになる。このことは，研究者のあいだで成立する，「（任意の）政治理論にリアリティがない」という発言が，政治理論の質そのものへの低評価となることからわかる。それは単に現実を反映していない，現実になる可能性がない，といったことだけを問題にしているわけでもないし，政治理論の立場によっては，そうした欠陥が政治理論として決定的な瑕疵ではないという意見もありうる。ここで問題にしたいのは，非現実的にも見える

理想も含めた規範の提示が，リアリティを欠く，という否定的な批判が
成立することの意味である。

　再び，「リアリティ」という言葉の複雑性，ないしは政治理論に固有
な意味の在り方が問題になる。規範的な政治理論のなかに位置づけると
極めて特異な存在となるが，日本をはじめとする現代社会において影響
力のあるハンナ・アーレントの主著『人間の条件』（1958 年）を紐解く
ならば，リアリティが在るかどうかが，価値判断の規準になっているこ
とが多くの用例から明らかになる[(2)]。このことに関係して，興味深い事
実がある。この著作のドイツ語版を邦訳した訳者が，ドイツ語における
Realität と Wirklichkeit の訳し分けに留意し，前者をあえて英語表現で
ある「リアリティ」と表記し，後者を「現実（味）」としたということ
である。前者に関しては，「実在性」「事象性」という訳の可能性があり
ながら，アーレントの議論，つまり政治理論の文脈に照らした場合，こ
の選択をせざるをえなかったということは，ドイツ語と日本語の関係と
いう問題を越えて，より政治理論に固有の事情がそこにあることがうか
がわれる[(3)]。このように，政治理論におけるリアリティを独自に考え
る価値は，十分にあると言える。

2. 古典的論争：政治的リアリティをめぐって

　既に述べたように，リアリズムというのは，政治理論の伝統において
確固たる位置を占める，いわば一つの教説として扱われてきた。さまざ
まな思想家がリアリストのリストに含められてきたが，典型的な名前と
して，トゥキディデス，アウグスティヌス，マキアヴェッリ，ホッブズ，
ヒューム，ニーチェ，ウェーバー，シュミットがあげられる[(4)]。これ
に『ザ・フェデラリスト』の著者達（マディソンとハミルトン）をつけ
加えてもよい。こうした人々がすべて，同一の政治的教説を奉じていた
わけではないし，何か共通の哲学的な見方を抱いていたわけでもない。
彼らの思想には，ウィトゲンシュタイン的な用法で言うところの家族的
類似が認識できるのであり，それがリアリズムを指し示すと言えるので
ある。

　このリストに加えるさらなる候補として，E.H. カー，H. モーゲンソー，R. ニーバーといった国際政治におけるリアリストと呼ばれる人々がいる。この追加に関しては，リアリズム研究者のあいだに，賛否の両論がある。つまり，前述のリストから得られる家族的類似を豊かにするという意見も，それを錯乱するという意見もありうる。国際政治におけるリアリズムは，一般に「国際政治におけるリベラリズム」との対照において語られ，リアリストは，国家を超えた（つまり国家を規制する）要素（人権のような道徳規範や，経済的相互依存のような共通利益の感覚）に懐疑的であり，国際政治の主たるアクターとして主権国家を認め，国益という利己主義的原理を特に重視する者だと理解される。ここでは，こうした国家主義や利己主義の原理は，本章が考察するリアリズムの意味と完全に乖離するものではないが，その観念の布置（constellation）の中核にあるとは言えないということを，確認しておこう。

　リアリズムの思想史というのは，極めて魅力的な試みであるが，それは本章の課題ではない。ここでは，家族的類似を意識しながら，「政治理論のリアリティ」という考えの考察を進めたい。そこで，前述のリストのなかでも，特に代表的だとされるマキアヴェッリの教説を取り上げる。まずは，典型的なリアリズムを表すと思われる，有名な一節を見てみよう。

　私の意図は一貫して，耳を傾ける者には役立ちそうな事態を書き記すことであったから，事態をめぐる想像（immaginazione）よりも，その実際の真実（verità effettuale）に即して書き進めてゆくほうが，より適切であろうと私には思われた。そして多勢の人々がいままでに見たためしもなく真に（vero）存在すると知っていたわけでもない共和政体や君主政体のことを，想像し論じてきた。なぜならば，いかに人がいま生きているのかと，いかに人が生きるべきなのかとのあいだには，非常な隔たりがあるので，なすべきことを重んずるあまりに，いまなされていることを軽んずる者は，自らの存続よりも，むしろ破滅を学んでいるのだから。なぜならば，すべての面において善い活動

をしたいと願う人間は，たくさんの善からぬ者たちのあいだにあって破滅するしかないのだから。そこで必要なのは，君主が自らの地位を保持したければ，善からぬ者にもなり得るわざ（potere）を身につけ，必要（necessità）に応じてそれを使ったり使わなかったりすることだ。（『君主論』第 15 章）[5]

　この引用には，政治的リアリズムの特徴を示すとされる要素が数多く含まれている。第一に，マキアヴェッリは自らの理論が有用性を持つことを誇っている。これを実用主義と呼んでみよう。第二に，彼は既存の政治理論を，現実を見ずに想像に依拠しているとして批判している。これはユートピア主義批判と呼べるだろう。第三に，事実と規範が厳密に区別され，前者をないがしろにすることの危険性が主張されている。これは事実尊重主義の主張と呼べる。第四に，政治的な行為者（君主）は，何らかのわざ，つまり技巧を身につけるべきとされている。これを技巧主義と呼んでおこう。第五に，政治的な行為者には，必要に応じて判断する能力が求められている。これを必要性の重視と，判断力の重視と呼ぶことができる。

　以上の諸要素は，リアリズムと呼ばれる思想によく現れるものである。そして，これらの要素が全体として主張しているのが，「善からぬ者たち」のあいだで善き者は破滅するという命題である。ここでは，生存や安全が重要な価値とされており，協働作業において，自己利益を自制する者は，自制しない者の犠牲になるという，フリーライダー問題が示唆されていると解釈できる。実際，先の引用の直後でマキアヴェッリは，邪悪な者たちに囲まれるということを人間の条件（もしくは人間性）（condizioni umane）の問題として捉え，国家や自らの地位を護る君主は，このことを前提にして行為すべきだと主張している。

　この主張は，一般にマキアヴェリズムと呼ばれる教説につながるものである。『君主論』第 18 章において彼は「経験によって私たちの世に見てきたのは，偉業を成し遂げた君主が，信義などほとんど考えに入れないで，人間たちの頭脳を狡猾に欺くすべを知る者たちであったことであ

る」と述べ，道徳に反する行為をすることが，君主に必要になることを
唱えていた。そして，そこで彼は「君主たる者は，わけても新しい君主
は，政体（Stato）を維持するために，時に応じて信義に背き，慈悲心
（carità）に背き，人間性（umanità）に背き，宗教に背いて行動するこ
とが必要なので，人間を善良な存在と呼ぶための事項を何もかも守るわ
けにはいかない」と主張したのである。しばしばマキアヴェリズムは，
非道徳主義の政治の教説とされるが，少なくともマキアヴェッリに即し
て考えるならば，これを単なる道徳性の否定と理解することはできない。
Stato という言葉は，統治者の地位という意味と国家という意味の両方
を持ちうる。したがって Stato を護るという目的は，君主の個人的な利
益を護るという利己主義だけでなく，自らの国家（したがって，その国
民）を護るという倫理的な意味も帯びている。実際，『君主論』第26章
には，マキアヴェッリの愛国心が熱烈に表明されているのであり，『君
主論』全体の議論のトーンにも，君主が統治者としてなすべき政治倫理
的義務の教説であるという性格が見いだせる。かくしてリアリズムとは，
ユートピア主義批判という形で，モラリズム（道徳へのコミットメント）
を批判するという要素が認められるが，それは全面的な道徳性の否定で
はないことがわかる。

　政治理論におけるリアリティという観点から，マキアヴェッリの教説
には興味深い要素が認められる。邪悪な者たちに囲まれているという人
間の条件の下で政治的判断力と政治的技巧を発揮する必要のある君主
は，ある種のリアリティ感覚が必要だとされている。『君主論』第18章
でマキアヴェッリは，君主は一般に美徳とされる資質を実際に身につけ
ることよりも，「それらを身につけているかのように見せつけること」
が必要であると主張している。ここでも彼は，美徳という道徳の諸項目
そのものを否定しているのではない。それらを備えているのは，君主に
とって利益となるとさえ彼は述べている。ただし，君主という政治的行
為者にとっては，特に状況によって，本当の性格よりも公示された性格
が重要である，つまり，実際の在り方よりも「現われ」の方が政治的リ
アリティを構成するのである，と主張しているのである。これは，現象

や経験の背後に真の実在（reality）があるとする，プラトン主義的なリアリティ論の否定であり，政治的リアリティとは，複数の政治的行為者のあいだに現れるものだとする見解だと解釈することができる。

　以上のような仕方で，政治的リアリズムにおけるリアリティ理解を説明できるとした場合，これと極めて対照的な理解で，（現代の）政治理論におけるリアリティをめぐる議論をさらに検討するのに有益な理解を，カントの政治理論に求めることができる。「理論では正しいかもしれないが実践の役には立たない，という通説について」（1793年）という論文[6]においてカントは，「根源的契約」という理念を論じている。これは，自律した個人が協働しながら，各人の自由を最大化することのできる体制としての「市民的体制」を構想する際に用いられる理念である。すべての市民が，自分自身の支配者であるという自律の原理を，公的な強制法の下に例外なく平等に服することで，各人が人間の権利を保障されるという仕方で実現する体制というこの構想は，基本的にはルソーの一般意志の論理と同型の論理に則って提示されていた。最大の違いは，ルソーにおいてはすべての市民が実際に民会に参加することで，一般意志が実現されるとされたのに対し，カントがこの市民的体制を創造するという根源的契約を「単なる理性の理念」だとした点にある。つまり，この契約によって個々の私的な意志が共通の公的意志に結びつくのであるが，この契約が事実として在ったことを前提とする必要はないのであり，実際，カントはそのような契約を歴史上で実現することは不可能であるとさえ述べている。

　つまり，根源的契約は人間理性の産物であり，歴史的存在でも事実でもないという点で現実的ではない。しかしながらそれは，政治理論の規範性にとって決定的な重要性を持つとカントは主張する。なぜなら，「この理念は疑う余地のない（実践的な）リアリティ（Realität）を持っている」からであり，それは「あらゆる公法の正当性（Rechtmäßigkeit）の試金石」となるからである。つまり，どんな人間でも普遍的に備わっている理性を駆使するなら，この理念を抱くことは可能なのであり，この理念を構想することで，自律した人間の協働に必要な原理やルールを，

市民は公共的に論じることができる。こうして得られた規範的理念は，現実の公的法規の内容や運用に関する批判を，自然法や神法のような超越的原理に訴えることなく，理性的に遂行することを可能にするとされた。かくしてこの非事実的な理念が，政治理論の規範を評価する規準としてのリアリティを持つことになる。

　すでにマキアヴェッリ的リアリティ理解との対照性はあきらかだが，カントはこうした考えに基づく仕方で他の箇所において，マキアヴェリズム的政治観を批判の俎上に載せている。『永遠平和のために』（1795年）の付録Ⅰ「永遠平和を目指す視点より見た道徳と政治の不一致について」のなかで，カントは，政治と道徳とのあいだに乖離を見る見解を否定し，両者の一体性を強調している。当然のことながら，カントの論争相手は当時の思想家であったが[7]，我々はこの批判を，マキアヴェッリ的なリアリズムに対するものとして再構築することができる。この再構築において重要な，カントの政治理論理解の要点には，三つのものが認められる。第一に，政治的怜悧の領域，つまり，事実に依拠した冷徹な政治的計算に関して，カントは決定的な不確定性を見ている。つまり，人間社会の事実に関して，我々の行為の予測を合理的にするために十分な因果性の把握を持つほど，人間理性は啓発されていないという懐疑主義がカントの理解の基礎にある。第二に，これとは対照的に，人間理性を働かせることで，我々が行うべき道徳的正しさと，それを遂行すべきとする道徳義務の内容は，行為指針となるには十分な程にあきらかになるという独断的な信念がある。カントによれば，人間が政治体として行為するレベルでも，道徳の究極目的は理性によって理解可能なものなのであり，それに向かって努力すべきことを理性的存在として理解し，実感することが人間にはできる。第三に，このような道徳的洞察を持てるとしても，それを実際に実現することができるほどに現実の人間本性は完成されていないという理解がある。この非卓越主義的人間観は，人類全体として見るならば，啓蒙によって人間はより正しい関係性を形成できるようになるのであり，市民的体制の形成は，そのような歴史の方向性（「自然の意図」）に則る，人類に課された義務であるという，進歩的

歴史観と一体となっていた。

　こうしてカントは，自らの立場を「道徳的な政治家」として表象し，マキアヴェッリ的立場を表す「政治的な道徳家」を批判している。両者とも，人間の不完全性を認識しているが，後者は理性的な善の政治的現実化ができないことを独断することで，歴史や政治を通じての人間の改善可能性を封じてしまうという陥穽にはまっている。前者，すなわち道徳的な政治家は，現実の政治が完全には理性的なものとならないことを認識しつつも，理性の理念に照らされた規範を追求する。また，政治的な道徳家は経験を盲信し，自由の理念を無視するという間違いも犯している。これはカントの見方によれば，真の人間論の欠如に由来する。道徳的な政治家は，自由の諸原理に従って合法的な強制の体系を樹立し，そのことで政治的に安定的な体制を維持することができる，とカントは主張していた。つまり，怜悧にのみ基づく統治の方が，安定的な統治を構築することに失敗するのであり，自由の理念に依拠した正統な統治の方が，政治的に言っても優れていると言うのである[8]。

　カントのこの主張が経験的に立証できるかという問いは措いておこう。ここでは，このような主張の背後にある確信の内容について吟味したい。カントの理解では，道徳と政治の関係は，目的と手段の関係なのであり，したがって，政治的怜悧を優先し，道徳的原理をそれに利用せんとするマキアヴェリズムは，「馬たちを車の後ろにつなぐ」というような不合理を犯している。人間の内なる道徳原理の存在と，その原理に基づく法の支配が生む歴史の進歩は，カントにとってはほとんど宗教的といってよい確信であった。なぜなら「もし我々が純粋な法の諸原理が客観的実在性（objektive Realität）を有し，それらが実現されうることを仮定しない」ならば，それは人類の改善可能性を否定することになるからである。このような道徳的リアリティの存在は，世界の有意味性の根幹に関わるものだとされた。

　カントに以上のような政治的リアリティ論があると言っても，彼をリアリストと呼ぶことはできない。それはこの言葉の意味の外延を広げすぎることで，事実上無意味化することになるからである。カントは理想

主義者と呼ばれるべき存在であろう。カントの議論からわかることは，マキアヴェッリ的リアリズムには政治的構想として問題があるという認識の可能性であり，カントとマキアヴェッリのあいだにある対照的な差異は，リアリティをめぐる解釈の違いとして理解できるということである。この解釈の問題は，例えば特定の哲学的教説を採用することで，仮定的に解決できるものかもしれない。しかしながら，そのような解決は，政治理論における規範をめぐる論争を適切に治めるものとは思えない。リアリズムもしくは政治理論の伝統において，ここに表象された論争に決着がついたとは言えない。ただし，少なくともこの論争を理解することは，政治理論の規範と，その現実的意味を我々が考えるうえで，極めて示唆的であることは確かである。

3.　21世紀のポレミーク：政治理論におけるリアリズム

　カントの議論にリアリティを与えていたのは，ある種の歴史目的論である。21 世紀の人間が，このような前提を共有できるかどうかというのは，極めて論争的な問いである。とは言え，最低限度の目的論的信念（つまり，啓蒙の理念）なしに，規範的な政治理論を維持することは不可能だという考え[9]にも，首肯できる要素を認められるであろう。ここでは，21 世紀の文脈において浮上した，新たなリアリズム思想について検討したい。

　象徴的な出来事は，2010 年に発行された *European Journal of Political Theory* という学術雑誌の第 9 号でリアリズムが特集されたということである。その巻頭論文は，W.A. ギャルストンの「政治理論におけるリアリズム」という論文（Galston 2010）であった。それはロールズやドゥオーキンに代表される，リベラリズムを擁護する分析的政治理論という，現代の英語圏を中心とする政治理論の主流派を批判する知的潮流が，近年（特に 21 世紀になってから）現れているという指摘をするものであり，同時に，その潮流を肯定的に表すマニュフェスト的性質を持つものであった。「マニュフェスト的」としたのは，この潮流がその構成員の自己意識的な協働による知的運動とは言えないからであ

り，それをあえて何らかの統一性を持つものとして表象することにある利点を指摘する議論だと言えるからである。

　実際，このリアリズムをどのようなものとして理解すべきか，という論点は慎重な検討を要する[10]。ここではギャルストンの議論を参考に，その性質や性格を概括してみたい。彼はこの潮流に属するとされる人物のリストをあげている。Bernard Williams, Stuart Hampshire, John Dunn, Glen Newey, Richard Bellamy, Geoffrey Hawthorne, Raymond Geuss, John Gray, William Connolly, Bonnie Honig, Chantal Mouffe, Mark Philp, Quentin Skinner, Judith Shklar, Jeremy Waldron, Stephen Elkin がそれである。これらの人々が従事する専門分野は，広い意味では政治思想研究だと言えるが，個々のアプローチはさまざまであり（哲学，政治理論（いわゆる大陸系も含む），政治思想史，政治学），それぞれが支持する政治的立場（リベラリズム，社会主義，マルクス主義，保守主義，ラディカルデモクラシー，共和主義）もかなり違う。したがって，この人々を一つのカテゴリーで表象する場合，それは方法論や政治的教説の同一性によるものではないことになる。かかる差異があるにもかかわらず，彼（女）達に共通した要素が見られるのであり，それこそがここでリアリズムと呼ばれるものとなる。

　この共通要素に関するギャルストンの論点を四つにまとめることができる。第一が，英語圏における主流派政治理論に対する不満や異議の存在である。これは既に述べた点であるが，現象として，種々の理由からこうした潮流が生まれているという事実が認められる。これは，学問もしくは思想の流れとしては健全なことであり，事実の確認以上に重要性はないと言えるかもしれない。問題は，そうした異議の理由である。第二が，その理由としての，モラリズム批判である。これは，ユートピア主義批判という伝統的なリアリズム思想と連続的な要素と言えるが，ここでは，ロールズ的政治理論に顕著な特徴としてモラリズムが提示されている。第三が，政治の自律性の主張である。これは第二の要素と同様に批判の論点であると同時に，リアリズムの積極的な主張と言えるものとみなすことができる。第四が，理想理論批判である。これは第二の要

素，モラリズム批判のコロラリーであるが，特に政治理論の方法論に関する論争をめぐるものとして整理できる。

次節で，第二と第三の要素について検討するが，その前に第四の要素について簡単に説明しておこう。ギャルストンは理想理論（ideal theory）の批判を，リアリズムの特徴としてあげているが，この概念そのものが，曖昧性を帯びている。すでに本書の第1章において，ロールズ的な用法を基に，理想／非理想理論とその論争について簡単に検討していた。ここではリアリズムとの関連において，再検討を加えたい。そのまえにまずは，このいささか専門的な意味ではなく，一般的な意味での「理想理論」について触れておこう。つまり，伝統的なユートピア主義批判という文脈で出てくる，理想理論の問題性である。最も古典的な批判が，現実に存在する人々（特に普通の人々）を犠牲にすることを容易にしてしまう，というものである。理想という強い目的の設定は，さまざまな事柄をその手段として表象することを可能にする。この目的－手段連関は，現実に存在する種々の，それ自体で固有の価値を持つとされるもの（例えば，人々の日常生活の一側面や，馴染みのある伝統など）を，高次の目的のために否定することを正当化する。このように政治的リアリストは，こうした理想の提示を残酷な行為として批判することがある。

ロールズ的な意味での理想理論が，そのようなユートピア主義ではなく，ロールズが言うところの「現実的なユートピア」論の一部であったことは既に確認済みである。つまりそれは，現実との対応関係を考慮した「理想」なのであり，その考慮によって非理想理論の構想と一体となっている。それは，現実の人間本性や社会的・歴史的事実を踏まえつつも，そうした現実を改善するために必要な，体系的な理想を描くために，操作的に現実的な要素を捨象することで得られる「理想」を，理念として提示する理論であった。つまり，カントの「根源的契約」の理念と同様に，現実の制度を評価する一つの試金石を提示するものであった。ただし，カントの理念に比べるなら，方法論的に非理想理論とセットになることで，道徳的許容性と政治的実行可能性を強く意識したものになって

いると理解できる[11]。つまり，目標としての理想が設定され，そこから推移的な（transitional）段階を理念的に踏んで，より現実の問題に対処できるように設計されている。つまり，最も多く現実的な要素が排除された条件で構築された理想状態を出発点としながら，徐々に現実的な要素を組み込むことで，理想理論から非理想理論を引き出していくことが目指されている。

　このような理想から推移的に移行することで現実問題を対処するという方法に関して，リアリズム的観点からは，二つの批判的論点が生まれうる。第一が，政治的実行可能性に関するもので，このような，いわば上からの視点に基づく政治理論では，複雑な現実に対処することができないのではないか，という批判が考えられる。現実においては，複数の価値が対抗しているだけでなく，実際の政策の策定・実行において，特定のローカルな問題への具体的な対処が必要なので，必要なのは理想からの推移的な考察ではなく，現実に存在する複数の価値のあいだでの比較衡量を助けるような理論なのだという批判がある[12]。例えば A. センが，「たとえ全員一致の合意によって選択された基本的な社会制度が〈正当な〉行動（あるいは〈公正な〉行為）を特定するとしても，各人の行動がその特定された正当な行動と完全に調和するかどうかわからないような世界で，そのようにして選択された制度が機能するのかという大きな問題が存在する」（Sen 2009 ＝邦訳 120-121 頁）と言ってロールズを批判するとき，こうした問題が提起されている。

　第二に，ロールズ的な理想理論が，非理想理論に対する理想理論の優位性を方法論的に前提としていることに批判が向けられるかもしれない。確かに反照的均衡によって，この理想理論の内容は，漸進的な改善が加えられる可能性が開かれている。しかしながらこの理解では，政治理論家（もしくは，政治理論に依拠する者）は，現実と向き合うとき，あらかじめ理想が，極めて普遍的な仕方で正当化されたうえで，設定されていることになっている。第 1 章で見たように，ロールズにとってこのような優位性の設定は，現実に対処するうえで優れた想定であった。しかしながら，ほかならぬこの想定が，リアリスト達の攻撃対象となっ

ていた。それがモラリズム批判である。

4.　リアリズムによるモラリズム批判

　現代における政治理論のリアリティを論じる際，ギャルストンのリストのなかで特に二人の理論家が注目されることが多い。それがレイモンド・ゴイスとバーナード・ウィリアムズである。この文脈において両者に共通するとされる議論が，モラリズム批判であると言える。よく引かれるのが，次の発言である。

　　わたしが退けようとしている考えによれば，最初に倫理学の仕事を達
　　成し，我々がいかに行為すべきか，という問題を扱う理想理論が獲得
　　され，その上で第二段階として，この理想理論が政治の行為者の行為
　　に適用することができる，ということになっている。……理想理論と
　　しての「純粋」倫理学が最初に，その次に，応用倫理学が成立するの
　　であり，政治学は応用倫理学の一種である，ということになっている。
　　(Geuss 2008: p.8)

　このような倫理第一主義への批判は，ウィリアムズによってもなされている（Williams 2005: p.2）。これは，政治理論を応用倫理学と見る傾向がロールズ的な主流派の分析的政治理論にあるという指摘であり，そのような理解そのものが政治理論の自己理解として間違っているという主張だと理解できる。つまり，まず最初に普遍的な道徳原理の同定があり，政治理論はかかる道徳原理の特定の事例，とりわけ国家統治に関する個々の事柄への適用だと考える方法には，政治理論として欠陥があるという主張である。

　とは言え，これを方法論としての応用倫理学批判だとすると，あまり適切な批判とは言えなくなる。なぜなら，応用倫理学がここに批判された図式で遂行されることもあるが，実際は，問題の所在である現場を出発点とし，そこから学問的操作，例えば，概念や理論の構築，思考実験がなされ，その成果が現場に適用されるという過程をとることの方が自

然であるからである。そしてそのような適用＝応用は，現場における検証を経て，そこから再び学問的操作に移行するという，循環的な過程を構成することになるのが，健全な方法なのだと言える。そして，このような循環的な過程の，一つの洗練された方法として，反照的均衡を理解することができるなら，リアリストによる批判を，ロールズ的政治理論家は手元の理論の洗練化で解消することが可能になるであろう。つまり，一見，現実から隔離された道徳原理から始めているようであっても，実は理論の実際の展開において，現実への感応性を十分に発揮できると言えるかもしれない。

　応用倫理学批判は，そのような現実への感応性だけでなく，実行可能性の問題だとすることもできるだろう。政治という実践に対処するうえで，基礎－応用図式は適切であるかどうか，というのは極めて論争的であり，政治的判断力や政治的技巧をめぐる理論的な考察が必要になる。政治的実行可能性というのは，マキアヴェッリに実用主義の主張があるように，リアリズムの議論を構成する重要な要素だと言える。ただしここでは，カントの懐疑主義を尊重して，政治的実行可能性の議論を確定することの理論的困難を指摘しておきたい。つまり，事実の，特に社会・政治的事実に関する因果関係の同定を，理論に基づく予測可能性を確定するまでに正確にすることは極めて困難である。この点については３点だけ確認したい。第一に，仮にこうした困難性があるとしても，経験科学の進歩等によってこの困難性を軽減する試みがなされていることは確かである。とは言え，個々の事例の予測可能性が高まることと，ロールズ流の構成主義的議論をつくるような全般的議論に必要な予測性を得ることのあいだにあるギャップは理論的に残る。第二に，仮に極めて予測可能性が高い理論や技術を社会科学的に獲得できたとしても，その場合は決定論と自由意志という，古典的な問題を，規範的な政治理論は抱えることになる。第三に，きわめてプラグマティックに言って，リアリズムの批判を実行可能性問題にしてしまうと，分析的政治理論と比べてリアリズムの方が優れていると証明することが難しい。それゆえに，リアリズムの批判の中核は，この論点にはないと解釈する方が，リアリズム

にとっては望ましい。

　したがって，モラリズム批判は実行可能性とは別の観点から解釈されるべきであろう。C.A.J. コーディは『厄介な道徳性』という著作（Coady 2008）において，国際政治のリアリズムも視野に入れたリアリズムの問題を，モラリズムとの関連で論じている。この場合，政治と道徳の関係が論じられることになるが，コーディの論点は，政治的リアリズムの主張は道徳的主張，つまりモラリズム一般が，政治のリアリティを論じる際に排除されるべきというものではなく，ある種のモラリズムが政治のリアリティの適切な理解を阻害するのだ，というものである。この著作の第2章では，そのようなモラリズムが五つに分けて論じられている。それは，①バランスを逸した焦点化（unbalanced focus），②押しつけ，もしくは介入（imposition or interference），③抽象化（abstraction），④絶対主義（absolutism），⑤欺かれた権力（deludes power），のモラリズムと呼ばれる。

　道徳原理にこだわる政治的言説や政策は，特定の原理（人権のような広範に支持されているものや，個別の宗教や文化に依拠するものもある）への固定的なコミットメントによって，実際は複数の価値が競合する世界における判断（それは何らかのバランスを要求するだろう）を歪ませるかもしれない（①）。あるいは，道徳的価値へのコミットメントが，他者の尊厳への配慮や寛容を無視させるかもしれない（②）。現実の世界における問題の対処には，具体的な状況に合わせた道徳判断が必要であるにもかかわらず，道徳の探究はしばしば過度の抽象化を生み，状況に合わない判断を促進することがある（③）。道徳的原理には，確かに（生命の尊重のような）柔軟性を許容しないものがあるが，そのような性質を不当に拡張して政治に適用することは危険性を生むかもしれない。例えば，国際政治のような領域に，善悪のような観念を導入し，敵対者を妥協の余地のない悪とみなすことは不適切である（④）。そして，モラリズムには，自己利益に基づく権力の影響を過小評価し，道徳的原理にある現状変更能力を過大視するところがある。そうした傾向は現実の権力行使を，あたかも道徳的な理由に基づくものだとするカモフラージュ

さえ生んでしまうかもしれない（⑤）。

　このようなモラリズム批判は，特定の認識論や心理学，人間論や経験的原則から演繹的に引き出されたものではなく，リアリズムの言説や理論を全般的に吟味して，整理を加えたものだと言える。つまりそれは，リアリズムの伝統に依拠し，そこから抽出される，特定の諸性質の家族的類似を利用した，政治的リアリズムの解釈なのであり，その際に，モラリズムはリアリズムの他者として，リアリズムのアイデンティティを浮かび上がらせる機能を持つものとして表象されているのである。

　最後に，以上のモラリズム批判と対になる主張である，政治の自律性について簡単に検討しておこう。これには３種類の解釈が可能である。第一に，字義通りの自律性，つまり，独立性を「政治」に認めるという解釈がありうる。政治は，道徳をはじめとする諸領域から，存在論的な独立性を持つ，というような主張は，政治のことがらは政治的なものによってのみ説明できるという立場として，確かに理論的には可能だが，そのような説明はどうしてもトートロジー的になる欠点がある。そのような説明は，恣意的に定められた「政治」を本質化して議論をすすめるという，独断論を政治理論に持ち込む危険があると言えよう。

　第二に，「政治」に独自の性質があることの認識可能性を認めるという解釈がある。モラリズムが政治を道徳に還元することを批判し，政治を理解するうえで独自の認識論や解釈の方法があることを主張することができる。おそらくこれは，穏当なリアリズムの立場と呼べるものであり，モラリズムとの共存をはかるうえで有効な立場だと言える。こうした営みを遂行するうえで，重要な役割を果たすのが，政治思想史という学問分野である。現代において，政治理論と政治思想史の研究は，良く言えば分業化，悪く言えばたこつぼ化が進んでいるが，両者の協働を試みる機会を，政治的リアリズム論は提供していると言えるだろう。

　第三に，政治と道徳の相互浸透，もしくは緊密な一体性を主張するという立場がある。この立場から二つの主張が生まれえる。第一が，弱い主張であり，政治理論を道徳理論に還元するモラリズムを不正確もしくは不合理なものとして退ける。第二が，強い主張であり，「政治」が有

する特別の身分を強調することで，政治の学をアリストテレスに倣って棟梁学と呼ぶものである。もちろん，アリストテレス的なコスモロジーを現代において支持するのは困難なので，アリストテレスが言った意味そのもので棟梁学だとすることはできない。しかし，政治には領域の境界を越えつつ，あらゆる領域に関わるという，特別な性質があるという主張は，現代でも可能であり，政治理論の重要なテーマとなりうる。これは，現状ではモラリズム批判という批判的（否定的）試みが主たる主張だとされがちな政治的リアリズムにおける，積極的で肯定的な議論を構成しうる議論である。この点は，次章で検討することにしたい。

〉〉注

(1) 実証的な政治理論においても，「現実」とは何か，「反映する」とは何か，という問いをめぐって，より緻密な検討が必要になる。例えば，久米（2013）を参照。実証的な政治理論と規範的な政治理論の関係については，本書の第 1 章を参照。

(2) Arendt（1958），passim. を参照。アーレントには，「現われのリアリティ」という独自の議論があるため，用例が多いという事情もある。

(3) アーレント（2015）の「訳者あとがき」，521-522 頁を参照。

(4) もっと広い（それゆえに曖昧なケースを含む）リストは，Schuett and Hollingworth（2018）にある。これは，リアリズムを扱う最も包括的な参考書である。

(5) 本章におけるマキアヴェッリの引用は，Machiavelli（1891）に依る。

(6) 本章におけるカントの引用は，Kant（1992）と，その邦訳を所収するカント（2000）に依る。

(7) この点に関しては，網谷（2018）を参照。

(8) ここに示された政治的安定性の理解は，後期ロールズにおける政治的リベラリズムが構想する「安定性」の議論と極めて近いものだと言える。

(9) Habermas（1985）に，このような考えを認めることができる。

(10) この現代政治理論におけるリアリズムについては，Floyd and Stears（2011），Sleat（2018），Sagar and Sabl（2018），田村（2014），乙部（2015），山岡（2019）を参照。

(11) Rawls（1999）p.89 ＝邦訳 132 頁を参照。

(12) 方法論的観点から「推移的（transitional）」と「比較衡量的（comparative）」という対比で非理想理論を論じたものとして，Simmons（2010）p.22 を参照。シ

モンズは，ロールズを擁護して，前者の優位性を論じている。

📘 研究課題

1．「リアリティがある／ない」という評価が，日常的にどのような意味を持っているのか，考えてみよう。
2．マキアヴェッリとカントの政治観を，対比的に整理してみよう。
3．政治理論におけるリアリズムの主張を整理し，ロールズ的な政治理論や，本書の他の章でなされている政治理論に対して，その適用可能性を考えてみよう。
4．モラリズム批判が，いったい何を批判していると言えるのか，再検討してみよう。

参考文献

Arendt, Hannah（1958）*The Human Condition*, Chicago: The University of Chicago Press. 志水速雄訳『人間の条件』ちくま学芸文庫，1994 年。

Coady, C. A. J.（2008）*Messy Morality: The Challenge of Politics*, Oxford: Oxford University Press.

Floyd, Jonathan and Marc Stears eds.（2011）*Political Philosophy versus History? ; Contextualism and Real Politics in Contemporary Political Thought*, Cambridge: Cambridge University Press.

Galston, William A（2010）"Realism in political theory" *European Journal of Political Theory*, vol.9（4）: pp.385-411.

Geuss, Raymond（2008）*Philosophy and Real Politics*, Princeton, NJ: Princeton University Press.

Habermas, Jürgen（1985）*Der philosophische Diskurs der Moderne*, Frankfurt am Main: Suhrkamp Verlag.『近代の哲学的ディスクルス』Ⅰ・Ⅱ，三島憲一他訳，岩波書店，1990 年。

Kant, Immanuel（1992）*Über den Gemeinspruch: Das mag in der Theorie righting sein, taught aber night für die Praxis / Zum ewigen Frieden*, ed, by Heiner F. Klemme, Hamburg: Felix Meiner Verlag.

Machiavelli, Noccolò（1891）*Il Principe*, ed. by L. Arthur Burd, Oxford: The

Clarendon Press. 河島英昭訳『君主論』岩波文庫，1998 年。

Rawls, John（1999）*The Law of Peoples*, Cambridge, Mass: Harvard University Press. 中山竜一訳『万民法』岩波書店，2006 年。

Sagar, Rahul and Andrew Sabl eds.（2018）*Realism in Political Theory*, London: Routledge.

Schuett, Robert and Miles Hollingworth（2018）*The Edinburgh Companion to Political Realism*, Edinburgh: Edinburgh University Press.

Sen, Amartya（2009）*The Idea of Justice*, Cambridge, Mass: The Belknap Press of Harvard University Press.『正義のアイデア』池本幸生訳，明石書店，2011 年。

Simmons, John A.（2010）'Ideal and Nonideal Theory' *Philosophy & Public Affairs*, vol. 39: pp.5-36.

Sleat, Matt ed.（2018）*Politics Recovered: Realist Thought in Theory and Practice*, New York: Columbia University Press.

Williams, Bernard（2005）*In the Beginning Was the Deed*, ed. by Geoffrey Hawthorn, Princeton, NJ: Princeton University Press.

アーレント，ハンナ（2015）『活動的生』森一郎訳，みすず書房。

網谷壮介（2018）『共和制の理念　イマヌエル・カントと一八世紀プロイセンの「理論と実践」論争』法政大学出版局。

乙部延剛（2015）「政治理論にとって現実はなにか――政治的リアリズムをめぐって」（『年報政治学』Ⅱ：236-256 頁に所収）。

カント（2000）『カント全集14　歴史哲学論集』岩波書店。

久米郁男（2013）『原因を推論する政治分析方法論の薦め』有斐閣。

田村哲樹（2014）「政治／政治的なるものの政治理論」（井上彰，田村哲樹編『政治理論とは何か』風行社：47-72 頁に所収）。

山岡龍一（2019）「方法論かエートスか？――政治理論におけるリアリズムとは何か」（『政治研究』第 66 号：1-31 頁に所収）。

14 | 現実主義の陥穽？

山岡龍一

　政治理論が現実的であるということは何を意味するのか。そのような要求が，政治理論の探究を阻害することがあるのか。規範的政治理論の方法論をめぐって近年なされている論争を検討することで，我々は規範の根拠や妥当性をどのように求めるべきかという，根本的な考察をすると同時に，現実的な政治理論を指向するうえで研究者が考察すべき論点の確認をする。こうした批判的考察を経たうえで，リアリズム的政治理論の今後の方向性を探る。

《キーワード》 実践 – 依存テーゼ（PDT），実践 – 独立テーゼ（PIT），政治理論の実践的転換，規範的自由，低ハードル結論，正当化，リアリズム

----

1. 実践 – 依存テーゼ

　政治的リアリズムの主張と重なりつつも，それとは異なった，より方法論に重点を置いた議論が，近年の政治理論に見られる。「実践 – 依存テーゼ（Practice-Dependent Thesis: 以下 PDT と表記）」と呼ばれる立場は，その標的とされる「実践 – 独立テーゼ（Practice-Independence Thesis: 以下 PIT と表記）」とのあいだで論争を提起し，政治理論の方法に関する再考を促している。その代表的な論者であるアンドレア・サンジョバンニは，人権論をはじめとする国際的な正義論の論客であり，この論争は，主権国家から成る現行の国際秩序を所与とすべきか，あるいは，国家を超えたグローバルな国際秩序を前提とすべきか，という，国家を超えた正義論をめぐる論争から生じたと考えることができる。後者の立場は，しばしばコスモポリタニズムと呼ばれるが，ロールズ正義論を国際社会に適用できるかどうかという，少なくとも 1979 年にまでさかのぼれる論争[1] において，このコスモポリタニズム的正義論は，

ロールズ自身も巻き込む活発な論争を提起していた。

　サンジョバンニの論文に依拠して，PDT の主張をまとめておこう。これは，第一原理の形成と正当化の際に，その原理が適用される制度や慣行の知識が，どの程度まで影響を及ぼすべきなのか，という問いをめぐるものであり，サンジョバンニは PDT を次のように定式化している。

　　正義の構想の内容，範囲，正当化は，その構想によって統治することが意図されている実践の構造と形態に依存する。(Sangiovanni 2008: p.138)

　ここでは「正義」が論じられているが，これは他の規範原理にも同様に当てはまるとされる。この定式中にある「実践 (practice)」という用語についてサンジョバンニは，「職務，役割，運動，処罰，擁護その他を規定するルールの体系で，社会活動にその構造を与えるようなルールの体系によって特定される社会活動（それがどのような形態を取るのかは問わない）」というロールズの定義 (Rawls 1955: p.3) を採用している。これとは対照的に PIT の立場を取る者は，実践のような偶有的な存在に規範原理を依拠させることを拒絶する。サンジョバンニは，そのような論者として G.A. コーエン等の運の平等主義者や，リバタリアン，そして古典的な功利主義者をあげている。こうした人々は実践に関係なく，つまり実践と対峙する以前に，規範原理を抽象的に定式化し，それを現実の実践に適用する。

　このような PIT の性格づけは，前章で見たリアリストによる倫理第一主義批判と重なるところがある。実際，PDT 論者やその批判者には，リアリズムの議論を PDT の一種と理解するところがある。しかしながら，両者のあいだには相違があり，最も顕著な相違点はロールズ（およびロールズ的な政治理論の主流派）の扱いにある。リアリストがロールズを批判するのに対して，サンジョバンニはロールズを，PDT の代表的な，と言うよりは，その基本的なテーゼを形成した理論家とみなしている[(2)]。より厳密に言うと，サンジョバンニは，PDT をさらに「文化的

規約主義者（cultural conventionalist）」と「制度主義者（institutionalist）」に分け，前者の代表者としてマイケル・ウォルツァーを，後者の代表としてロールズをあげている。そして，後者の立場を最も擁護すべきものとして称揚しているのである。文化的規約主義は，当該の実践の内部にいる人々の信念に直接依拠するのに対して，制度主義者は実践を構成している制度に依拠する。サンジョバンニは必ずしも明確に述べていないが，後者が支持される理由は，文化的規約主義がコミュニタリアニズムに向けられる「相対主義」であるという批判を被るからであり，よりリベラルな正義論を擁護するうえで，制度主義の方が適切であると見なされているからである。

　PDTにおける制度主義は，制度が人々を実際に特定の関係性のなかに規定しているという事実に着目し，このような関係性のなかに規範原理を見いだす。制度主義者が重視するのは制度の要点と目的（the point and purpose of the institutions）の解釈であり，その制度を支配する規範的構想と，その制度内で役割を果たすことが意図されている諸原理であるとされる。制度主義者がこのような立場を取るのは，その方がより実効的で責任のある政治理論を構築できると考えるからである。なぜなら，ここでは制度によって，国家や，種々の国際レジーム（WTOやEU, UN等）が想定されているが，こうした制度は実際の歴史のなかで，現実に存在する差異や対立をある程度克服することで，政治的に，つまり権力をともなった仕方で形成されており，何らかのアカウンタビリティの機構がそこに組み込まれているがゆえに，実効性と責任性がある程度担保されているからである。このような制度にある〈政治的な〉要素が，単なる〈道徳的な〉原理（つまり，PIT論者が依拠する規範）に優先すべきだとされる。このような道徳に対する政治の優先という点でも，PDTとリアリズムに類似点を見いだすことができる。

　サンジョバンニによれば，PDTの制度主義は，制度の実践から規範を立ち上げるが，それは必ず何らかの解釈を経て行われる。実践は，規範を条件づけるが，その内容を決定するわけではない。解釈という行為には三段階がある。第一に，解釈の対象としての実践の同定がある。規

範的政治理論を行う際には，まずそれがどのような制度実践を対象とし
ているのかが明確化されねばならない。第二に，対象の制度の要点と
目的が同定され，その実践に参与している人々が，その制度の基礎的
ルール，手続き，規準を是認する際に引き合いにだされる理由が再構築
される。この段階において，解釈者は不可避的に実践の外部からの規範
を導入することになるが，それは実践の検討と照らし合わせられること
で，解釈学的循環のなかに位置づけられる。第三に，このようにして得
られた制度という実践の解釈に基づいて，制度そのものを批判する根拠
となりうるような第一原理が求められる。これは，ヒュームが正義の諸
状況を同定したうえで，正義の原理を探究したのと同様の手順であり，
PDT の制度主義者は，実際の制度から解釈を経て導出された条件を前
提にして，規範原理を構想するとされた。このような手順を踏むこと
で，例えば，人権のような定義上普遍的な価値であるとされる規範も，
実際の政治に対して実効的な政策を構築する際に有効な政治理論の原理
として構想することが可能になると，サンジョバンニは主張している
(Sangiovanni 2008: p.152-156)。

　サンジョバンニは，以上の議論を展開するなかで，政治的リアリスト
のテーゼを積極的に受け入れ，規範原理の実効的な実現にとって，政治
的制度が不可欠であることを強調する。PIT の問題性は，このような制
度の重要性に充分に気づかず，むしろ，現行の制度を道徳的な規範原理
の実現にとっての障害物とみなしてしまう危険性があることに求められ
る。サンジョバンニによれば，PIT 理論家には，人間の能力を過大視し
たり，もしくは，現実の人間に対して不満をつのらせたりする傾向があ
る。PDT 理論家は，現実の制度（とその下で生きる人々）に応答的で
あることで，現実を改革することが可能な政策に寄与する政治理論を構
築する。このような現実主義が，現状維持へのバイアスを持つ危険性を
避けるために，サンジョバンニは，ゴイスやベンハビブといった批判理
論系の論者に言及しながら[3]，イデオロギー的バイアスがある危険性
は PDT と PIT に関係なくあるのであり，そのような危険性を避けるた
めに理論内在的な批判の視点を保ち続けることが肝要なのだと考えてい

る。PDT は，制度の解釈を経て得た規範原理を基に，実際の制度実践において働いている規範原理を分析することで，現行の制度を批判する機能を持つことができるとサンジョバンニは主張する。

2. 政治理論における実践的転換への批判

　リアリズムを援用している点からも明らかなように，PDT は，近年の政治理論における一つの潮流を形成しているとみなすことができる。これを基本的に方法論的な潮流とみなしながら，分析哲学的な主流派の立場から批判的な論争を提起してきたのが，エヴァ・エルマンとニクラス・ミュラーである。彼女らは PDT に対して以下のような批判を提起している（Erman and Möller 2015c）。PDT 理論家は，規範原理の適用と正当化を厳格に区別し，後者において，実践の外部に規範を求める PIT を批判している。これに対してエルマンとミュラーは，PDT が制度実践に対して行う解釈の過程において，実践の外部から規範が導入されることが不可避であることに着目する。制度実践をあたかもテクストのようにして理解し，そこから規範を導出するという行為は，普遍的に定立された規範原理を何らかの仕方で援用することになる。あるいは，そのような解釈において，どの原理が実践に依存し，その原理がそうでないかの概念的区別を，実践と照らし合わせるだけで正確に行うことは困難である。そして，PDT は政治理論としての批判的な機能を自負しているが，そのような批判性を実践の外部にある（つまり，実践から独立した）原理なしに発揮することは不可能だとエルマンとミュラーは主張している。

　そもそも，規範原理の適用と正当化を厳格に区別することも難しい。PIT は当然のことながら，適用の次元において当該の実践に依存して議論を進めるが，正当化の次元においてはそうでないとする PDT の主張は首肯し難い。確かにコーエンのような PIT 理論家は，規範原理の導出の際に現実への依存を強めることは，規範の理論的な検討におけるゆがみを生む危険性があるとし，現実的な事実に一切依拠しないで導出可能な規範原理が存在することを論証しようとしていた（Cohen 2003,

2008)。しかしながら PIT 理論家であっても，反照的均衡という方法の重要性は是認されている（Cohen 2003: p.224；Caney 2005: pp.37, 45）し，主流派とされている政治理論の多くが，このロールズ的方法を採用している。そしてなによりも，サンジョバンニが解釈の方法を論じた第二段階において，解釈学的循環を扱う方法として反照的均衡に依っていたのである。この方法によれば，実践と原理のあいだで絶え間ない往復運動がなされることが必要なのであり，そうであるならば，反照的均衡による調整がなされることで実質的理論の内容が漸進的に修正されるはずなので[4]，PDT による PIT に対する批判の妥当性は，PDT が現実への有意性を何よりも重視するがゆえに，ほとんど失われることになるとエルマンとミュラーは主張している[5]。

　分析的な方法を取るリベラルな政治理論（いわゆる主流派の政治理論）を標的にする潮流が，PDT やリアリズムに限られない仕方で近年増加してきたなかで，エルマンとミュラーは一連の論考を通じて，主として方法論の観点から，主流派を擁護する議論を展開してきた[6]。そのうえで，『政治理論における実践的転換』（Erman and Möller 2018a）と題された著作において彼女らは，規範的政治理論における方法論の問題として諸論争を改めて整理し，分析的政治理論の立場から方法論的指針を打ち立てている。この「転換」を構成する論争としてあげられているのは，理想理論と非理想理論の論争，PDT と PIT の論争，政治的リアリズムの論争，デモクラシー理論においてプラグティックな言語論や，アメリカのプラグマティズムに依拠した理論が提起している論争である。こうした多種多様な議論のなかに，政治理論における原理と実践の関係について，後者が前者に対して根本的な制約を課すべきだ，とする共通した理論的傾向があるとエルマンとミュラーは主張している。彼女らはこの傾向を，制約を四つの種類，つまり言語論的，方法論的，認識論的，政治的制約に弁別したうえで，批判的に考察している。

　ここでは批判の詳細には入れないが，主たる論点は次の通りである。言語論的制約に関しては，ウィトゲンシュタインやブランダムの言語論に依拠することで，普遍的な規範原理の不可能性を提唱する議論[7]に

対して，それは規範原理の理解と正当化を混同するものだと批判している。確かに言語論的制約は，我々が原理を理解するうえで不可欠である。しかしながら，我々が原理を正当化する際には，どのような理由の提示が説得力を持つのかが重要なのであり，そのような理由の選択において言語論的な制約の考慮は不可欠ではないとされる。プラグマティックな言語論は，規範原理を立てるうえで絶対的な土台（アルキメデスの支点）がないことを強調するが，ロールズをはじめとする現代の政治理論において，そうした主張は既に理論的に織り込み済みとなっている。方法論的制約に関しては，既に見てきた PDT に対する批判と同じ趣旨の議論がなされている。認識論的制約に関しては，プラグマティズム的な新理論が，デモクラシーの原理を正当化するという，認知的なデモクラシー論の哲学的妥当性が問われている[8]（これは本章の主題と直接関係はしないので，これ以上の検討はしない）。政治的制約に関しては，後にリアリズムとの論争という形で検討する。

　実践的転換の主張に共通してみられる欠陥として，エルマンとミュラーは三つの論点をあげている。第一が，正当化の方向性であり，転換を主張する人々は，「上から下へ」もしくは「下から上へ」といった一方向の正当化を問題視しているが，両方向の往復運動こそが，適切な正当化のモデルであることは，反照的均衡の議論からもあきらかだとされる。第二が，存在論と認識論の混同であり，原理の理解に必要な存在論的な考察と，原理の認識に必要な議論との区別が必要だとされる。転換論者が主張するように，前者における制約が後者においても必要になるわけではない。規範的原理の認識は，規範的正当化がいかにしてなされるべきか，という規準によって制約されるべきである。第三が，実行可能性に基づく制約論であり，転換を主張する人々は，実行可能性の問題が段階論的な構造を持つことを理解していない。規範が実行可能であることは重要であるが，物理的な制約とは異なり，政治的な制約は実際の条件に応じて考察され，それによって規範原理も正当化されるべきである。

　以上のような批判を大まかにまとめるならば，転換論者の主張は，強

い形態で支持するならば不合理なものとなり，弱い形態で支持するならば理に適うものになるが，その場合は，反照的均衡を内包できる主流派の理論と大差なくなり，転換を主張する意味が失われる，ということになる。

エルマンとミュラーがこのような反批判の営みに従事する理由は，方法論的な倫理に基づくものだと言える。彼女らが危惧するのは，転換論が提起する方法論が，不当な制約を規範的政治理論の探究に課すことである。現実の実践に感応的であること自体に問題はないし，望ましいことでさえあるが，それが規範的原理を導出するという議論の二階のレベル（つまり，方法論の次元）で制約をかけることは，方法論的に是認できないと彼女らは考える。現実の不正を糾弾する可能性を持つことを本質的な機能として持つ政治理論という営みにとって，ユートピア的とも言える原理を立てることが（方法論的に）妨げられることは望ましくない。現実とどう向き合うかという問いは，一階のレベル（つまり，実質的議論の次元）で検討されるべきであり，政治理論が適切に現実と向き合っているかどうかという問題は，政治理論の内容によって判断されるべきだとされた。

このような営みをエルマンとミュラーは，「規範的自由（normative freedom）」や「正当化の自由（justificatory freedom）」の擁護と呼んでいる（Erman and Möller 2018a: pp.130, 137）。もちろん，理論探究の自由の主張は，無制約な研究の要求を意味しない。理論的探究の妥当性を担保するために彼女らが提示する指針は，「適合性制約（fitness constraint）」と「機能的制約（functional constraint）」である。前者は，規範的な政治原理が，政治理論を構成する他の諸要素と整合的であることを要求するという，形式的な制約を意味する。つまり，彼女らは真理の整合説の立場を取っていると想定できる。その場合，リアリズムやPDT 理論の欠点は，理論の対応説を取りながら，その対応物を恣意的に設定しているということになる。そして，単なる形式的な整合性だけでは，政治理論としての妥当性が不十分となるので，後者，つまり，機能的制約が必要となる。つまり，規範的原理の妥当性は，その原理を使っ

256

てなそうとしている目的に照らされて評価されなければならない。こうして，政治理論の実質的内容が問題となる。エルマンとミュラーによれば，これらの二制約は特定の方法論を支持しない。PDT と PIT にかかわらず，すべての規範理論的方法論に適用可能とされる。こうして，方法論的に最大限の自由を許容しながら，実質的理論のうえでの論争を促進させるべきだということが，彼女らの方法論的主張だと言える。

3. リアリズム論争再び

　それでは，リアリズムや PDT の主張は，そこに健全な提言は含まれてはいるが，その挑戦的な論難は単なる杞憂にすぎないものだったと言えるのだろうか。もしもそうだとしたら，なぜ 21 世紀になってこれほど目に見える仕方で，「実践的転換」という標語が可能になるほどの知的潮流を生み出したのであろうか。こうした批判のなかには，現実の社会的・政治的文脈，とりわけ，実際に存在する種々の（例えば，人種やジェンダーにまつわる）抑圧や搾取に対処しない規範概念は，本質的に欠陥があるとさえするものもあった（Mills 2005）。こうした批判は，マルクス主義のようなラディカリズムの残余，もしくはある種の政治的党派性によるものだと言うのだろうか。問われるべきは，エルマンとミュラーの反批判は，批判の論点を充分に受け止めているかどうか，そしてその反批判に充分な妥当性があるかどうか，である。

　ここであらためてエルマンとミュラーが政治的リアリズムに向けて行った批判（Erman and Möller 2018b）を取り上げて，それをリアリズムの観点から検討してみたい。分析的な規範理論の観点からなされたリアリズム批判の要点は，リアリズム理論は「低ハードル結論（the low bar conclusion）」に帰結しているというものと，そのような帰結に至る推論に成功していないというものである。つまり，主流派の規範的政治理論と比べて，規範的要求の低い議論しか提示できないという不当な制約をリアリズムは要求しており，その正当化の理論にも妥当性が欠けるとされている。第一の論点は，現実的であることを要求する政治理論が不可避的に受ける，現状維持を指向する保守主義ではないか，とい

う一般的批判のバリエーションである。この点は確かに，現実と向き合うという志向性を持つときに，必ず考察せねばならないものであろう。第二の論点は，近年のリアリズムに固有の論点に触れるものであり，理論的検討をする価値があるものだと言える。

　リアリズムが規範に関して低ハードル設定となっている，という点に関して，エルマンとミュラーは，近年のリアリズム論者の議論，とりわけその中心的トピックである政治的正統性をめぐる議論を検討して，次のような指摘をしている。リアリストは一般に，人間社会の現実の基本的性質として対立や闘争を認め，そうした条件に一定の秩序を与えることに政治の主たる役割を見いだす。その際に暴力を含めた権力の行使が不可欠になるが，それだけでは「政治的秩序」は確立できない。リアリストは，この点で正統性（legitimacy）という規範が不可欠だと主張する。その上でリアリストは，この規範が政治の外部にある道徳原理によって正当化されることを拒否し，政治の内部から正当化しようとする。しかしながら，このような正当化の試みが，エルマンとミュラーによれば，問題含みのものとなっている。一般的に言えば，現実の政治の内部に根拠を求めるがゆえに，記述的な正統性と規範的な正統性の区別が困難になる。実際，リアリストは，政治的正統性の根拠を，当該社会の多数派の意見（Sleat 2013）や，社会のなかで成立している妥協（Rossi 2013），もしくは，実践的に効力を持つ規準（Horton 2012）に求めていると解釈できるが，こうした規準だけでは，当該社会そのものの政治の正統性を問い直すという，規範的政治理論が果たすべき役割ができないと，エルマンとミュラーは主張する。そして，既に見てきたように彼女らは，現実の政治的実践の外部から規範原理を導入する必要があると考えている。では，リアリストは，そのような規範原理を提供できるのか。

　正統性原理の正当化に関して，リアリストは3種類の戦略を持っているとエルマンとミュラーは考えている。第一は，政治の概念の分析に訴えるものであり，「政治（politics）」と「まったくの支配（sheer domination）」のあいだにウィリアムズが設けた概念的区別に依拠している。リアリストは正統性のような政治的規範を，政治の内部からのみ

正当化しようとするが，それをこのような区別を含む「政治」に関する厚い（thick）評価的概念の理解によって行うとしている。しかしながら，エルマンとミュラーによれば，こうした試みは〈正統な政治〉と〈正統でない政治〉の区別を必要とし，それは結局，政治の外部の規範を必要とする。そしてリアリストは，現実の政治にのみ規範を求めようとするあまり，道徳的に是認できない手段をも政治的なものと許容せざるをえず，低ハードル規準を採用することになる。

第二は，政治固有の特徴を構成する諸要素による制約を，正当化の議論に要求するという戦略である。リアリストは，政治を構成するものとして，秩序（の構築と維持），道徳的対立，利害の衝突，強制力，権威，組織的暴力の独占等をあげている。そして，政治理論は「政治」の理論であるかぎり，こうした要素を反映したものでなければならないとし，その点において倫理第一主義を批判している。エルマンとミュラーによれば，こうした要求は理論とモデルの関係性を誤解したものであり，不当なものである。規範的政治理論において肝要なのは，規範の理由が正当化できるかどうかであり，そうした規範を提示するために使用されるモデルが，理論の対象（つまり，政治）を正確に反映している必要はない。彼女らがあげている事例は，スウェーデンで始まった「ヴィジョンゼロ」という交通安全政策であり，道路交通システムにおける死亡・重要事故をゼロにすることを目指すというこの政策の内容が，現実を反映するものではなかったにもかかわらず，それが実際の効果において目覚ましい成果を生んでいるという事実である[9]。現実から乖離した理想が，実際の効果の観点から正当化可能になることは充分にありうるとされた。

第三は，実行可能性という制約に訴える戦略である。リアリストは，現実の政治制度と，それを是認する市民に関する知識や理解を重視する。これは，エルマンとミュラーによれば，PDT 理論のような，実行可能性の制約を考慮した非理想理論に他ならない。リアリストは「政治」の理解の特権的身分を強調して，自分達を非理想理論から区別しようとするが[10]，エルマンとミュラーの理解ではそれは成功していない。それどころか，第一の論点にあるように，現実の体制に対応した正統性概念

を提示しようとして, 低ハードル規準に甘んじざるをえなくなっている。

　以上のような批判に対して, リアリズムの立場からどのような反論が可能だろうか。まず, 第三の実行可能性という制約に関する批判に関しては, リアリストが実際にこの制約にこだわっているかどうかに関わりなく, 前章で示したように, この論点からリアリズムを擁護するという戦略はあまり魅力的ではない。リアリズムが政治理論として持つと思われる重要性は, 実行可能性の向上といった要素ではないと考えられるし, 規範的政治理論がこの点で本質的に優れているかどうかを判断するのは極めて困難だと思われるからである。

　第一の, 政治の概念の分析という論点はどうだろうか。ここで問題となるのは, 概念分析という方法と, 概念の解釈という方法(乱暴に言えば, 分析系の方法と大陸系の方法)のあいだにある差異である。分析的政治理論の立場にある者は概してそのような差異を無意味とし, 大陸系政治理論の立場にある者はこの差異を強調するだろう。あるいは「厚い」評価概念をどのように分析すべきか, という問いに関して, 政治思想史の観点から論争が提起されるかもしれない。

　ここで, 方法論的にこの論点を発展することは紙幅の制限によりできないが, 一つの論点のみ簡単に論じておこう。エルマンとミュラーは, リアリズムが低ハードル結論に陥るとしているが, それは間違いである。「汚れた手(dirty hands)」[11]といった, (通常)倫理的に許容できないが, 政治的に必要な手段を正統なものと認めることで, リアリストは低いハードルどころか(倫理的要求の)高いハードルを規範的議論に設定している。この設定は, 特殊政治的な倫理の深い理解を要求するものであり, そうした理解に依拠した高度な政治的判断力の必要性を認めているのである。政治をめぐるこうした解釈が, 政治的規範の探究となるのが, リアリズムの主張だと理解することができる。

　第二のモデルと理論の関係性をめぐる議論は, 古典的な論争の一種だと理解できる。実証的経済学の方法論において, ミルトン・フリードマンは, 経済学の理論に含まれている仮定(assumptions)が, 現実を反映しているべきであるという説を否定していた。彼の主張は, 次のよう

なものである。

> 理論には，いやしくも「仮定」があると言われうるかぎり，そして，仮定の「現実性（realism）」が予測の妥当性とは独立に判断されうるかぎり，理論の意義（significance）とその「仮定」の「現実性」とのあいだの関係は，批判の対象となっている見解が示唆するそれとはほとんど対立する。真に重要かつ有意義な仮説（hypotheses）の「仮定」は，現実についての，むやみに不正確な記述的表現になっているであろう。そして，一般にその理論が有意義であればあるほど，（この意味で）仮定はよりいっそう非現実的である。（Friedman 1953: p.14 ＝邦訳 14-15 頁）

　こうして理論の意義は，仮定の現実性とは区別され，実証科学においてそれは予測の妥当性に求められている。同様にエルマンとミュラーは，規範理論の意義を，規範の正当化の妥当性に求めていると理解できる。同様の理解によって，ロールズにおける理想理論の妥当性が説明できる。実証経済学において，完全競争という非現実的な仮定が妥当性を持つと言えるならば，同様に，人々が正義原理を厳格に遵守するという仮定も妥当性があると言える。すべて，その理論が担っている役割を果たすという意義を果たしていれば，妥当だと言えることになる。
　しかしながら，実証経済学においても方法論の論争があるように[12]，リアリズムの主張の妥当性が完全に否定されたとは言えない。リアリストは正当化の妥当性を判断する際に，政治を構成する諸要素への考慮が必要であると主張するであろう。実証科学の場合，妥当性は予測という比較的検証可能な手段によって理論の妥当性が評価できるが，規範理論の場合は，規範の正当化の妥当性という，それ自体が高度に論争的な評価規準が理論の妥当性の判断において要求される。現実の反映がそのまま規準になるわけではないが，現実政治の理解が，判断に反映されることをリアリストは求めていると考えることができる。ロールズの理想理論においても，非現実的な仮定は，規範原理を導出する思考実験である

原初状態のような仮定を設定するうえでの合理性によって正当化されて
いるとすれば，そのような仮定そのものの妥当性が，契約論の規範的正
当化の論理と関わるのだと考えられるので，非理想理論やリアリズムの
立場からの批判には，依然として論争的価値はあると言える。

4.　リアリズムはどこに向かうのか

　既存の理論への批判というリアリズム理論の否定的役割を越えた，よ
り肯定的な役割の追求は，規範的政治理論において可能だろうか。これ
まで最も盛んだったのは，政治的正統性をめぐる議論であった。エルマ
ンとミュラーの批判にもかかわらず，今後もこのテーマは研究が進めら
れるであろう。正統性というテーマは，ウィリアムズが最晩年に「基本
的な正統性要求（Basic Legitimacy Demand）」[13] として，充分に展開
されることなく，示唆的な仕方で提示されたものである。「力（might）
は正（right）を含意しない。権力はそれ自体で正当化することはない」
（Williams 2005: p.5）という基本公理は，いまだに厚い評価概念として
の「政治」概念をリアリストが解釈するうえでの指針となりうる。
　もう一つの有望なテーマは，系譜学的探究である。実は，リアリズム
にはエルマンとミュラーが言うところの低ハードル結論に至るという場
合もあるという指摘は，リアリストを自認する者からも提示されていた。
フェミニズム理論家でもあるローナ・フィンレイソンは，ウィリアム・
ギャルストンを事例にして，リアリストが人間性に関する悲観主義への
コミットメントから，現状維持を肯定する保守主義に至る理路をたどる
ことがあると批判していた（Finlayson 2017）。リベラルを自認するリ
アリストは，現状を変革する可能性を過小評価することで，ラディカリ
ズムの芽を摘む危険性がある。しかしながら同時に，フィンレイソンは，
道徳主義に訴えることで，安易な楽観主義に与することもよしとしない。
リアリズムの観点から見るならば，ユートピア主義と保守主義は表裏一
体となりうる。そして，アドルノの理論に活路を見いだそうとする彼女
の立場は，エルマンとミュラーのように政治的現実の外部に規範を求め
る理論とも袂を分かつものである。批判理論的な内在的批判（immanent

criticism）の立場を取るフィンレイソンの政治理論は，系譜学的な政治批判へと向かうものとなる。

　系譜学的な探究がどのような規範的可能性を持っていると言えるのか。最後に，一つだけ事例を見ておこう。社会人類学者のタラル・アサドは，宗教に関する系譜学的探究をする際に，次のように述べていた。

　例えば，ムスリムの信仰と儀礼を研究したいと思う人類学者は，「宗教」という概念ないし実践形態が，近代の西洋においてどういう経緯を経て形成されたものであるのかを理解しておく必要があるだろう。近代西洋史にとって，宗教は緊密な構成要素であるが，イスラムの諸伝統を解釈する（translate）にあたって，この「宗教」を規範的概念として用いることには危険がある。（アサド 2004: 1-2 頁）

　ここでの指摘は，単に宗教をめぐる学術研究にのみ当てはまるのではなく，いわゆる西洋世界の，そしてそこにおける主流派的立場であるリベラルの宗教観と，それに基づく宗教政策にも当てはまる。政治という規範的概念は，包括的であるがゆえに，宗教のような種々の厚い評価的概念をその内容に反映させている。政治の規範的な解釈を進めるうえで，系譜学的なアプローチを追求することは，リアリストにとって有望な戦略であることは確かであろう。

》注

(1) ロールズ自身は，『正義論』を発表した時点において，自分の議論をそのまま国際社会に適用することに関しては慎重な態度を取っていた。これに対し，チャールズ・ベイツが，ロールズの議論をより直接的に国際社会に適用して，コスモポリタニズム的正義論を展開した（Beitz 1979）。これに対して，国際政治学におけるリアリズムの立場から批判がなされていた（Hoffmann 1981）。ロールズ自身も後に，自分自身の国際正義論を展開している（Rawls 1999）。

(2) サンジョバンニが利用するのは，いわゆる後期ロールズであり，とりわけ Rawls（1980）に依拠している（Sangiovanni 2008: p.150）。

(3) Geuss（1981）と Benhabib（1986），そして Geuss（2003）に所収の「ペーパーバック版の序文」を参照。

（4）松元は同様に，コーエンとロールズのあいだにある理想理論における対立は，非理想理論の次元において調停が可能であると考えている。松元（2015: 127-131頁）参照。

（5）反照的均衡をこのように広範な，立場の異なる理論を包括するものとしてみるとき，それは政治理論の特定の方法論というよりは，理論の妥当性を判定する一般的な科学論的規準を表すものと理解できる。ロールズの反照的均衡をそのように解釈しているのが，盛山（2006: 91-102頁）である。

（6）Erman and Möller（2013, 2015a, 2015b, 2015c, 2015d, 2016, 2017）.

（7）対象に挙げられているのは，例えば，Mouffe（2000, 2005），Noval（2006, 2009），Tully（1989, 2002），Fossen（2013, 2014）等である。

（8）対象に挙げられているのは，例えば，Misak（2000, 2008），Talisse（2005, 2009），Misak and Talisse（2014）等である。

（9）Erman and Möller（2018b: p.531）を参照。ヴィジョンゼロ政策については，例えば，Johansson（2009）を参照。

（10）ロールズを自分達の仲間に入れる（PDT）か，入れない（リアリスト）かが，この区別の試金石になっていると理解できる。

（11）「汚れた手」に関する簡単な説明は，松原・山岡（2021: 第5章）を参照。さらには，Bellamy（2010）とCoady（2012）を参照。

（12）例えば，Samuelson（1963, 1964）を参照。

（13）BLDに関する簡潔な説明としては，山岡（2019: 10-12頁）を参照。さらには，Sleat（2010），Sagar（2014），Hall（2015, 2020）等を参照。

🔋 研究課題

1．実践‐依存テーゼと実践‐独立テーゼの諸特徴を対比的にまとめ，それぞれの長所と短所について考えてみよう。

2．エルマンとミュラーの実践的転換批判の要点についてまとめてみよう。

3．「汚れた手」について調べ，エルマンとミュラーのような立場と，リアリストの立場が，それぞれどのような態度を「汚れた手」に向けるかを考えてみよう。

4．現実に則した理論であるべきという要求は，どのような要求であると言えるのか，再検討してみよう。

参考文献 |

Beitz, Charles R. (1979) *Political Theory and International Relations*, Princeton, NJ: Princeton University Press. 進藤榮一訳『国際秩序と正義』岩波書店, 1989 年。

Bellamy, Richard (2010) 'Dirty hands and clean gloves: Liberal ideals and real politics', *European Journal of Political Theory* vol.9: pp.412-430.

Benhabib, Seyla (1986) *Critique, Norm, and Utopia*, New York: Columbia University Press.

Caney, Simon (2005) *Justice Beyond Borders: A Global Political Theory*, Oxford: Oxford University Press.

Coady, C. A. J. (2012) 'Dirty Hands' = Robert E. Goodin, Philip Pettit and Thomas Pogge eds. *A Companion to Contemporary Political Philosophy*, 2nd edn, Oxford: Wiley-Blackwell, (1st. 1995): pp.532-540.

Cohen, G. A. (2003) 'Facts and principles', *Philosophy & Public Affairs*, vol. 31: pp.211-245.

Cohen, G. A. (2008) *Rescuing Justice and Equality*, Cambridge, Mass: Harvard University Press.

Erman, Eva and Niklas Möller (2013) 'Three failed charges against ideal theory', *Social Theory and Practice*, vol. 39: pp.19-44.

Erman, Eva and Niklas Möller (2015a) 'Political Legitimacy in the Real Normative World: The Priority of Morality and the Autonomy of the Political', *British Journal of Political Science*, vol.45: pp.215-233.

Erman, Eva and Niklas Möller (2015b) 'What not to expect from the pragmatic turn in political theory', *European Journal of Political Theory*, vol.14: pp.121-140.

Erman, Eva and Niklas Möller (2015c) 'Practices and Principles: On the Methodological Turn in Political Theory', *Philosophy Compass*, vol.10: pp.533-546.

Erman, Eva and Niklas Möller (2015d) 'Why political realist should not be afraid of moral values', *Journal of Philosophical Research*, vol.40: pp.459-464.

Erman, Eva and Niklas Möller (2016) 'What distinguishes the practice-dependence approach to justice?', *Philosophy & Social Criticism*, vol. 42: pp.3-23.

Erman, Eva and Niklas Möller (2017) 'How practices do not matter', *Critical Review of International Social and Political Philosophy*, vol.22: pp.103-118.

Erman, Eva and Niklas Möller (2018a) *The Practical Turn in Political Theory*, Edinburgh: Edinburgh University Press.

Erman, Eva and Niklas Möller（2018b）'Political Legitimacy for Our World: Where is Political Realism Going?', *The Journal of Politics*, vol.80: pp.525-538.

Finlayson, Lorna（2017）'*With radicals like these, who needs conservatives?* Doom, gloom, and realism in political theory', *European Journal of Political Theory*, vol.16: pp.264-282.

Fossen, Thomas（2013）'Taking stances, contesting commitments: political legitimacy and the pragmatic turn', *Journal of Political Philosophy*, vol.21: pp.426-450.

Fossen, Thomas（2014）'Politicizing Brandom's pragmatism: normativity and the agonal character of social practice', *European Journal of Philosophy*, vol.22: pp.371-395.

Friedman, Milton（1953）*Essays in Positive Economics*, Chicago: The University of Chicago Press. 佐藤隆三・長谷川啓之訳『実証的経済学の方法と展開』富士書房，1977 年。

Geuss, Raymond（1981）*The Idea of a Critical Theory*, Cambridge: Cambridge University Press.

Geuss, Raymond（2003）*Public Goods, Private Goods*, 2nd edn, Princeton, NJ: Princeton University Press（1st 2001）. 山岡龍一訳『公と私の系譜学』岩波書店，2004 年。

Hall, Edward（2015）'Bernard Williams and the Basic Legitimation Demand: A Defence', *Political Studies*, vol.63: pp.466-480.

Hall, Edward（2020）*Value, Conflict, and Order: Berlin, Hampshire, Williams, and the Realist Revival in Political Theory*, Chicago: The University of Chicago Press.

Hoffmann, Stanley（1981）*Duties beyond Borders: On the Limits and Possibilities of Ethical International Politics*, Syracuse, NY: Syracuse University Press. 最上敏樹訳『国境を超える義務──節度ある国際政治を求めて』三省堂，1985 年。

Horton, John（2012）'Political Legitimacy, Justice and Consent', *Critical Review of International Social and Political Philosophy*, vol.15: pp.129-148.

Johansson, Roger（2009）'Vision Zero: Implementing a policy for traffic safety', *Safety Science*, Vo.47: pp.826-831.

Mills, Charles W.（2005）'"Ideal Theory" as Ideology', *Hyptia*, Vol.20: pp.165-184.

Misak, Cheryl（2000）*Truth, Morality, Politics: Pragmatism and Deliberation*, London: Routledge.

Misak, Cheryl（2008）'A culture of justification: the pragmatist's epistemic argument for democracy', *Episteme*, vol.5: pp.94-105.

Misak, Cheryl and Robert Talisse (2014) 'Pragmatist epistemology and democratic theory: a reply to Eric MacGilvray', *Journal of Political Philosophy*, vol.22: pp.366-376.

Mouffe, Chantal (2000) *The Democratic Paradox*, London: Verso. 葛西弘隆訳『民主主義の逆説』以文社, 2006 年。

Mouffe, Chantal (2005) *On the Political*, London: Routledge. 篠原雅武訳『政治的なものについて──闘技的民主主義と多元主義的グローバル秩序の構築』明石書店, 2008 年。

Noval, Aletta (2006) 'Democratic identification: a Wittgensteinian approach', *Political Theory*, vol.34: pp.229-255.

Noval, Aletta (2009) 'Democracy, pluralization, and voice', *Ethics & Global Politics*, vol.2: pp.297-320.

Rawls, John (1955) 'Two Concepts of Rules', *The Philosophical Review*, vol.64: pp.3-32.

Rawls, John (1980) 'Kantian Constructivism in Moral Theory', *The Journal of Philosophy*, vol.77: pp.515-572

Rawls, John (1999) *The Law of Peoples*, Cambridge, Mass: Harvard University Press. 中山竜一訳『万民法』岩波書店, 2006 年。

Rossi, Enzo (2013) 'Consensus, Compromise, Justice and Legitimacy', *Critical Review of International Social and Political Philosophy*, vol.16: pp.557-572.

Sagar, Paul (2014) 'From Scepticism to Liberalism? Bernard Williams, the Foundations of Liberalism and Political Realism', *Political Studies*, vol.64: pp.368-384.

Samuelson, Paul A. (1963) 'Problem of Methodology – A Discussion', *American Economic Review*, vol.53: pp.231-236.

Samuelson, Paul A. (1964) 'Theory and Realism – A Reply', *American Economic Review*, vol.54: pp.736-740.

Sangiovanni, Andrea (2008) 'Justice and the Priority of Politics to Morality', *The Journal of Political Philosophy*, vol.16: pp.137-164.

Sleat, Matt (2010) 'Bernard Williams and the possibility of a realist political theory', *European Journal of Political Theory*, vol.9: pp.485-503.

Sleat, Matt (2013) *Liberal Realism: A Realist Theory of Liberal Politics*, Manchester: Manchester University Press.

Talisse, Robert (2005) *Democracy after Liberalism*, London: Routledge.

Talisse, Robert (2009) *Democracy and Moral Conflict*, Cambridge: Cambridge University Press.

Tully, James（1989）'Wittgenstein and political philosophy: understanding practices of critical reflection', *Political Theory*, vol.17: pp.172-204.

Tully, James（2002）'Political philosophy as a critical activity', *Political Theory*, vol.30: pp.533-555.

Williams, Bernard（2005）*In the Beginning Was the Deed*, ed. by Geoffrey Hawthorn, Princeton, NJ: Princeton University Press.

アサド，タラル（2004）『宗教の系譜　キリスト教とイスラムにおける権力の根拠と訓練』中村圭志訳，岩波書店。

盛山和夫（2006）『リベラリズムとは何か──ロールズと正義の論理』勁草書房。

松原隆一郎・山岡龍一編著（2021）『社会と産業の倫理』放送大学教育振興会。

松元雅和（2015）『応用政治哲学──方法論の探究』風行社。

山岡龍一（2019）「方法論かエーストか？──政治理論におけるリアリズムとは何か」（『政治研究』第 66 号：1-31 頁に所収）。

15 | 政治理論の展望

大澤　津

　今後の政治理論の方向性を，ロールズの政治理論が扱わなかった宗教と人種の議論から考える。宗教の議論を通じて，思想史を知ることの重要さや自由主義的政治に否定的な考え方への対処という課題を指摘する。また，人種の議論から，ロールズ以来のパラダイムが現実の問題に向き合う中で全体的見直しを迫られているという課題を指摘する。ロールズ以降の政治理論の性格について，外在的な観点からも考えるための議論を理解することが目標である。

《キーワード》　ロールズ，リベラリズム，思想史，市民宗教論，公共的理性，人種問題

1．ロールズが避けた問題を考える

　本章では，今後の政治理論の展望について考えていこう。政治理論と言っても，英語圏の分析的政治理論から，フランスやドイツの政治理論までさまざまあることから，ここでは英語圏の分析的政治理論，特にロールズの正義論を承けた政治理論としてのリベラリズムをテーマとする。それは，例えば，ハーバード大学やオックスフォード大学などを中心に発展し，また *Philosophy and Public Affairs* などの学術誌を中心として発展した政治理論の流れである（cf. Forrester 2019）。本章では，リベラリズムをこのような限定的な意味でとらえ，それを中心として政治理論の今後の展望を考えたい。（このような用語法のために，より一般的な思想の流れとしてのリベラリズムは自由主義と呼ぶことにする。）リベラリズムはロールズの概念や議論の枠組みに依拠しており，これを批判する者たちもまた，まさしく批判を通じて，その影響下にある。ロー

ルズと言えば分配的正義論が有名だが，正統性や公共性の問題なども含めれば，彼が扱った問題は極めて多岐にわたることから，その影響は広範囲かつ甚大である。

　リベラリズムに焦点を絞る理由には，政治理論のさまざまな流れの展望を限られた紙幅で論じることは無理であり，また筆者の能力を完全に超えていることがある。しかしより重要な理由として，これまでの章で扱われてきた議論のかなりの部分が，リベラリズムの発展やそれへの批判から発生してきたものである，という点がある。本書の延長線上にある政治理論の今後を考えるのに，かかる意味でのリベラリズムの展望を考えるのは適切であると言えるだろう。

　リベラリズムの今後の展望は，まさにロールズ的思考方法の限界を破るところに開ける。つまり，ロールズの枠組みを拡充するか，乗り越えるか，ということである。この観点から本章では，ロールズが避けたものに注目したい。それは宗教（主としてキリスト教やヨーロッパの宗教的伝統）の問題と人種の問題だ。これらは今後重要となるテーマの候補であり，そしてまた，政治理論の発展の展望を考えるよい材料になるからである。宗教の問題は，政治理論と思想史の架橋から得られる成果や，リベラリズムとその土台にある自由主義的政治文化への懐疑の問題に取り組む方途に関して示唆的である。また人種の問題は，リベラリズムというひとつのパラダイム自体を，現実的問題に向き合う中で突破しようとする政治理論の活力を示す事例として重要である。

2. キリスト教とロールズ正義論

（1）反ペラギウス主義としてのロールズ正義論

　まず，宗教から考えよう。ロールズにおいて，宗教は非常に重要な地位を占めている。それは，ネガティブな意味においてだ。周知のとおり，後期ロールズの思想は，政治的リベラリズムによって，宗教などの包括的教説が政治的議論の文脈で力を持つことをできる限り抑制しようとするものである。すなわち，ロールズにおいて宗教＝キリスト教は，政治道徳の内容を確定する作業において，できる限り避けられることが望

ましいのだ（Rawls 2005）。しかし，キリスト教は背後から，ロールズの議論を規定してしまっていると，エリック・ネルソン（Eric Nelson）は主張する（Nelson 2019）[1]。

ネルソンの議論を簡単に述べれば以下のようになる（Nelson 2019: ch.1）。彼によれば，近代の自由主義は，キリスト教神学におけるペラギウス主義に立脚する（Nelson 2019: pp.1-2）。ペラギウス主義は，神義論の問題に取り組む際の立場である。神義論とは，キリスト教の歴史において問われた，神が正義であるならば，なぜ神が創造した世界に悪があるのか，という問題を指す（Nelson 2019: p.2）。この問いに対して，ペラギウス主義では，それは人間の自由の結果であるという応答を行う。つまり，人間は善を自ら選ぶための自由を持つ存在として創造されたが，その結果として，それがよからぬ行使のされ方をするという帰結──つまり，悪が選ばれてしまう──もまた生じうるのだ，というのである（Nelson 2019: pp.3, 51）。しかし，もし人間が自ら善を自由に選び取ることができるというなら，悪に堕した人間のためのイエス・キリストによる救いは不要になる可能性が発生する。これではキリスト教には都合が悪い。そこで，人間はそもそも善ではありえず，よって善を選び取る自由もまったくない，という考えが発生する。当然，救いは神からの恵みでしかありえない。アウグスティヌスに帰せられる立場だ（Nelson 2019: pp.3-4, 51）。これから述べるロールズとの関係において，これらの議論をまとめておこう。ペラギウス主義では，善への自由を人々が持つから，まさに善を自由に選び取った功績によって救済という報酬が得られる。他方で，アウグスティヌスにおいては，善ならざる人間には，報酬としての救済を得る基となる功績など，そもそもありようはずがない。救済は神にだけ由来する。この二つの立場は，西洋キリスト教世界の神学や哲学に決定的な影響を及ぼした。

ネルソンは，自由主義の著名な始祖たち──ロック，ルソー，カントなど──の著作によって，自由主義はペラギウス主義を取ると考える。彼らにとって，救済は，人間が理性によって知りうる神の真理，つまり道徳（善）を通じて得られるものとされた（Nelson 2019: pp.5-20）。そ

の前提は，まさに善を選び取る自由を人間が持つことに他ならない。そこで，そのような善の自由な選び取りが可能であることが，宗教的に社会に要請される。

> 宗教的な生が，一生を通じた道徳的徳の涵養というペラギウス主義の考えで再考されるや，［社会において］守られるべきものは単に礼拝や説教だけではなく，私的行為のすべての領域になる。自由に選び取られた正しさこそが超越的な価値を持つ，というなら，個々人は生のあらゆる側面で選択を許されなければならない。（Nelson 2019: p.19, 傍点追加）

　こうして，自由主義の核心にある私的な自由の基盤が生まれる。それは，「栄誉ある自律」（Nelson 2019: p.14）の世界なのである。
　ネルソンによれば，ロールズはこのような自由主義の基盤を破壊してしまった。それは，彼が反ペラギウス主義の立場に立ったからである（Nelson 2019: ch.3）。平等主義政治理論の開拓者であるロールズが，社会分配の道徳的基礎に，より恵まれた生まれつきの才能を持ったとしても，それは社会により多くの財の取り分を要求するための根拠にはならない，という議論をおいたことは周知のとおりである（Rawls 1971: pp.103-104）。ネルソンによれば，この発想は，神学を深く学んだ若きロールズ（Rawls 2009）が反ペラギウス主義の考えを持ったことに由来すると言う。ロールズは，救済への功績を人々が有しうるという考えを，否定すべきペラギウス主義と見なした。これはキリストの役割を否定する危険な考えなのである（Nelson 2019: pp.58-59; Rawls 2009）。この考えはやがて次のように世俗化された。すぐれた人格と才能を持つ人物が高い生産性を発揮した，つまり善を自由に選び取ったとしても，その功績によって，報酬としてのより多くの財の取り分を要求することは，ペラギウス主義的であり，道徳的に疑わしい（Nelson 2019: pp.62-63）。そもそも，才能は自然の恵み，人格は家族や環境のような要因の恵みだから，それらを持つことは個人の功績にはならない（Rawls 1971: pp.103-104;

Nelson 2019: pp.62-63）。結論はこういうことだ。人々が自らの意志と決断によって苦労して能力を伸ばし，発揮したとしよう。これは報いられるべき道徳的な人生の使い方と思われるだろう。だが，ロールズにおいては，無価値であるとされてしまうのだ。こうして，平等主義の政治理論は，道徳に向かう自由や選択などといった自由主義の根本的基盤から離れることになったのだと言う（Nelson 2019: p.50）。

　以上のように，ネルソンによれば，ロールズの政治理論は反ペラギウス主義の影響を受け，その結果として，人々の道徳への自由や選択，功績といった，ロールズ以前の自由主義が持っていた知的資源を捨て去るに至ったと言う。ネルソンは，ロールズ以外にも，運の平等主義や平等主義の制度論，また左派リバタリアニズムに対して，同様の神学的フレームワークから斬り込んでいる（Nelson 2019: chs.4-6）。包括的教説を排除したロールズが，実は包括的教説の枠組みの中で語っていたことは大きな皮肉だ。

（2）思想史との接合

　ネルソンの議論が成功しているかどうかはここでは問わない[2]。彼の議論は，政治理論の展望にとって次の点で重要である。一つは，歴史性の自覚である。政治理論は，現時点の問題に取り組み，また現在の人々の直観を実証的かつ論理的に鍛えなおした道徳原理の形成を目指すことから，歴史という観点には乏しい。しかし人々の直観も，もとをたどれば彼らが成長した場所の歴史と無縁ではない。その意味で，あらゆる場所と人に適用できるような道徳原理を作ることは相当難しい。一例として，近年流行したグローバルな正義論を想起しよう。ネルソンが言うように，平等主義の政治理論が西洋の神学的な歴史のコンテクストという特殊性を強く帯びているのであれば，その世界的受容などということがそもそも可能なのか，深刻に考える必要がある[3]。平等主義の根本的発想を理解してもらえるかさえ不明だからだ。もちろん，あえて歴史性をかなぐり捨てた理論を目指すことにも意味があるだろう。しかし，それを適用してより積極的に現実に向き合うことになれば，歴史的なもの

も無視できなくなるだろう。この意味で，思想史の研究との接合は，今後，政治理論の重要な方向性になると思われる。

　二つ目には，別の知的資源を探ることである。政治理論の研究には，当然ながら概念が重要になる。正義，正統性，自由，平等，責任，ケイパビリティ，ケアや財産などの概念を通じて，われわれは政治の道徳的問題をとらえ，考えるからだ。そして，これらの概念のどれに焦点を当てるかは，取捨選択の問題だ。その結果として，ある時代を代表する政治理論のパラダイムができあがる。ネルソンに従えば，ロールズは功績の概念を排除することで，リベラリズムを作り上げたと言えよう。他方，ここで忘れてはならないのが，忘却された概念や軽視された概念の可能性もまだ残っていることである。功績を中心とした政治理論も可能なのだ。さらには，これらの概念が今後重要性を増すことも十分あり得る。例えば，社会主義やアナーキズムなどの概念は，主流の政治理論において一時忘れられた。しかし，これらもまた，時代や社会の状況が変われば，重要になりえる。近年，アメリカやイギリスなどでは，特に若い世代において社会主義が復活している。アメリカ大統領選挙の民主党の候補者選定において，社会主義者と目されるバーニー・サンダースが大健闘したことも記憶に新しい。これに呼応するかのように，社会主義に関する関心は政治理論の世界でも復活しつつある[4]。考えてみれば，ロールズ以前にも，重要な政治理論的著作はあったし，それらが秘めている可能性はまだまだ探られるべきだろう。リベラリズムを肯定するにしても否定するにしても，政治理論の発展を目指すためには，思想史的な観点は今後重要さを増すと思われる。

3.　リベラリズムの道徳そのものへの懐疑

（1）リベラリズムへの外在的懐疑

　宗教に注目するもう一つの理由は，リベラリズムの存立基盤が危うい，という問題を考えるのに格好の素材であるからである。リベラリズムは，アメリカの自由主義的政治文化が理想化されたもの——人々が自由かつ平等であるということの道徳的重みを，最大限尊重しようとする

文化——を基盤としている[5]。そこで，リベラリズムが存続し，また
それが何らかの影響力を現実に持ちうると第一に想定されるのは，アメ
リカをおいてほかにはない。ゆえに，アメリカの自由主義的な政治文化
が衰退することは，リベラリズムの存立基盤の危機にもつながる事態で
ある。この点で，近年の，陰謀論が大手を振ってまかり通り，議会が占
拠されることさえあるアメリカは，自由主義的政治文化への支持がもは
や自明とは言えない状況にある。

　このことは，リベラリズムの政治理論が現実に向き合う上での新たな
課題を生む。それは，リベラリズムの説く道徳それ自体がそもそも道徳
的に説得力を持ちうるのはなぜか，という問いに答えることである。自
由主義的政治文化が隆盛していれば，リベラリズム的立場を取ることは
ある種の常識でありうるから，この問いは重要ではないかもしれない。
リベラリズムの道徳を前提として望ましい社会のあり方を論じればよい
し，実際にアメリカの政治理論の学界はそうであった。しかし，政治文
化が変化しつつある今日，そもそもリベラリズムの道徳がなぜよいのか，
という問題に答えないわけにはいかないのである。自由主義的政治文化
を共有せず，むしろそれに反対する人々に対しても説得力のあるリベラ
リズムの道徳哲学をいかに構築するかが論点となりつつあるということ
だ。この非常に難しい問いに，宗教という禁じ手をつかって答える気鋭
の若手政治理論研究者の試み（Vallier 2017）を紹介したい。

（2）市民宗教論という観測点

　まず，舞台を説明しよう。それは，「公共的理性のリベラリズム」の
議論である。ロールズによって脚光を浴び，ジェラルド・ガウス（Gerald
Gaus）によって近年，リベラリズム研究の大きな柱になった分野だ。
ケヴィン・ヴァリア（Kevin Vallier）によれば，公共的理性のリベラ
リズムの本質は，思想や言論などの基本的諸自由を支持しつつ，社会
道徳[6]を相互の正当化によって樹立しようとすることにある（Vallier
2017: p.328）。その顕著な例こそがロールズであり，彼は正義の構想の
基盤となるべきものを，人々がその正当化に用いるリベラルな社会で

共有された政治的諸価値に置いた（Rawls 2005: pp.212-254; ロールズ 2006: 193-258 頁）。さて，ロールズは，最終的に人々が支持すべき正義の構想を一つに絞り込むことができなかった。つまり，ロールズ自身の正義の構想も，多元的な社会においては一つの理想に留まるので，すべての人々の支持を得られないのである（Rawls 2005: pp.226-227）。そこで，ロールズを承けるリベラリズムの宿題は，社会の成員がみな支持すべき社会道徳とはいかなるものかを明確に説明することにある。

　この問題に答えたのが，ガウスである。ヴァリアは次のようにいきさつを説明する[7]。ガウスは，理性の力には限界があるとする。すなわち，人々がどう考えるかは，その人の経験などによって大きく異なるため，理性のみによって同じ道徳観に至ることはない，と言うのだ。ガウスはここから，人々に同様の社会道徳的枠組みを支持させるのは，理性と人間の進化である，と考える（Vallier 2017: pp.329, 332-333; Gaus 2011: p.424）[8]。

　ガウスの議論は精緻を極めており，ここで詳細に解説することはできない。しかし，ヴァリア自身が理解するガウス（Gaus 2011）の要点は以下の通りだ（Vallier 2017: pp.334-349）。ガウスは，人々が支持すべき社会のあり方を，相互正当化を通じて基礎づける。つまり，互いに正当化可能か，というふるいを用いて，社会的ルールを獲得していく作業である（Vallier 2017: pp.334-335; Gaus 2011: pp.27-29, 46）。人々は，さまざまな社会的ルールの候補において，社会的協力関係の成立にはルールが不可欠のため，いくつかのルールについては，その存在を正当化可能であると見なす。しかし，人々は互いに異なったものの見方をするので，それらのルールに異なった優先順位を与える（Vallier 2017: p.338; Gaus 2011: ch.5）。こうなると，ルールが形作る社会のあり方＝社会の道徳的枠組みは一義的に決まらない。各人の理性が異なった社会構想を示すという，ロールズと同様の問題に行き着くわけである。しかし，ガウスは理性に頼ることができなくなっても，人々が道徳的に進化することによって，やがて彼らの考え方が収斂していくものと考える（Vallier 2017: p.339; Gaus 2011: pp.409-424）。なお，ガウス晩年の著作によれば，

このような社会的進化は，人々が自由に自らの道徳的立場の探求をしつつ，なお相互に尊重しあい，多様な観点を社会で相互学習することによって可能となる（Gaus 2016）。人々の社会的進化と相互的正当化が作り上げる社会的ルールに支えられた世界が，「ともによく生き，繁栄し，［さまざまなことを］発見する」（Gaus 2016: p.249）ことを可能にするというのが，ガウスの結論である。

　さて，以上のようなガウスの世界は，ロールズ以来進められてきた，人々が自由かつ平等な者としてともに生きるための社会的枠組みの探究に関する，一つの到達点である。そこでは，人々が自由に自らの理想を追い求め，理に適わない強制を相互に行わず，しかも社会道徳は常に新しいものへと更新され続ける（cf. Gaus 2016）。しかし，ヴァリアはガウスに，根本的な疑問を突きつける。それは，人々はなぜ，このような生き方を，道徳的によいものとしてそもそも肯定できるのか，という疑問だ（Vallier 2017: pp.340, 343, 345）。ガウスが扱うのは，社会道徳の追求や，相互正当化の実践にすでにコミットした人々である。しかし，それで本当によいのかと人々が問うなら，社会道徳それ自体は，この問いに答えられない。

　ガウスは比較的簡単にこの疑問を乗り越える。人々が何らかの実践——ここでは社会道徳を作り続ける実践——にコミットする場合，そのコミットメント自体が，その実践の価値を証明すると考えるからだ（Gaus 2017: pp.393-394; Vallier 2017: pp.340-341）。しかし，ヴァリアはこの答えに飽き足らず，かかる道徳実践そのものを正当化する道徳を探す。そのような道徳として彼が発見するのが，市民宗教（civil religion）なのである（Vallier 2017: pp.346-348）。市民宗教は，人々が，ガウスの説くような道徳実践を行うべき理由の存在——理由そのものではない——を，神聖な存在を通じて教えてくれるものとされる。その方法は，何らかの証言（testimony）であったり，あるいは自然的秩序との一致の教示であったりする（Vallier 2017: pp.346-347）。ヴァリアは，このような市民宗教に類似の考え方が，アメリカ政治の歴史に実際に見られることも指摘している（Vallier 2017: pp.347-348）。

（3）リベラリズムの相対化に向き合う

　自由主義の歴史の中では，ルソーが市民宗教を提唱したことはよく知られている。それは，市民に善なる神の存在と法の尊さを教えることを内容とする単純な宗教だ（ルソー 2008: 271-273 頁）。しかしリベラリズムでは，それはほとんど想定外の思想である。ヴァリアの議論を受けて，ガウスは次のような典型的な反論を行っている。それは，市民宗教は人々に，特定の道徳観を教えこむから，社会の価値観の多様性を尊重するなら受け入れがたいというものだ（Gaus 2017: pp.394-395）。これは，おそらくリベラリズムの理論家が常識的に持つ反応であろう。

　しかし重要な点は，ヴァリアの議論がリベラリズムの今日的な常識の枠組みを破っていることである。その意義は二つある。第一には，先にも述べたように，忘れ去られた知的資源の回復である。市民宗教という古い自由主義の概念は，それに賛成するにしても反対するにしても，道徳を分析し，語るための道具として，今日においても使用価値があるかもしれない。それがわかるのは，まさに第二の意義を考えるときである。

　市民宗教を今日，リベラリズムの内部から論じることの第二の意義は，自由主義的政治文化の相対化に向き合うための視点を与えてくれることにある。ヴァリアが言う市民宗教は，何らかの既成宗教に対応しているわけではない。またその信仰を発明したり実践的に勧めたりするものでもない。市民宗教は，今日の自由主義的政治文化の知的源泉（ルソー）にも見られる一つのアイディアであり，この政治文化とそれを理想化したリベラリズムの道徳を深く知るための観測点として機能する。ヴァリアが市民宗教を考えることで可能にしているのは，自由主義的政治文化やリベラリズムの道徳が機能・存続し続けるために，これらの外側にある道徳が必要なのではないか，という観点を持つことである。これは，リベラリズムの政治理論が現実に向き合うためには，欠かせない論点だ。

　すなわち，リベラリズムがモデルとした国・アメリカを考えれば，その政治道徳は現在，社会的分裂によって揺らぎ，自由や平等を重んじる自由主義的政治文化になじまない人々が増えている。さて，ロールズのリベラリズムでは，そもそもこのような人々を想定していないから，彼

らに対して，リベラリズムが道徳的に正当化可能であるかどうかは問題にならない。現在のロールズ主義者として名高いジョナサン・クォン（Jonathan Quong）も同様の立場を堅持する（Quong 2011）。だが，社会の道徳的分裂が進めば，このような態度は維持できないだろう。ロールズの政治理論を支えている基盤はアメリカの自由主義的政治文化だが，その政治文化がなくなってしまえば，彼の哲学，そしてそれを受け継ぐリベラリズムは砂上の楼閣である。

　この状況の下で，ヴァリアの市民宗教論は有益だ。というのも，自由主義的政治文化やそれを基礎とするリベラリズムの道徳を，そもそも可能にしてくれる道徳を求める，というプログラムを示すからだ。その道徳は，これらの政治文化や道徳の外部に求められる。ヴァリアは，それを宗教という形で表現したが，何らかの非宗教的倫理であってもよい[9]。重要なことは，そのような倫理が，これらの政治文化や道徳の単なる必要から考えられた便宜的なものでは役立たないということだ。その倫理は，自由主義的政治文化やリベラリズムの道徳に反対する人々に対しても説得力を持たねばならないから，かかる倫理は，これらの政治文化や道徳とは違う動機や源泉を持つ必要がある。

　理解を深めるために，ロールズの「重なり合うコンセンサス」（Rawls 2005: pp.140-150）を失敗例としてあげよう。周知のとおり，それはリベラリズムの正義の構想に対して，人々が自らの宗教や思想信条から何らかの受け入れ理由を提示できるとき，その構想は安定するという議論である。ロールズは，このような宗教や思想信条に，反リベラリズムの立場のものを含めないから，重なり合うコンセンサスは結局，リベラリズムに都合のよい宗教や思想しか相手にしていない。これは政治や道徳をめぐる社会的分裂がおそろしく深刻な状況では，あまり有効でない議論である。

　もちろん，自由主義的政治文化やリベラリズムへの支持理由の所在を，これらに反対する人に対しても明示する思想を考える，などということは非常に難しい課題である。しかし思想史的には，自由主義的な政治文化はそれとは相反するような政治文化——例えば，権威主義の文化

——の中で生じ，やがてそれらを乗り越えた。この点では，ヴァリアが示唆するプロジェクトには，過去の知的遺産が活用できるだろう。さらに近年では，心理学や生物学の観点から，自由主義的政治文化やそこから派生する道徳の基盤を考えるのに資する研究も進んでいる[10]。その意味では，自由主義的政治文化やリベラリズムの道徳がなぜそもそもよいのかを考えるリサーチ・プログラムは，今後の発展が期待される分野だ。また，現実的に非常に重要なものである。少なくとも，経済的繁栄という自由主義的政治体制の副産物に頼ったリベラリズムの正当化の議論[11] を超えたものが必要になるだろう。

　さて，反自由主義や反リベラリズムの立場に対して，リベラリズムの応答が不十分であるという認識は，これを発展させてきた学界の実践の中に問題があったのではないか，という考えにつながる。つまり，専門家向けの学術誌を中心に発展してきたリベラリズムは，どうしても似たような考えを持つ人々の相互交流フォーラムで終わってしまったり，編集者の嗜好に左右されたりする。また，売り上げという学術外の要因にも影響を受けてしまう。そのため，社会的に本当に重要な問題が扱われないまま置き去りにされ，それがリベラリズムの現実社会での魅力をそぐことになるのだ。この点で重要な視点を提供するのが，人種をめぐる最近のリベラリズムの展開である。

4.　人種をめぐる議論

（1）　人種問題の軽視

　近年の政治運動のなかで世界的な影響力を持ったものをあげれば，間違いなく，BLM（Black Lives Matter）の運動が含まれるだろう。アメリカにおいて，黒人男性が警察官に取り押さえられて命を落としたことを契機に大きく膨らんだ運動だが，アメリカでは公民権運動の後も，黒人をはじめ，人種的マイノリティが厳しい状況に置かれ続けていることは周知のとおりである。それでは，リベラリズムはこの問題にどう取り組んできたかというと，驚くほど明示的な扱いは少ない。もちろん，例えば，ロールズの機会の公正な均等の原理が示すように，リベラリズム

は人種差別を否定する含意を十分に持つが，社会問題としての差別に取り組む，という点では熱心とはとても言えない状況にあった。これはロールズやそれを承けたリベラリズムの重大な取りこぼしである。この状況に対処しようとしたのが，チャールズ・ミルズ（Mills 2017）である。彼の議論もまた，今後のリベラリズム，また政治理論一般が発展する重要な方向性を示してくれる。

（2）ミルズのロールズ批判

　ミルズは，ロールズの政治理論，さらには政治理論の学界一般が，人種の問題にほとんど真剣に向き合わなかったことを批判する。ロールズはもちろん，人種差別を，不正義であるから認めないが，自身が問題として扱うことはほとんどない（Mills 2017: pp.141-150）。また，ロールズ政治理論の探究や発展に関する近年の試みにおいても，人種問題は等閑視されている（Mills 2017: pp.161-163）。付け加えれば，そもそも政治理論一般において，人種問題は主要なテーマとはなっていない。ミルズは，アメリカの研究機関において，黒人の政治理論を専門とする研究者が極めて少ない事実を指摘する（Mills 2017: pp.185-188）。アメリカにおける人種の問題の根深さを考えれば，ミルズの指摘はロールズの思想やリベラリズム，さらには政治理論一般の偏向を示すに十分である。

　ミルズは，政治理論の中でも長らく最も重要とされてきたロールズの政治理論に特に手厳しい（Mills 2017: chs.8-10）。その批判は多岐にわたるが，重要なものを何点かあげておこう。ミルズは，ロールズの政治理論には，人種問題への対処を阻む根本的な問題点があると言う。注目されるのは，ロールズの概念使用に対するミルズの批判だ。すなわち，ロールズは白人の支配的地位そのものを疑うことなく，それを前提とするような仕方で，重要な概念を用いてしまっていると言う（Mills 2017: pp.139-141, 148）。有名なロールズの概念として，「社会の基礎構造」と「社会契約」を考えよう（ロールズ 2010: 10-25頁）。ロールズ正義論の主題は，社会のあり方を根本から決める制度や規則，つまり，社会の基礎構造の正義を考えることだ。さて，人種差別はアメリカ社会のあり方

を根本から定める基礎構造の一部だ。しかし，ロールズはこれを無視する（Mills 2017: p.148）。また，ロールズは自らの正義論を，自由で平等な者どうしが契約して社会を作るという，ロックやルソーの社会契約論の流れに位置づける。しかし，あるべき社会の像をこのイメージでとらえることは，アメリカでは不可能である。アメリカの歴史の根底には，ヨーロッパ人の侵略があるからだ。ネイティブ・アメリカンとの契約がなされたわけではない（Mills 2017: pp.149, 151）。ロールズの概念使用がこのような問題を持つのは，彼が白人しか想定していないからであると言う（Mills 2017: p.150）。

　ロールズが考えたのは理想化された世界のことだから，この批判は当てはまらないという反論もあり得るだろう。しかし，ミルズによれば，それこそが問題なのだ。理想を扱うにしても，正されるべき過去を持たない社会を考えるのと，過去の過ちが正されていく社会を考えるのではまったく違うが，ロールズは過去を持たない社会を課題とした。これでは人種問題は扱えない（Mills 2017: pp.139-140）。さらに批判に応答するなら，ロールズ自身がより非理想的な世界を扱ったという『万民の法』（ロールズ 2006）の議論でも，人種問題は考慮されない。ロールズはこの著書で，国際社会の参加者としての各国を色分けする。その際，西洋の民主主義諸国が，その過去の虐殺や搾取の事実にもかかわらず最重要の参加者とされる一方で，その被害を受けた国々は，より劣る参加者とされてしまうのだ（Mills 2017: pp.152-153）。要するに，ロールズはヨーロッパ中心主義者なのである（Mills 2017: pp.150-153）。

（3）政治理論の内在的活力

　ミルズの批判はかなり徹底しており，人種の問題に応答できるリベラリズムの展開は，今後の課題になると思われる[12]。あるいは，問題提起の結果として，リベラリズムとはまったく別の思潮が主流となるかもしれない。1971 年にロールズの正義論が出版されてから半世紀続いた政治理論の大きな流れも，根本的批判によって，大きく塗り替えられようとしている，ということは確実に言えるだろう。ミルズの批判は現実

282

の政治的動きとも連動して，学界に深刻な反省を促すかもしれない。波動は学界内部にとどまるが，ネルソンの批判やヴァリアの探究も，このような塗り替え作業の一部とも考えられよう。また，本書の中で触れたさまざまな議論も，同様に，今ある理論への不満や取りこぼされていた問題に気づくことから生まれた。他方で，リベラリズム側からの反論もまたさまざまになされていくだろう。この往復作業が続く中で，やがてわれわれは，まったく違う理論の枠組みの中にいることに気づくのである。

　ここで重要なことは，このような徹底した批判が行われ続ける政治理論の内在的活力を認識することである（cf. 大澤・蛭田 2018）。本章，そして本書の全体でも理解されるように，政治理論は，社会の現実や政治理論の現実に向き合うことによって，新たな発展の方向性や活力を得るのである。それは，まさに政治理論が議論によって社会や学界の現状を超えようとする営みであるからに他ならない。そのためには，多様な視点から常に今が検証されることが不可欠である。そして，検証と変化への活力は，学界に軸足を置く学者だけではなく，さまざまな立場や職業などから得られた知見を持つ人々の考えを真剣に受けとめることによって，ますます力強いものになるのではないだろうか。

》》注

(1) なお，ロールズのキリスト教的読解に関して，日本語での研究では田中（2017）を参照されたい。リベラリズムと宗教は近年，重要性を増しているテーマである。例えば，ドゥオーキンの議論（ドゥオーキン 2014）などがある。

(2) ネルソンの神学の理解を含めての批判も当然ある。例えば，Weale（2020）を参照。

(3) そこで，近年は比較政治思想という新しい試みにも注目が集まっている（cf. 堤林 2012）。

(4) 例えば，Edmundson（2017）がある。

(5) ロールズの政治理論が基礎とするのはアメリカ民主主義である（Rawls 2005）。

(6) ヴァリアは「強制される法」（coercive laws）（Vallier 2017: p.328）を中心としているが，後の議論にあわせる。

(7) ヴァリアが参照するのは Gaus（2011）である。これがガウスの主著と目されるが，Gaus（2016）ではさらに議論を発展させている。

(8) ここでガウスは，ハイエクの影響を多分に受けている（Gaus 2011; Vallier 2017）。

(9) 井上（2017: ch.4）の「宇宙的価値としての平等」論は，このようなコンテクストでも読むことができる，日本語による議論である。

(10) 例えば，ハイト（2014）の研究はよく知られている。

(11) 典型的なものは，近年のトマシ（Tomasi 2012）やトマス（Thomas 2017）などにも見られる，生産性や繁栄を重視するリベラリズムである。もちろん，経済的繁栄は重要な要素だから，これを行ってはいけないわけではないが，リベラリズムの支持基盤を経済的繁栄のみに置けば，かえってリベラリズムは脆弱になる。この点，中井（2021）は示唆に富む。

(12) ミルズ自身も，問題を乗り越えるための今後の政治理論の方向性を示しているが（Mills 2017: Epilogue），紙幅の限界があるのでここでは扱わない。

研究課題

1. キリスト教が歴史的に政治思想に対して持った影響を調べよ。

2. アメリカを例として，民主主義を支える思想や文化とはどのようなものか，考察せよ。

3. 人種の問題を扱うことが可能な政治理論に必要な概念とはどのようなものか，検討せよ。

＊なお，研究課題に取り組む際には，以下の著作物も参照されたい。

コーツ, タナハシ（2017）『世界と僕のあいだに』池田年穂訳, 慶應義塾大学出版会。

サンデル, マイケル（2010, 2011）『民主政の不満：公共哲学を求めるアメリカ』上下, 小林正弥・金原恭子監訳, 勁草書房。

田上雅徳（2015）『入門講義　キリスト教と政治』慶應義塾大学出版会。

ヤング, アイリス・マリオン（2014）『正義への責任』, 岡野八代・池田直子訳, 岩波書店。

参考文献

Edmundson, William A.（2017）*John Rawls: Reticent Socialist*, Cambridge: Cambridge University Press.

Forrester, Katrina（2019）*In the Shadow of Justice: Postwar Liberalism and the Remaking of Political Philosophy*, Princeton: Princeton University Press.

Gaus, Gerald（2011）*The Order of Public Reason: A Theory of Freedom and Morality in a Diverse and Bounded World*, Cambridge: Cambridge University Press.

Gaus, Gerald（2016）*The Tyranny of the Ideal: Justice in a Diverse Society*, Princeton: Princeton University Press.

Gaus, Gerald（2017）"Social Morality and the Primacy of Individual Perspectives," *The Review of Austrian Economics*, 30: pp.377-396.

Mills, Charles W.（2017）*Black Rights/White Wrongs: The Critique of Racial Liberalism*, New York: Oxford University Press.

Nelson, Eric（2019）*The Theology of Liberalism: Political Philosophy and the Justice of God*, Cambridge, MA: Harvard University Press.

Quong, Jonathan（2011）*Liberalism without Perfection*, Oxford: Oxford University Press.

Rawls, John（1971）*A Theory of Justice*, Cambridge, MA: Harvard University Press.

Rawls, John（2005）*Political Liberalism*, expanded edition, New York: Columbia University Press.

Rawls, John（2009）*A Brief Inquiry into the Meaning of Sin and Faith, with 'On My Religion'*, ed. Thomas Nagel, Cambridge, MA: Harvard University Press.

Thomas, Alan（2017）*Republic of Equals: Predistribution and Property-Owning Democracy*, New York: Oxford University Press.

Tomasi, John（2012）*Free Market Fairness*, Princeton: Princeton University Press.

Vallier, Kevin（2017）"Gaus, Hayek, and the Place of Civil Religion in a Free Society," *The Review of Austrian Economics*, 30: pp.327-352.

Weale, Albert（2020）"Meaning and Context in Political Theory," *European Journal of Political Theory*, https://doi.org/10.1177/1474885120925375

井上彰（2017）『正義・平等・責任：平等主義的正義論の新たなる展開』岩波書店。

大澤津・蛭田圭（2018）「学会展望　政治哲学」（『イギリス哲学研究』41: 93-104 頁に所収）。

田中将人（2017）『ロールズの政治哲学：差異の神義論＝正義論』風行社。

堤林剣（2012）「『比較政治思想（史）』というチャレンジ」（『政治思想学会会報』
　34: 2-6 頁に所収）。

ドゥオーキン，ロナルド（2014）『神なき宗教：「自由」と「平等」をいかに守るか』
　森村進訳，筑摩書房。

中井遼（2021）『欧州の排外主義とナショナリズム：調査から見る世論の本質』新泉社。

ハイト，ジョナサン（2014）『社会はなぜ左と右にわかれるのか：対立を超えるた
　めの道徳心理学』高橋洋訳，紀伊國屋書店。

ルソー，ジャン＝ジャック（2008）『社会契約論／ジュネーブ草稿』中山元訳，光文社。

ロールズ，ジョン（2006）『万民の法』中山竜一訳，岩波書店。

ロールズ，ジョン（2010）『正義論　改訂版』川本隆史・福間聡・神島裕子訳，紀
　伊國屋書店。

索引

●配列は五十音順，＊は人名を示す。

分担執筆者紹介

（執筆の章順）

遠藤　知子 （えんどう・ちかこ）

・執筆章→2・3・11

1979 年	東京都に生まれる
1998 年	国際基督教大学教養学部卒業
2008 年	オックスフォード大学 DPhil 取得
現在	大阪大学大学院人間科学研究科准教授
専攻	政治理論，福祉政策
主な著書	『政治思想の知恵－マキャベリからサンデルまで』（共著　法律文化社，2013 年） 『実践する政治哲学』（共著　ナカニシヤ出版，2012 年）

松元　雅和 （まつもと・まさかず）

・執筆章→6・7・10

1978 年	東京都に生まれる
2007 年	慶應義塾大学大学院法学研究科博士課程修了，博士（法学）
現在	日本大学法学部教授
専攻	政治哲学，政治理論
主な著書	『応用政治哲学——方法論の探究』（風行社，2015 年） 『公共の利益とは何か——公と私をつなぐ政治学』（日本経済評論社，2021 年）

井上　彰 （いのうえ・あきら）

・執筆章→8・9

1975 年	東京都に生まれる
2005 年 3 月	東京大学大学院総合文化研究科国際社会科学専攻博士課程単位取得退学
2007 年 7 月	Australian National University　Ph.D. (Philosophy)
現在	東京大学大学院総合文化研究科国際社会科学専攻教授
専攻	政治哲学、倫理学
主な著書	『正義・平等・責任——平等主義的正義論の新たなる展開』（岩波書店，2017 年） 『ロールズを読む』（編著　ナカニシヤ出版，2018 年）

編著者紹介

山岡　龍一（やまおか・りゅういち）
・執筆章→ 1・4・13・14

1963 年　東京都に生まれる
1988 年　国際基督教大学教養学部卒業
1997 年　ロンドン大学（LSE）PhD 取得
現在　　放送大学教授
専攻　　政治思想史、政治理論
主な著書『西洋政治理論の伝統』（単著　放送大学教育振興会, 2009 年）
　　　　『西洋政治思想史　視座と論点』（共著　岩波書店，2012 年）
　　　　『政治学へのいざない』（共著　放送大学教育振興会, 2016 年）
　　　　『改訂版　公共哲学』（共著　放送大学教育振興会，2017 年）
　　　　『改訂版　市民自治の知識と実践』（共著　放送大学教育振
　　　　興会，2021 年）
　　　　『社会と産業の倫理』（共著　放送大学教育振興会，2021 年）

大澤　津（おおさわ・しん）
・執筆章→ 5・12・15

1979 年　東京都に生まれる
2002 年　慶應義塾大学法学部政治学科卒業
2010 年　University College London, Department of Political Science/
　　　　School of Public Policy にて博士課程を修了（Ph.D. in
　　　　Political Science, University of London）
現在　　北九州市立大学法学部政策科学科准教授
専攻　　現代政治理論
主な著書『法思想の水脈』（共著　法律文化社，2016 年）
　　　　『政策と規範』（共著　ミネルヴァ書房，2021 年）

放送大学大学院教材　8931020-1-2211（ラジオ）

現実と向き合う政治理論

発　行　　2022 年 3 月 20 日　第 1 刷
編著者　　山岡龍一・大澤　津
発行所　　一般財団法人　放送大学教育振興会
　　　　　〒 105-0001　東京都港区虎ノ門 1-14-1　郵政福祉琴平ビル
　　　　　電話　03（3502）2750

市販用は放送大学大学院教材と同じ内容です。定価はカバーに表示してあります。
落丁本・乱丁本はお取り替えいたします。

Printed in Japan　ISBN978-4-595-14175-1　C1331